Ludwig Wittgenstein ist unbestritten einer der faszinierendsten Denker des 20. Jahrhunderts. Gunter Gebauer bringt uns den Menschen Wittgenstein und sein philosophisches Denken gleichermaßen nahe, wobei er insbesondere den Wechselbeziehungen zwischen Wittgensteins Leben und Werk nachspürt. Im Zentrum steht die Spannung zwischen Weltzugewandtheit und Weltabgewandtheit, die sich auch in Wittgensteins Philosophie widerspiegelt. Die Tätigkeit des Philosophierens erweist sich dabei als Versuch Wittgensteins, diese Spannung aufzulösen und mit sich und dem Leben zu Rande zu kommen. Zentrale Themen und Begriffe seiner Philosophie, wie die des Sprachspiels, des Regelfolgens oder des Aspektsehens, erscheinen vor diesem Hintergrund in einem überraschend neuen Licht.

Gunter Gebauer ist Professor für Philosophie an der Freien Universität Berlin. Seine Forschungsschwerpunkte liegen in der historischen Anthropologie, der Sprach- und Sozialphilosophie sowie der Philosophie des Sports.

Gunter Gebauer

WITTGENSTEINS ANTHROPOLOGISCHES DENKEN

Verlag C. H. Beck

Originalausgabe

© Verlag C. H. Beck oHG, München 2009
Gesamtherstellung: Druckerei C. H. Beck, Nördlingen
Umschlagentwurf: malsyteufel, willich
Umschlagabbildung: K. E. Tranø, Bergen
Printed in Germany
ISBN 978 3 406 58449 7

www.beck.de

INHALT

VORWORT

Auslöser für diese Arbeit war ein eigenartiger Gegensatz in Ludwig Wittgensteins Leben und Denken und das Staunen darüber, wie wenig dieser in den unzähligen Interpretationen seiner Philosophie bemerkt worden war. Eine tiefe Spaltung schien mir zu bestehen zwischen dem tatkräftigen Industriellensohn, Logiker und Architekten einerseits und dem in sich selbst zurückgezogenen Menschen andererseits, der darum rang, mit sich, seinem Denken und der Welt ins Reine zu kommen. Um diese beiden Seiten in Einklang zu bringen, hatte er einige Grundüberzeugungen miteinander zu vereinen, die gewöhnlich als inkompatibel gelten.

Für Wittgenstein als außergewöhnlich kritischen Geist gab es weder etwas Absolutes noch einen Standpunkt außerhalb oder jenseits der Welt. Die Methode seines Denkens konnte nur eine rationale sein; als Ingenieur mit ausgeprägten naturwissenschaftlichen Interessen war das Handwerkszeug seines Denkens Logik und rationale Argumentation. Sein Interesse an Fragen der Begründung von Wissen und, damit verbunden, die Ablehnung von Dogmatismus, die Zurückweisung spekulativer Aussagen und die Hinwendung zur Sprache als Medium philosophischer Erkenntnis ließen ihn lange als einen Hauptvertreter der analytischen Philosophie erscheinen. Sehr zu Unrecht, denn mit dieser Kennzeichnung schneidet man gleichsam nur den mittleren Teil seines Interessenspektrums heraus, als ein mit der angelsächsischen sprachanalytischen Schule kompatibles Teilstück. Die überstehenden Enden auf beiden Seiten des Spektrums, die sich deutlich von der analytischen Philosophie abheben, bleiben dabei unbemerkt.

Auf der Seite des Tätigseins wird Wittgensteins Eingreifen in die Welt übersehen: sein Experimentieren und seine Erfindungen von Maschinen;[1] seine Absicht, als Volksschullehrer Kinder durch Gespräche zum Denken zu bewegen; sein Umgang mit Materialien, Formen, Volumina beim Bau des Hauses für seine Schwester; sein Dienst in Krankenstationen während des Zweiten Weltkriegs. Bei diesen Tätigkeiten probierte er vieles aus, was in der analytischen Philosophie nicht die geringste Rolle spielt; er spannte sein Leben auf zwischen technischen Konstruktionen, lehrender Vermittlung und ästhetischem Feingefühl. Mit seinen Interessen an der Welt der Menschen verband sich ein eigentümliches Verhalten der Welt und den Anderen gegenüber: ein robustes, manchmal rücksichtslos erscheinendes Auftreten, das in glücklichen Momenten Unbekümmertheit und Selbstgewißheit ausstrahlte.

Aber es gibt auch die andere Seite des Spektrums, auf der man eine ganz andere Haltung findet: seine Zurückgezogenheit auf sich selbst wie in eine innere Festung und seine Emotionalität, die nichts von der Kühle und Sicherheit des Ingenieurs und Architekten haben. Das dominante Gefühl auf dieser Seite seines Lebens war die Angst, einmal die Angst vor dem Verlust der Rationalität seines Denkens, zum anderen die Angst, in die Irre zu laufen und das Entscheidende seines Lebens zu verfehlen. Wittgenstein war von der Überzeugung durchdrungen, seine Bestimmung erfüllen zu müssen. Worin diese bestand, ist für einen Außenstehenden freilich kaum zu erkennen.

Seiner Weltzugewandtheit am einen Ende des Spektrums steht am anderen Ende die Angst gegenüber, sein Leben nicht richtig zu führen, als Mensch zu versagen, sein Talent zu vergeuden, keine Ruhe zu finden. Während der weltzugewandte Teil seiner Persönlichkeit durch Tätigkeiten seiner bürgerlichen Existenz erfüllt werden konnte, gab es für die Seite der Angst keine zu seiner Zeit anerkannte Form, mit der sie hätte bewältigt werden können. Vielleicht hätte er ein religiöses Leben, wie ein Heiliger, führen können, aber dafür war sein Glaube nicht stark genug, wenngleich er in verschiedenen Lebensphasen immer wieder eine mönchische Existenzweise anstrebte. Seine Umgebung, die diese Züge bemerkte, hielt ihn ganz einfach für einen Sonderling, der unter den Mitgliedern des berühmten Trinity College von Cambridge als Exzentriker durchgehen konnte. Seine Kollegen waren intelligent und generös

genug, seine Eigenheiten als Quelle seiner akademischen Eigenständigkeit anzuerkennen.

Was seine emotionale Seite mit seiner weltzugewandten Haltung
gegenüber der Welt und den Menschen verband und was den ein-
gangs erwähnten Widerspruch aufhob, war die ‹Entdeckung›, daß
er seine Bestimmung durch die *Tätigkeit* des Philosophierens erfüllen konnte: Er bekämpfte seine Angst, indem er Philosophie als
eine Arbeit an sich selbst verstand. Dies bedeutete zugleich, daß
er die beiden extremen Seiten seiner Existenz in seinem Philosophieren miteinander verband und seine Angst in eine weltzugewandte Tätigkeit umwandelte. Seiner Philosophie gab er die Züge
des Handelns, Experimentierens, Erfindens, Konstruierens, Leh-
rens, eingesetzt mit seiner ganzen ästhetischen Fähigkeit und Sensibilität. Er baute Textgebilde, kombinierte sie miteinander, feilte
an ihnen, prüfte ihre sprachliche, sinnliche Qualität und trieb seine
Reflexion bis zu dem Punkt, an dem er seine Ruhe fand.

In Wittgensteins Leben gab es mehrere Phasen, in denen er seine
Fähigkeiten des Philosophierens, in dem eben angedeuteten Sinn,
neu orientierte. Diese Phasen des Sich-neu-Findens sind für mein
Vorhaben besonders aufschlußreich; insbesondere zwei Perioden
stelle ich in das Zentrum meiner Rekonstruktion. Als erste die Zeit
zwischen 1929 und 1932, als Wittgenstein, wenn auch in Kontinuität mit dem *Tractatus*-Denken, eine grundsätzlich neue philosophische Thematik und Methode entwickelte. Seine Überlegungen
aus dieser Zeit sind in der *Wiener Ausgabe* fast Tag für Tag nachzu-
verfolgen. Die zweite Phase fällt in die Zeit nach dem Zweiten
Weltkrieg, zwischen 1946/47 und seinem Tod 1951. In dieser Zeit
folgte Wittgenstein seinem Interesse an inneren Geschehnissen, an
Empfindungen und Emotionen, das auch schon in früheren Werkphasen erkennbar ist, aber von seinen kritischen Absichten (noch)
zurückgehalten wurde. In den umfangreichen Sammlungen seiner
Bemerkungen zur Philosophie der Psychologie ist zu erkennen,
wie sich dieses Interesse Bahn bricht.[2]

In diesem Buch werde ich die beiden Seiten von Wittgensteins
Welt- und Selbstverhältnis herausarbeiten und zu zeigen versuchen, wie sie zu einem Ganzen zusammengewachsen sind. Inso-

fern ich seinem Weg folge, um die Genese seines Denkens zu beschreiben, kommt eine Reihe von Themen zur Sprache, die den Wittgensteinkennern gewiß sehr vertraut sind. Aber ich stelle sie in neue Zusammenhänge, so daß sie in einem anderen Licht erscheinen können. Wenn manche Teile meines Textes sich wie eine Einführung lesen, mögen die Leser bedenken, daß es meine Absicht ist, einen anderen Wittgenstein darzustellen als jenen, den man aus der Standardliteratur kennt. Jedem, der mit ihm bisher noch nicht vertraut ist, kann mein Buch allerdings als Einführung in sein Denken dienen, insofern die Lektüre nicht die Kenntnis der üblichen Interpretationen voraussetzt. Es ist in der Absicht geschrieben, die anthropologischen Seiten von Wittgensteins Philosophie herauszuarbeiten, die in seinen Überlegungen ab 1929 ein zunehmendes Gewicht und gegen Ende seines Lebens schließlich seine volle Aufmerksamkeit erhalten. Sein anthropologisches Interesse zeichnet sich durch drei Merkmale aus: Es richtet sich erstens auf die «Naturgeschichte» des Menschen (PU § 25), zu der wesentlich seine Tätigkeiten und seine Körperlichkeit gehören; zweitens faßt Wittgenstein die von Menschen unter bestimmten materiellen und sozialen Bedingungen herausgebildeten Lebensformen als Horizont des Verstehens von Sprache und Glaubenssystemen auf; drittens bestimmt er seine wissenschaftliche Aufgabe als Beschreibung spezifischer sozialer Praktiken, in denen Sprachgebräuche entstehen.

Die Fertigstellung dieses Buches hat sich – unter den Bedingungen, die die Forschung in einer großen deutschen Universität nicht eben erleichtern – über einen langen Zeitraum erstreckt. Für den Abschluß dieser Arbeit bedurfte es einiger tatkräftiger Unterstützung durch Kollegen und Mitarbeiter. Ihnen habe ich für Zuspruch, Diskussionen und Korrekturen zu danken. Allen voran Prof. Dr. Christian Strub und Dr. Jörg Volbers; beide haben mein Manuskript mit großer Sorgfalt gelesen. Ihnen verdanke ich ebenso scharfsinnige wie aufbauende Kritik. Fabian Goppelsröder danke ich, wie auch den Studierenden meiner Seminare, für eine Fülle von Anregungen und für ein nie nachlassendes Interesse. Meine Kollegen Holm Tetens und Jürgen Trabant haben mir durch ihre

Diskussionen wertvolle Hinweise und Unterstützung gegeben. Schließlich gilt mein besonderer Dank Ina-Maria Gumbel, die an der praktischen Fertigstellung des Buchs mitgeholfen und mir darüber hinaus mit ihrer Tatkraft und Zuversicht die Arbeit erheblich erleichtert hat.

Gunter Gebauer   *Berlin, im Sommer 2008*

Die Ausdrücke, mit denen Wittgenstein seine Haltung zur Philosophie beschreibt, sind «Leben» und «Ordnung». Beide Begriffe
hängen in seinem Denken auf vielfältige Weise zusammen. Philosophieren scheint ihm die Möglichkeit zu geben, die Unordnung
im eigenen Leben mit Hilfe der Philosophie zu überwinden. In
seinen philosophischen Aufzeichnungen ab 1929 schreibt er auf
die Rückseite seiner Blätter die Probleme seines Privatlebens
nieder; später streut er sie, oft in verschlüsselter Form, zwischen
seine theoretischen Überlegungen. An vielen Stellen wechseln
theoretische Überlegungen und schonungslose Selbstbeschreibung einander ab. Die Suche danach, wie eine Ordnung in der
Welt und im Denken möglich ist, bestimmt sein philosophisches
Denken.

In einer Tagebuchnotiz schreibt Wittgenstein am 1. 6. 1915: «Das
große Problem, um welches sich alles dreht, was ich schreibe»,
lautet: «Ist, a priori, eine Ordnung in der Welt, und wenn ja, worin
besteht sie?» Seine frühe wie auch die spätere, d. h. nach dem
Tractatus entwickelte Philosophie wird diese Frage verneinen. Im
Tractatus stellt Wittgenstein fest: «[…] kein Teil unserer Erfahrung
[ist] auch a priori […] Alles, was wir sehen, könnte auch anders
sein. Alles, was wir überhaupt beschreiben können, könnte auch
anders sein. Es gibt keine Ordnung der Dinge a priori.» (T 5.634)
Es stellt sich dann das Problem, wie eine Ordnung in die Welt
kommt. Auf *diese* Frage gibt Wittgenstein in seinen beiden Philosophien unterschiedliche Antworten. Im *Tractatus*-Denken wird
die Ordnung in der Welt mit Hilfe der logischen Sprache geschaffen. Dies geschieht nicht durch die Sprache selbst, sondern durch
ihre Gebrauchsweise: «Die *Anwendung* der Logik entscheidet darüber, welche Elementarsätze es gibt. Was in der Anwendung liegt,
kann die Logik nicht vorwegnehmen.» (T 5.557, Hervorhebung im

Original) In den *Philosophischen Untersuchungen* haben sich Wittgensteins Vorstellungen von der Ordnung in der Welt zwar nicht grundlegend gewandelt, aber sie bauen auf neuen philosophischen Grundlagen auf, die weniger aus einem «linguistic turn» (R. Rorty) als aus einer Hinwendung zu einem anthropologischen Denken entstanden sind. Wittgenstein beschreibt die Entstehung von Ordnungen aus den «unzähligen» Tätigkeiten (PU § 23) der Alltagspraxis, zu denen auch das Sprechen einer Sprache gehört.

Wittgensteins Denken ist viel mehr als der Entwurf einer Logik oder eine Sprachkritik; es ist für ihn eine Form, sein Leben richtig zu führen. Als wesentlichen Teil dieser rechten Lebensführung betrachtet er sein Philosophieren; ausdrücklich bezeichnet er es als eine Form von «Therapie» (PU § 133). Es ist für ihn eine Tätigkeit, die von falschen Gedanken auf den rechten Weg zurückführt. Unter diesem Aspekt wird verständlich, warum er viele Jahre seines Lebens immer wieder die gleichen Probleme durchdachte und unablässig an der Form seiner Darstellung arbeitete, bis seine Ausdrucksweise zum Stil seiner gedanklichen Auseinandersetzung paßte. Bei seiner Arbeit strebt er keine endgültigen Lösungen an, sondern will im Leser eine Denkbewegung auslösen. Daher verlieren seine Gedanken ihre innere Dynamik, wenn man sie zu Ergebnissen zusammenfaßt.

Wittgensteins philosophisches Projekt ist in seiner späteren Philosophie, aber weitgehend auch schon im *Tractatus*, ausdrücklich gegen *alle* akademische Philosophie gerichtet, also nicht nur gegen Metaphysik und Essentialismus. In der umfangreichen Literatur zu ihm wird die Radikalität dieser Haltung vermutlich deswegen so selten ernst genommen, weil seine Philosophie von seinen Schülern und Interpreten sehr schnell auf *eine* Linie gebracht wurde. Je nach Interpreten handelt es sich um Sprachkritik, analytische Philosophie, Logischen Positivismus, Kantianismus oder Phänomenologie, aber Wittgenstein paßt in keine dieser philosophischen Richtungen. Er nimmt einen Standpunkt ein, den vor ihm kaum jemals ein Philosoph eingenommen hat. Ohne Übertreibung kann man sagen, daß sich seine Philosophieauffassung von der gesamten neuzeitlichen Tradition unterscheidet.

Wittgenstein entwickelt einen neuen Denkstil, der sich am Stil seines philosophischen Schreibens zeigt. Große Teile der *Philosophischen Untersuchungen* haben den Charakter einer Einführung in diese neue Art des Denkens. Sie sind Aufgaben vergleichbar, mit denen eine andere Weise des Umgehens mit Problemen eingeübt wird als diejenige, die man aus der Philosophiegeschichte kennt. Die übliche Methode besteht darin, ein Problem auszuzeichnen, dessen Lösung sich als außerordentlich schwierig oder sogar unmöglich erweist. Am Ende der Diskussion wird eine definitive Lösung des Problems oder eine neue Sichtweise gefunden, die dieses Problem gar nicht erst entstehen läßt. In den meisten Fällen steht von vornherein fest, auf welche Lösung die Diskussion hinauslaufen soll, und das Problem wird strukturell bereits entsprechend aufbereitet. Als ein Beispiel für viele andere mag Kants Analytik des Schönen in der *Kritik der Urteilskraft* stehen. Von dieser Methode des Denkens wendet sich Wittgenstein ab.

Am Anfang der *Philosophischen Untersuchungen* steht ein Problem, das anders ist als die klassischen Fragen der Philosophie. Wittgenstein stellt es an einem für ihn bedeutsamen Beispiel dar, an der Passage aus den *Confessiones*, in der Augustinus mit eindrucksvoller Lebendigkeit beschreibt, wie er als Kind die Bedeutungen seiner ersten Wörter erfaßt hat. Wittgenstein hat diesen Text mit Begeisterung gelesen; und man kann erkennen, daß er Augustinus' Blick auf die Entwicklung der menschlichen Fähigkeit, zu sprechen und zu denken, weitgehend übernommen hat: Der Mensch kommt nicht als vollendet ausgebildeter Geist auf die Welt, sondern als ein werdendes, sich entwickelndes Wesen mit wacher Beobachtung. Wie Augustinus blickt Wittgenstein nicht von außen auf diesen Prozeß, sondern als Beteiligter, als jemand, der selbst diese Entwicklung durchlaufen hat. Augustinus beschreibt diese in der ersten Person, Wittgenstein wird sie in den späteren Passagen der *Philosophischen Untersuchungen* aus der Perspektive des Lehrers darstellen. Aber hier, gleich am Anfang, stockt seine Lektüre – bei aller Bewunderung und Bereitschaft, ähnlich zu denken, entsteht das Problem, wie es möglich ist, dem Augustinischen Text zu folgen. Im Vergleich zu dessen Darstellung braucht Wittgenstein einen zusätzlichen gedanklichen Schritt: Nach Augustinus erfaßt das Kind in spontanen Akten die symbolisch geordnete Welt. Sie ist ihm unmittelbar von Gott gegeben. Für Wittgenstein gibt es nur eine von Menschen hergestellte Ordnung, die dem kleinen Kind anfangs ganz äußerlich und unverständlich ist. An den alten Gedanken der Gotteskindschaft kann er nicht mehr anknüpfen, sondern muß das Verhältnis des Menschen zur Sprache neu formulieren.

Wittgensteins Frage entsteht also aus einer Unterbrechung der Lektüre, aus dem Stocken in einem Gedankengang, dem er grundsätzlich folgen möchte. Keinesfalls maßt er sich an, Augustinus zu kritisieren, es besser zu wissen als dieser, sondern er sucht nach einer Methode, wie er den Augustinischen Entwurf der Entwicklung des Menschen in die Lebenswelt seiner Zeit übertragen kann. Er fügt diesem ein zusätzliches Element hinzu, das er «Sprachspiel» nennt, und zeigt, wie es auf einer primitiven Ebene ganz im Sinne des Augustinus funktioniert. Seine Methode besteht in einem Vereinfachen und Operationalisieren des in den *Confessiones* beschriebenen Vorgangs: Menschen produzieren Sprache in einem Sprachspiel; andere Menschen, die sich in demselben Sprachspiel befinden, verstehen diese Sprache. Mit dem von Wittgenstein entwickelten sehr einfachen Funktionszusammenhang wird explizit dargestellt, was Augustinus mit seiner Beschreibung gemeint hat.

Wittgenstein gibt Augustinus' Beschreibung eine neue Form, die auf die Tatsache einer fehlenden vorgegebenen Ordnung eingeht. Die neue Denkweise, die er am Anfang der *Philosophischen Untersuchungen* einführt, besteht darin, daß an die Stelle des *geistigen* Erfassens von Bedeutungen ein *praktisches* Verstehen gesetzt wird. Wo vorher geistige Akte angenommen wurden, stehen bei Wittgenstein praktische Handlungen, die im gemeinschaftlich gebildeten Sprachspiel stattfinden. Die Ordnung, die Augustinus als von Gott gegeben annimmt, wird bei Wittgenstein in der Tätigkeit einer Sprachgemeinschaft hervorgebracht.

In Wittgensteins neuer Philosophiekonzeption ändert sich auch die Stellung des Philosophen. Während Heidegger, der andere große Denker des 20. Jahrhunderts, der gegen die Geschichte des Denkens revoltiert, die Rolle der Philosophie ins «Hohepriesterliche» überhöht,[1] nimmt Wittgenstein eine dezidiert bescheidene Haltung ein.[2] In den *Philosophischen Untersuchungen* spricht er davon, daß er sich nicht im luftleeren Raum bewegen will: Er sucht die «*Reibung*» mit der Welt (PU § 107); er wendet sich der arbeitenden Sprache zu. Anders als die akademischen Philosophen will er sich den Lebensnotwendigkeiten aussetzen;[3] er sucht geradezu die Konfrontation mit ihnen; dies geschieht insbesondere bei seiner Tätigkeit als Volksschullehrer und seiner Arbeit am Bau des Hauses für seine Schwester Margarete.[4] In der Welt der praktischen Tätigkeit versucht er einen philosophischen Blickpunkt zu finden, von dem aus er auf sie schauen kann. Diese doppelte Bewegung – in Richtung auf die Notwendigkeit des Lebens *und* sich von dieser distanzierend – kennzeichnet die Anlage von Wittgensteins späterer Philosophie. Auf der einen Seite wendet sie sich dem In-der-Welt-Sein, der Beteiligung des Menschen am Lebensprozeß zu: Als Mitspieler im Alltagsleben hat der Mensch eine körperliche Existenz und ist mit seinem Handeln in gesellschaftliche Prozesse eingebunden. Im Gegenzug zu dieser anthropologischen Seite erzeugt Wittgenstein auch eine Distanz zur Welt, einen Abstand zu der Involviertheit in das alltägliche Leben. Die Position des Denkers zur Welt ist eine Situation der Beobachtung und Beschreibung. Aber seine gedanklichen Objekte sind zugleich auch Teil einer Handlungspraxis und unterliegen deren Anforderungen.

Leben und Philosophie sind bei Wittgenstein wie die Vorder- und Rückseite seiner Manuskriptblätter, *recto* und *verso*. Philosophische Reflexion ist Teil seines Lebens. Mit dem von ihm oft verwendeten Begriff des Lebens gibt er die Bewegung an, die Sprache, Denken, seine Zeit und seine Biographie miteinander verbindet. Im Leben der Sprache entstehen Bedeutungen, Familienähnlichkeiten und neue Sprachspiele, andere wiederum veralten und werden vergessen. Auf das sprechende Subjekt bezogen, läßt sich «Leben» als eine Aktivität des Seins[5] auffassen; es kennzeichnet den Menschen in drei Hinsichten: Zum ersten als *biologisches Sein*, insofern Menschen durch die Tätigkeit ihrer Sinne mit der Welt verbunden sind und mit ihren Gefühlen auf die Welt reagieren. Zum zweiten als *menschliches Handeln*, das Merkmale der Welt erfaßt und in seine eigenen Vollzüge übernimmt. Schließlich als *Möglichkeit, sprechen zu können*, insofern Menschen die in ihrer biologischen und sozialen Natur angelegte Fähigkeit besitzen, die Welt mit Hilfe von Symbolen zu strukturieren und eine gemeinschaftlich mit anderen geteilte symbolische Welt herzustellen.

In den *Philosophischen Untersuchungen* rekonstruiert Wittgenstein in idealtypischer Weise den Prozeß, in dem aus der Möglichkeit zur Sprache die Wirklichkeit der sprechenden Person wird. In diesem Geschehen wirken alle drei Seiten des Lebens zusammen, die biologischen, pragmatischen und symbolischen Aspekte. Im menschlichen Körper sind sie miteinander vereint. Auch in den höher entwickelten, komplexen Formen des Handelns und der Sprache werden diese drei Seiten nicht auseinandergerissen, sondern bleiben miteinander verbunden; Wittgenstein zeigt dies an der Sprache über Empfindungen, an der «Technik» des Regelfolgens und am Verständnis von sprachlichen Bildern. Mit diesen Gedanken fügt er wieder zusammen, was die Wissenschaften zertrennt haben. In den Sprachspielen erhalten die biologischen, pragmatischen und symbolischen Aspekte des menschlichen Lebens ihre besonderen Bestimmungen: als bedeutungsvolle Welten, als Empfindungen, intentionale Akte und zukunftsgerichtete Entwürfe.

Mit dem Lebensbegriff übernimmt Wittgenstein einen organischen Aspekt in seine Sprachbetrachtung. Dennoch hat seine Philosophie keinen vitalistischen Untergrund, wie man ihn bei dem von ihm geschätzten Oswald Spengler findet. Als Gegengewicht zum Lebensbegriff setzt der gelernte Ingenieur einen *technischen* Aspekt ein: Die Gebräuche der Sprache, der Mathematik und der Bilder sind nicht naturwüchsig, sondern werden in «Techniken» fundiert. Es gibt eine von Menschen entwickelte Mechanik, die den Fluß des Lebens reguliert. So spannt Wittgenstein die Sprachgebräuche auf zwischen den Techniken geregelter Handlungen auf der einen und der produktiven Dynamik der Sprachspiele auf der anderen Seite.

Von 1929 bis zu seinem Tod 1951 bildet Wittgensteins Philosophie eine fortgesetzte Reflexion über die menschliche Kondition: über das Verhältnis des Sprechers und Handelnden zu seinem Sprachgebrauch, zu seiner Gemeinschaft mit anderen Sprechern und zu sich selbst.

Ein Zentrum seines neuen Verständnisses von Philosophie bilden seine anthropologischen Konzepte.[6] Von ihnen aus erschließt sich der systematische Zusammenhang der unterschiedlichen Themen, die sein späteres Werk strukturieren. An den von ihm eingeführten Ausdrücken – *Sprachspiele, Familienähnlichkeiten, Bilder, Sehen als* – läßt sich die anthropologische Prägung seines Denkens erkennen. Sie bilden keine Fachterminologie, sondern haben ihre Wurzeln in der Umgangssprache und behalten so viel wie möglich von deren Gebrauchsweisen bei: Das Funktionieren von Sprachspielen beschreibt Wittgenstein ganz ähnlich wie ein alltägliches Geschehen in Ballspielen. Die Ähnlichkeit zwischen verwandten Wortgebräuchen erkennt man, wie jene zwischen verschiedenen Mitgliedern einer Familie, an ihrem ähnlichen Aussehen – auch Wörter haben ein «vertrautes Gesicht» (PU II, S. 560). Bilder können uns gefangen halten (PU § 115), wie uns bestimmte bildliche Vorstellungen auf hartnäckige Weise vorschweben. Auch jene Ausdrücke, die auf einen eher technischen Gebrauch hindeuten, wie «Regeln» und «Regelfolgen», werden von Wittgenstein gerade nicht im Sinne explizit formulierter Regeln, analog zu Logikregeln, verstanden, sondern in dem weitgefaßten Sinn eines regelhaften Geschehens. Schließlich wird der Begriff des Kriteriums in den Überlegungen der letzten Lebensjahre zu der Annahme eines «Musters im Lebensteppich» weiterentwickelt (vgl. Z § 568).

Im Zentrum dieses Buches stehen Wittgensteins anthropologische Auffassungen über die Sprache, das Denken, die soziale Praxis und die Übereinstimmung mit der Sprachgemeinschaft. Aber wie kann man *über* Wittgensteins Denken schreiben? Statt seine Einsichten in die Form einer Theorie zu zwängen, was Wittgenstein selbst ganz fremd gewesen wäre, soll hier seine eigene Auffassung, wie zu philosophieren sei, respektiert werden. In den *Philosophischen Untersuchungen* faßt er seine eigene Methode mit den Worten zusammen: «übersichtliche Darstellung, Erfinden von Zwischengliedern» (PU 122);[7] seine Art der Betrachtung nennt er «Naturgeschichte».[8] Mit diesen Begriffen nimmt er eine Überlegung Goethes zur Morphologie auf, daß diese «nur darstellen und nicht erklären will […]» Sie ordnet «bald in Gruppen, bald in Reihen nach den Gestalten» – so ist es möglich, «die ungeheure Masse zu übersehen; ihre Arbeit ist doppelt: teils immer neue Gegenstände aufzufinden, teils Gegenstände immer mehr der Natur und *den Eigenschaften* gemäß zu ordnen und alle Willkür, insofern es möglich wäre, zu verbannen».[9] Auf diese Weise kann man, schreibt Goethe, «den unendlich zarten Arbeiten eines lebendigen organischen Körpers sich […] zu nähern hoffen» (ebd., S. 125). Ähnlich wie an der Natur läßt sich auch an der Sprache ein «unendlich zartes Arbeiten eines lebendigen organischen Körpers» beobachten. Die Analogie mit Goethes Naturbetrachtung macht Wittgensteins methodisches Ideal der Beschreibung von Alltagssprache verständlich.

Wittgensteins eigenes Denken verlangt vom Interpreten eine vergleichbare Achtung wie jene, die er der Umgangssprache entgegenbringt. Seine methodische Maxime soll daher, soweit es möglich ist, als Richtschnur für meine Beschreibung der anthropologischen Aspekte seines Denkens dienen. Dementsprechend geht es im folgenden weniger darum, die Inhalte seiner Philosophie zu bestimmen und zu erklären, als darum, die Art und Weise seines Philosophierens nachzuzeichnen.

In Wittgensteins Aufzeichnungen lassen sich eine feine innere Organisation und vielfältige Verbindungsfäden entdecken, die seine Reflexionen über Jahrzehnte hinweg kohärent miteinander verbinden. An manchen wichtigen Stellen seines Werks sind die Zusammenhänge seiner Gedanken allerdings nicht leicht zu erkennen; manches ist aus dem Kontext zu erschließen, anderes muß rekonstruiert werden. Es müssen also Verbindungen hergestellt und Ergänzungen da vorgenommen werden, wo Wittgenstein seine Linien nicht vollständig gezogen hat und es sinnvoll erscheint, diese fortzusetzen. Hypothetische Zwischenglieder und rekonstruierte Verbindungen sind die methodischen Werkzeuge, mit denen ich versuche, Wittgensteins anthropologisches Denken auszuarbeiten. Eine Reihe seiner Reflexionen können im Kontext des heutigen Denkens verständlicher gemacht werden, wenn man ihnen einige passende Konzepte hinzufügt, die in seine Methode integriert werden, insofern sie ausschließlich mit der Absicht verwendet werden, seine Beschreibungen zu verfeinern. Seit den 30er und 40er Jahren, in denen Wittgensteins spätere Philosophie entstanden ist, sind eine Reihe neuer Konzepte entstanden, die zu ihrer Explikation herangezogen werden können. Wichtiger als historische Authentizität erscheint mir deren Aktualisierung im Kontext des gegenwärtigen Denkens.

Dieses Buch ist keine Arbeit in detektivischer Absicht. In ihm sollen nicht Elemente aufgespürt werden, die die Wahrheit über ein ganzes Werk und Leben freilegen. Mit einer solchen Intention fiele man Wittgenstein in den Rücken: Einer der Grundsätze seiner Konzeption des Verstehens ist gerade, daß von der Wahrheit über das eigene Innere, also über die eigenen Absichten und Motive, nicht die Rede sein kann. Als Verstehende der Gedanken eines Anderen können wir nur einen Standpunkt außerhalb seiner einnehmen; wir können uns nur auf ein Netz von Kriterien oder Mustern beziehen. Gewiß ist die anthropologische Lesart nicht die einzige Möglichkeit, Wittgensteins spätere Philosophie zu verstehen; aber ich will zeigen, daß sie eine sehr ernsthafte Option darstellt, einen Zugang zu seinen Schlüsselbegriffen zu gewinnen. Bei *dieser* Arbeit kommt es darauf an, eine möglichst dichte Rekonstruktion des Wittgensteinschen Begriffsnetzes zu erreichen.

Ausgangspunkt meiner Beschreibungen ist der Übergang vom *Tractatus* zu Wittgensteins späterer Philosophie. Über sein Denken in der Zeit von 1919, dem Abschlußjahr des *Tractatus*, bis zum Wiederbeginn seines Philosophierens um das Jahr 1929 herum weiß man kaum etwas, außer daß sein Leben eine dramatische Wende genommen hat.[10] Wittgenstein hat in diesen Jahren sein philosophisches Schweigegebot aus dem *Tractatus* befolgt und sich praktischen Tätigkeiten zugewandt. Er hat als Lehrer gearbeitet, muß dann aus dem Schuldienst ausscheiden und erhält in dieser kritischen Lebenssituation von seiner Schwester Margarete den

Bau ihres Wohnhauses in Wien übertragen. Nach Fertigstellung des Baus (1928), den er als Architekt (auf der Grundlage eines ersten Entwurfs seines Freundes Paul Engelmann) bis in die letzten Details gestaltet und dessen Ausführung er überwacht hat, nimmt er seine philosophische Tätigkeit wieder auf. Einen Zugang zu Wittgensteins Denken in der Phase des Neuanfangs (1929/31) verschaffen die Bände I – V der *Wiener Ausgabe*, die Wittgensteins Aufzeichnungen aus jenen Jahren enthalten. Für jeden, der seine Denkbewegungen in Richtung *Philosophische Untersuchungen* verfolgen will, sind diese Notizen von unschätzbarem Wert.[11] Das anthropologische Denken, das sich in diesen Schriften dokumentiert, wurde von der – angelsächsisch dominierten – Forschung bisher jedoch wenig beachtet.

Mit seinen Aufzeichnungen knüpft Wittgenstein in dieser zweiten Phase an das Denken des *Tractatus* an; aber von Anfang an zeigt sich eine grundlegend neue Orientierung: eine Hinwendung zur menschlichen Handlungspraxis, die er in den folgenden Jahren weiter entfaltet. Seine Aufmerksamkeit richtet sich auf die räumliche Dimension des Denkens, während er vorher ausschließlich in zweidimensionalen Konstrukten gedacht hat (vgl. die Bildtheorie des *Tractatus*). In sein Denken treten jetzt der menschliche Körper, Bewegungen und Handlungen. An Wittgensteins neuem Philosophieren erkennt man, daß ihn seine Arbeit mit Räumen und Objekten (von ihm selbst entworfene Türen, Fenster, Heizkörper, Beleuchtungen etc.) offensichtlich auch philosophisch zu einem gegenstandsbezogenen Umgang mit den Dingen geführt hat. In den ersten beiden Kapiteln dieses Buchs wird gezeigt, wie sich Wittgensteins philosophische Orientierung ab 1929 Schritt für Schritt verändert, insbesondere wie er sich der alltäglichen Praxis zuwendet (1. Kapitel), den physischen Raum des Handelns in sein Denken einbezieht und das Ich in diese Welt hineinholt (2. Kapitel).

Zurück in Cambridge trifft Wittgenstein auf Gesprächspartner, die ganz andere Interessen haben als Bertrand Russell, sein Mentor in den Jahren vor dem Weltkrieg. Nicht die Logik ist bevorzugter Gegenstand der Diskussionen mit Piero Sraffa, einem bekannten Wirtschaftswissenschaftler, der Antonio Gramsci nahestand; in den Gesprächen mit Sraffa vertieft Wittgenstein vielmehr sein Interesse an der menschlichen Handlungspraxis: Er faßt sie jetzt als materielle Wirklichkeit auf, wird aufmerksam auf den Körper und die Kontextualisierung des Handelns in praktischen Lebenssituationen. Die Welt *und* der Körper sind von der Ordnung der gegebenen Praxis vorstrukturiert. Noch bevor Menschen die Umgangssprache erlernen, bilden sie unter Einfluß der Gesellschaft einen regulierten Körpergebrauch aus. Gemeinsam mit den strukturierenden Praktiken ist dieser die Voraussetzung für das Regelfolgen. Die intensive Beschäftigung mit den ethnologischen Arbeiten des Anthropologen und Religionswissenschaftlers James Frazer öffnet Wittgenstein die Augen für die rituellen und magischen Aspekte des symbolischen Handelns; er beginnt den Gedanken einer kulturellen Ganzheit, die er «Lebensform» nennt, in sein Denken zu integrieren (3. Kapitel).

Im Mittelpunkt von Wittgensteins Sprachdenken steht nun die soziale Praxis, die dem Körper des Sprechers eine an die Umgangssprache angepaßte, geregelte Form gibt. Mit seinen Handlungen übernimmt der Sprecher die immanente Ordnung der Welt und stellt eine Übereinstimmung mit den an der gemeinsamen Praxis beteiligten Personen her. Als Paradigma für den Sprachgebrauch schlägt Wittgenstein das Spiel vor. Freilich denkt er dabei nicht, wie oft angenommen wird, an das Schachspiel, sondern an ein Bewegungsspiel. Malcolms Hinweis, daß Wittgenstein sein Sprachspielkonzept beim Anblick eines Fußballspiels gekommen sei,[12] ist von der Literatur nie beachtet worden. Wenn man diese Analogie aber auf Wittgensteins Beschreibung der Sprache überträgt – was ohne jede Schwierigkeit möglich ist –, lassen sich seine Überlegungen zur Entstehung von Sprachspielen und zum Lernen, seine Auffassung ‹mentaler Ereignisse› (Beabsichtigen, Rechnen, Denken), seine Diskussion des Regelfolgens, seine Kritik an einer privaten Sprache und die Annahme einer mit den Sprachspielen gegebenen Gewißheit in einen systematischen Zusammenhang bringen. Viele Grundzüge von Wittgensteins späterer Philosophie lassen sich von seinem Spielkonzept aus erschließen (4. Kapitel).

Der Gebrauch der Sprache kann als die Fähigkeit verstanden werden, sich in den unterschiedlichsten Situationen eines «Spiels» zurechtzufinden und auf diese adäquat zu antworten. Man kann diesen Gedanken explizieren, indem man das Konzept des Habitus einführt. Dieses Konzept hat Pierre Bourdieu, der sich ausdrücklich auf die *Philosophischen Untersuchungen* beruft, theoretisch ausgearbeitet. Nimmt man dessen Überlegungen zu Hilfe, so gewinnt man eine genaue Beschreibung des Zusammenspiels von Regeln und Habitus. In seinen Gesprächen mit O. K. Bowsma (1951) ging Wittgenstein bei der Interpretation einer Romanfigur Dostojewskis genau in diesem Sinn vor. Der in der Lebenspraxis erworbene Habitus stellt eine Weise des In-der-Welt-Seins von Menschen dar.

In den folgenden Jahren wird das Sprachspielkonzept weiter ausgebaut und rückt an eine zentrale Stelle in Wittgensteins Denken. Von den primitiven Sprachspielen geht er zu komplexeren Formen über, die mit Hilfe von «Paradigmen» funktionieren, wie die Sprachspiele der Farbbezeichnungen. Auch bei den komplizierteren Formen bleiben die Sprachgebräuche an die praktischen Fähigkeiten des Körpers gebunden (die man mit einem Ausdruck Bourdieus «praktischen Sinn» nennen kann). Wenn man das Sprachspiel in Begriffen von Bewegungsspielen beschreibt, wird deutlich, warum Wittgenstein das Regelfolgen als eine «Technik» ansieht. Die Anwendung von Regeln wird wie ein Handlungskönnen beherrscht und vor dem Hintergrund eines nicht explizierbaren praktischen Wissens eingesetzt. Im Modell des Spiels erhalten die handelnden Subjekte und die von ihnen verkörperten Fähigkeiten ebensoviel Aufmerksamkeit wie die Regeln, die eine «Handlungsgrammatik» bilden. Ein besonderes Problem ist die Frage, wie aus der Faktizität des regelhaften Handelns das normative Konzept der Regeln gebildet werden kann. Ich werde versuchen, auf diese Frage mit einem Regelkonstrukt zu antworten, das ein normatives Regelverständnis auf den Hintergrund von Spiel *und* Spieler bezieht (5. Kapitel).

Der in der Lebenspraxis erworbene Habitus stellt eine Weise des In-der-Welt-Seins von Menschen dar. Diese hat zwei Seiten: Nicht nur ist der Mensch in der geregelten Welt enthalten, vielmehr ist auch die Welt im handelnden Menschen enthalten, insofern er eine spezifische «Lebensform» besitzt. Mit der Lebensform, in der Menschen leben, handeln, urteilen und sprechen, übernehmen sie ein Netz von Gewißheiten, an die sie auf tiefere Weise gebunden sind, als dies durch Wissen möglich wäre: durch den Glauben an die von der Lebensform gegebene «Mythologie», wie es Wittgenstein nennt (ÜG § 95). An seiner Diskussion der Begriffe «Gewißheit» und «Glauben» läßt sich zeigen, wie sich Wittgensteins Denken nicht so sehr auf Welterkenntnis als auf das Selbstverhältnis des Subjekts richtet (6. Kapitel).

In seiner letzten Lebensphase stellt sich Wittgenstein die Frage: Wie ist es möglich, über das Innere eines anderen Menschen und über das eigene Innere zu sprechen? In seiner früheren Kritik (in Teil I der *Philosophischen Untersuchungen*) hat er nachgewiesen, daß eine *direkte* Erkenntnis innerer Ereignisse nicht möglich ist. Freilich hat er nicht ausgeschlossen, daß Menschen ihr Inneres zur Sprache bringen können. In den Schriften aus seinen letzten Lebensjahren zeigt er nun, wie ‹primitive Reaktionen› in Sprachspiele eingeführt werden. Wie dies möglich ist, sieht man erst, wenn man seine Überlegungen zum *Sehen als*, zum Aspektsehen, als grundlegenden Mechanismus in die Diskussion einbezieht. Wittgensteins Konzept des Aspektsehens steht nicht unverbunden neben seinen großen Themen der Sprache und des eigenen Lebens, wie in der Forschung meistens angenommen wird. Es bildet vielmehr das – von Wittgenstein spät gefundene – Zentrum seines Denkens über innere Vorgänge bei anderen Personen und bei ihm selbst (7. Kapitel). Mit dem Aspektsehen wird es ihm zum ersten Mal möglich, einen Standpunkt zu sich selbst und zu seinen Lebensproblemen zu finden. Im «Aufleuchten des Aspekts» hat das erkennende Subjekt, wie Wittgenstein sagt, ein «Erlebnis» des Aspektwechsels. Gemäß seinen Voraussetzungen kann es nicht *über* dieses sprechen. Nicht die Sprache, das Sehen öffnet ihm einen Zugang zu dieser Erfahrung. Im Sehen erfährt er ein unaussprechliches Gefühl seiner eigenen Existenz.

1.
DIE PRAXIS DES PHILOSOPHEN

Wittgensteins Weg vom *Tractatus* zu den *Philosophischen Unter-suchungen* läßt sich ermessen, wenn man seine Konzeption philo-sophischer Erkenntnis betrachtet. Seine beiden Philosophien sind auf dem Grundprinzip aufgebaut, daß Erkenntnisse über die Welt von einer Position *innerhalb* der Welt zu gewinnen sind und daß diese Situierung immer mitzureflektieren ist. Im *Tractatus* gibt er diesem Gedanken eine solipsistische Ausprägung: Das erken-nende Subjekt befindet sich an der äußersten Grenze *seiner* Welt, an einem Punkt, der zwar noch *in der Welt* liegt, aber die Mög-lichkeit bietet, wie von außerhalb in diese hineinzusehen. In seiner späteren Philosophie spricht er als ein Denker, dessen Ort in-mitten der Welt ist.[1] Er kritisiert die Spezialisten des Denkens, die sich mit ihren spezifischen Problemen und Sichtweisen von der gewöhnlichen Welt der Praxis abkehren, als hätten sie mit dieser nichts zu tun.[2] Wittgenstein faßt seine Ablehnung einer solchen akademischen Haltung in einer Kritik an Moore in die folgenden Worte: «Worüber ich mit Moore diskutiere, das ist die Frage: Kann die logische Analyse erst erklären, was wir mit den Sätzen der Umgangssprache meinen? Moore neigte dazu. Wissen also die Leute nicht, was sie meinten, als sie sagten: ‹Heute ist es klarer als gestern›? Müssen wir da erst auf die logische Analyse warten? Was für eine höllische Idee!»[3] Wenn man Wittgensteins Auffassung der Philosophie, insbesondere jene nach 1929, verste-hen will, muß man als erstes begreifen, warum er den akademi-schen Gesichtspunkt kritisiert und welche Sichtweise der Welt er entwickelt.

1. Die arbeitende Sprache

Der traditionellen Philosophie bedeuten die Menschen in ihrem Alltag wenig. Sie leben in der Zerstreuung, werden durch ihre Geschäfte, Lebensnotwendigkeiten, ihre natürlichen Triebe weitgehend am Denken gehindert. Der Vorrang der *vita contemplativa*, des *bíos theoretikós* ist, wie Hannah Arendt schreibt,[4] seit Platon Grundüberzeugung der abendländischen Philosophie. Ein Leben in Kontemplation bedeutet «Befreiung von politischen Tätigkeiten», Hinwendung zur «Muße, d. h. [zur] Enthaltung von allen öffentlichen Geschäften (*scholé*)».[5] Ein Denken, das wesentlich auf das Arbeiten, die Alltäglichkeit, das gewöhnliche Leben, die Interaktion mit anderen eingeht, trifft auf die Ablehnung von kontemplativen Philosophen, die zwischen sich und der Welt der Praxis einen Graben ziehen.[6] Diese beziehen ihren Stolz daraus, daß sie sich aus dem Gebräuchlichen, den Gewohnheiten, dem sozialen Leben, aus allem lösen, was für das denkende Subjekt zu Hemmnissen der Erkenntnis werden kann. In ihren Augen gehört es zur Position des Philosophen, daß dieser mit den gewöhnlichen Menschen fast nichts teilt, sondern sich mit seiner Theorie aus der Sphäre gemeinsamen Lebens entfernt. Von diesem Sich-Verschließen vor der Welt des praktischen Handelns ist die Theorie der Sprache nicht ausgenommen. Auch wenn ihrer Bezeichnungsfunktion, die letztlich aus der Umgangssprache stammt, eine Rolle für die Erkenntnisgewinnung zukommt, wird diese Gemeinsamkeit zwischen Philosophen und Alltagsmenschen für die Sprachtheorie eher als ein Hindernis angesehen. Stattdessen wird die Klarheit, Präzision und synthetisierende Kraft der philosophischen Sprache betont, die diese weit über die Alltagssprache hebe.

Für eine radikale Kritik an der kontemplativen Philosophie ist die Sprache der ideale Ansatzpunkt, und zwar aus folgendem Grund: Die Qualität des Denkens hängt nicht zuletzt davon ab, inwieweit der Philosoph fähig ist, dieses in einer objektiven Sprache auszudrücken. Was keinen adäquaten sprachlichen Ausdruck erhält, nimmt auch keine faßbare Gestalt im Denken an. Es gehört zum Selbstverständnis der Philosophie, daß sie sich für fähig hält, eine solche Sprache herauszubilden. Jede philosophische Schule hat sich *ihre* Sprache geformt, eine bestimmte Weise des Sprechens jenseits der Umgangssprache. Zwar findet sie eine Sprache vor, die im Alltagsleben entstanden ist, aber in ihrem Abstand von der Welt formt sie diese für ihre Zwecke zu einer besonderen, aus allen Bezügen herausgelösten Sprache um. In einem Kontext, den diese Sprache selbst erzeugt und der keinerlei Bezug zu ihrer ursprünglichen Verwendung mehr hat, soll sie dem Denker erlauben, Probleme auf eine Weise zu stellen, wie sie in der Alltagssprache kaum einmal auftauchen. Dies führt Wittgenstein zu seiner bekannten Kritik: «Wenn die Philosophen ein Wort gebrauchen – ‹Wissen›, ‹Sein›, ‹Gegenstand›, ‹Ich›, ‹Satz›, ‹Name› – und das *Wesen* des Dings zu erfassen trachten, muß man sich immer fragen: Wird denn dieses Wort in der Sprache, in der es seine Heimat hat, je tatsächlich so gebraucht? – *Wir* führen die Wörter von ihrer metaphysischen, wieder auf ihre alltägliche Verwendung zurück.» (PU § 116)

In der akademischen Situation der Philosophie wird aus den Augen verloren, daß die Sprache dem Alltagsleben entstammt. Den Gesichtspunkt, der in dieser privilegierten akademischen Lage gewählt wird, nennt Pierre Bourdieu mit einem Ausdruck John Austins «die scholastische Sicht».[7] Das Adjektiv «scholastisch» bezieht er nicht auf die mittelalterliche Scholastik, sondern auf das griechische Wort *scholé*, Muße. «Scholastisch» ist die Situation der Muße in akademischen und schulischen Institutionen, die, von Lebensnotwendigkeiten abgekoppelt, ihre eigenen gedanklichen Exerzitien, Studien und Analysen betreiben, ohne eine Verbindung mit dem gesellschaftlichen Gebrauch der Sprache zu haben. Mit Hilfe seiner im Kontext der philosophischen Institutionen ausgebildeten Sprech- und Denkweisen untersucht der Philosoph Probleme der Welt, also Probleme, die in den Kontext des Lebens normaler Menschen gehören, von denen er sich und seine Sprache jedoch abgeschnitten hat.[8] Er spricht mit Hilfe seiner «feiernden» Sprache über Subjekte, deren Welt er nicht teilt, und über Situationen, die er mit seiner Sicht erfaßt und auf die er seine im Abstand zur Welt entstandenen Überlegungen überträgt.[9] Auf diese Weise steht er immer in Gefahr, Probleme zu formulieren, die entweder in der alltäglichen Welt nicht vorkommen, die er also in diese hineinprojiziert, oder die Probleme sind, deren Entstehungsbedingungen er ignoriert. Im Freiraum der akademischen Institutionen bildet sich ein Glaube an die höhere Legitimation der «scholastischen» Sichtweise und der von dieser hervorgebrachten Wirklichkeit heraus.

Ein früher Kritiker dieser weltabgehobenen Sichtweise, Michel de Montaigne,[10] hatte ein klares Bewußtsein davon, daß das in seinem Turm denkende Subjekt seine Alltagsexistenz nicht einfach abschütteln kann, sondern daß diese an ihm hängenbleibt: Der Philosoph lebt zwar in einer Situation des Denkens über das Denken, aber er wird dadurch nicht zu einem engelsgleichen Wesen. Würde er in seiner Abgeschiedenheit die Bedingungen seiner Reflexion aus den Augen verlieren, dann würde er nur noch über eine ideale und daher weltlose Existenz sprechen, in einer nichtssagenden Sprache. Mit den Worten von Émile Durkheim muß er, wenn er über Alltagspersonen spricht, immer mitbedenken, daß er eine Spaltung von Alltagswelt und *scholé*, einen epistemologischen «Bruch» (É. Durkheim 1961)[11] zwischen beiden vollzogen hat.

Nicht das Privileg, sich in einer akademischen Situation zu befinden, stellt ein Problem dar,[12] sondern die Tatsache, daß die Bedingungen, unter denen die «scholastische» Erkenntnis zustande kommt, nicht reflektiert werden. Mehr noch: daß diese Ignoranz als eine besondere Auszeichnung gilt.[13] Wenn der Denker aber erst einmal begriffen hat, daß die Objekte seines Denkens, die Sprache und die im Alltagsleben handelnden Personen, sich in einem von seiner eigenen Lage ganz verschiedenen Kontext befinden, ist er fähig, die Philosophie anders zu entwerfen und von seiner akademischen Situation aus die Besonderheiten der gewöhnlichen Sprache und der Praxis zu beschreiben. Er ist dann auch fähig zu erkennen, daß die Bedeutungen seiner Sprache nicht aus dem idealen Kontext der Kontemplation stammen, sondern in letzter Instanz an das Alltagsleben rückgebunden bleiben.[14]

Nach dem Ersten Weltkrieg läßt Wittgenstein keine Gelegenheit aus, sich von der Universitätsphilosophie abzusetzen. Nach dem *Tractatus* publizierte er nur noch einen einzigen Aufsatz, hielt nicht mehr als einen öffentlichen Vortrag, in dem er die Annahme ablehnte, daß man über Ethik vernünftig sprechen könne, und entwickelte eine Philosophie, die seinem ehemaligen Weggefährten Russell ein Greuel war. In dieser verwarf er alle wesentlichen Grundsätze der akademischen Sichtweise in der Philosophie: die Ideale der Begriffsdefinition, der Letztbegründung und der Fundierung von Erkenntnisgewißheiten in Wahrnehmungs- oder Bewußtseinsakten. In den *Philosophischen Untersuchungen* hat Wittgenstein die problematische Situation der reinen akademischen Sichtweise endgültig überwunden. Was andere für Verwirrtheit oder Verrücktheit halten mochten, war der Versuch, ein Denken zu entwickeln, das Verbindung mit «dem Leben» aufnimmt. In § 97 der *Philosophischen Untersuchungen* setzt er sich mit spöttischen Bemerkungen von der Lebensferne des scholastischen Denkens ab:

> Das Denken ist mit einem Nimbus umgeben. – Sein Wesen, die Logik, stellt eine Ordnung dar, und zwar die Ordnung a priori der Welt, d. i. die Ordnung der *Möglichkeiten*, die Welt und Denken gemeinsam sein muß. Diese Ordnung aber, scheint es, muß *höchst einfach* sein. Sie ist *vor* aller Erfahrung; muß sich durch die ganze Erfahrung hindurchziehen; ihr selbst darf keine erfahrungsmäßige Trübe oder Unsicherheit anhaften. […]
> Wir sind in der Täuschung, das Besondere, Tiefe, das uns Wesentliche unserer Untersuchung liege darin, daß sie das unvergleichliche Wesen der Sprache zu begreifen trachtet. D. i., die Ordnung, die zwischen den Begriffen des Satzes, Wortes, Schließens, der Wahrheit, der Erfahrung, usw. besteht. Diese Ordnung ist eine *Über*-Ordnung zwischen – sozusagen – *Über*-Begriffen. Während doch die Worte «Sprache», «Erfahrung», «Welt», wenn sie eine Verwendung haben, eine so niedrige haben müssen, wie die Worte «Tisch», «Lampe», «Tür».

Doch es wäre ein Mißverständnis, die Ablehnung der Überhöhung des Denkens als eine Art *Common-sense*-Philosophie aufzufassen. Gegen Ende seines Lebens wendet sich Wittgenstein ausdrücklich gegen die von G. E. Moore entwickelte philosophische Konzeption. In der akademischen Sichtweise Moores läßt sich aus unbezweifelbaren *Common-sense*-Aussagen eine Art Theoriegebäude mit einem Bestand absolut sicheren Wissens aufbauen, mit dessen Hilfe er sich wirksam vor Erkenntnisskepsis schützen zu können meinte. In *Über Gewißheit* zeigt Wittgenstein, daß alle jene Sätze, die für Moore Erkenntnisgewißheiten darstellen und die dieser in gut schulmeisterlicher Manier aufgelistet hat, überhaupt kein Wissen darstellen, sondern daß sie als ein in der gemeinsamen Handlungspraxis verankertes Fundament des Glaubens, als ein nicht mit Argumenten zu bezweifelnder Hintergrund des Denkens aufgefaßt werden müssen.

2. Die neue Gewißheit

Wittgensteins zweite Konzeption des Philosophierens entsteht aus einer fundamentalen Kritik an dem Denken, das sich in der Neuzeit unter dem entscheidenden Einfluß Descartes' gebildet hat. Descartes' *Prima Philosophia* ist eine Suche nach den letzten Gründen. Wittgenstein hält ihr eine Einsicht entgegen, die sie in drei Schritten ablehnt: (1) Die Vorstellung, daß das Denken letzte Gründe brauche, ist ein Irrtum; wir wissen schon etwas mit Gewißheit, sonst könnten wir gar nicht zweifeln. (2) Die Behauptung, das menschliche Wissen baue auf einem Fundament auf, ist irreführend – es gibt kein Fundament. Wissen organisiert sich in anderer Weise, nämlich in einer Handlungspraxis mit Hilfe sprachlicher Strukturen. (3) Die Annahme, Gewißheit könne ausschließlich in geistigen Prozessen gerechtfertigt werden, verwickelt sich in innere Widersprüche, die daraus entstehen, daß man *im* Denken nicht Gewißheit *über* das Denken erlangen kann.[1]

Alle drei Ablehnungsgründe lassen sich in folgenden Gedanken zusammenfassen: Der Archimedische Punkt der Philosophie kann aus Gründen, die noch genau darzulegen sind, nicht das isolierte Subjekt sein. Er liegt auch nicht außerhalb der Welt. Die Welt entsteht, als Gegenstand unserer Erkenntnis, in Gebräuchen der Sprache. Wir sind unserer Sprachgebräuche gewiß, nicht anders, als wir unserer Spiele gewiß sind. Wir haben sie selbst gemacht, aber nicht willkürlich, sondern in Abstimmung mit dem, was schon da ist: mit den Praktiken, Regeln, Normen und dem gemeinsamen Handeln mit anderen Menschen. Spiele haben ihre eigenen Ausprägungen dessen, was es schon gibt, aber sie erfinden nicht eine vollkommen neue Welt, die mit der Praxis, in der wir leben, keine Gemeinsamkeit hat.

Die neuzeitliche Philosophie gräbt zu tief; sie unterminiert die Bedingungen der Möglichkeit von Erkenntnis; sie schafft sich den Boden unter ihren eigenen Füßen weg. «Was zum Wesen der Welt gehört, kann die Sprache nicht ausdrücken.» (WA V, S. 185) Wittgenstein denkt die *Prima Philosophia* neu, nicht als Fundierung aller Gewißheit, sondern als Reflexion über das unfraglich Gegebene: Wir erschließen die Welt mit Hilfe der Gebräuche der Sprache. Bei genauerer Betrachtung heißt dies: nicht mit Hilfe der Sprache allein, sondern mit dem Gebrauch sprachlicher Symbole. Bei Wittgenstein ist der vermeintliche «linguistic turn» nichts anderes als eine Hinwendung zur *symbolischen Praxis*. In dieser finden die Menschen schon eine Ordnung vor, wenn sie auf die Welt kommen. Ein Kind, das seine sprachlichen Fähigkeiten entwickelt, lebt schon in einer solchen Ordnung. Die Tatsache der vorgängigen Ordnung wird in der Philosophie häufig übersehen, ihre Bedeutung für die Ordnung des Denkens grundsätzlich unterschätzt, als sei sie für das geistige Ordnen der Welt belanglos.

In seinen Reflexionen stellt Wittgenstein diese Ordnung bei der Neuorientierung seines Denkens nach 1929 zuerst als System von Grammatikregeln, später auch als komplexe Sprachspiele dar, ohne daß er beide Konzepte scharf gegeneinander abgrenzte. Es geht ihm um die von Regeln geordneten Sprachgebräuche. Freilich können die dabei verwendeten Regeln nicht explizit formuliert oder systematisch dargestellt werden, sondern sie zeigen sich in den Sprachgebräuchen selbst. Man kann sie nicht theoretisieren und nicht unabhängig von der jeweiligen Sprachpraxis begründen. Wenn man sie rechtfertigt, dann nur innerhalb der geltenden Gebräuche, und das heißt im Sinne Wittgensteins: Man kann sie nur beschreiben.

Die Regeln des Sprachgebrauchs treten in drei unterschiedlichen Kontexten auf: (1) Sie lassen sich in den Praktiken beobachten; hier kann ein Beobachter erkennen, wie sie die Gebräuche organisieren. (2) Sie können in einzelnen Fällen, aber bei weitem nicht immer, von den Handelnden angegeben werden. (3) Sie regeln auch die Beschreibungen des Beobachters. – In den Beschreibungen Wittgensteins treten also Regeln der gleichen Art auf wie in den von ihm beschriebenen Gebräuchen. Insofern es sich in allen drei Fällen um gleichartige Regeln handelt, gibt es kein hierarchisches Verhältnis zwischen den drei Kontexten.

Der Philosoph spricht keine andere Sprache als diejenige, die er an seinem Erkenntnisobjekt vorfindet. Nur seine Blickweise ist eine andere; er hat ein anderes Verhältnis zu den Gebräuchen als der Sprecher oder Handelnde. Dies läßt sich schon daran erkennen, daß er in der Praxis nichts bewirken will. Der Handelnde hingegen verwendet die Sprache, um etwas Neues zu erzeugen. Er verhält sich intentional; er ist über die Gegenwart hinaus gespannt. Wenn er allerdings seine eigene Regelpraxis rechtfertigt oder eine neue Regel anerkennt, verhält er sich anders. Er ist dann in einer ähnlichen Lage wie der Philosoph, insofern er sich reflexiv auf seine Sprachpraxis und auf sich selbst bezieht.

In diesem reflexiven Welt- und Selbstverhältnis begegnen sich der Sprecher in seiner Handlungspraxis und der Philosoph. Beide sind Teil einer umfassenden Praxis; sie wissen, was in der jeweiligen Situation zu tun ist, insofern sie die Regeln ihrer jeweiligen Praxis beherrschen. Und beide sind durch einen Bruch vom unmittelbaren Handeln getrennt: der Sprecher durch eine Reflexion auf sein aktuelles Handeln, der Philosoph durch einen «epistemologischen Bruch». Der Sprecher nimmt zu sich selbst Stellung; er fragt sich, ob er mit seinem Handeln die Anforderung erfüllt, die seine Sprachgemeinschaft an ihn richtet. Anders geht der Philosoph vor: Er holt die Geschehnisse in *seine* Sprache, indem er sie beschreibt. Seine Beschreibung nimmt die Gesichtspunkte der Handelnden auf und ordnet das Beobachtete in einer Weise an, daß diese bestimmte Muster ergibt.

Wittgensteins Abkehr von der scholastischen Sicht hat bedeutende Konsequenzen für seine Konzeption von Philosophie: Die Philosophie kann nicht mehr, wie noch im *Tractatus*, als eine Beschäftigung des Geistes mit Problemen aufgefaßt werden, die ausschließlich im geistigen Raum betrachtet werden, also nicht länger als eine Tätigkeit, bei der sich der Geist mit sich selbst befaßt. Der Handelnde muß denkend aus sich heraustreten und sein Verhältnis zur Welt, seine Sicht auf das Handeln *in der Welt* reflektieren. Er überwindet auf diese Weise die Philosophie des von der Praxis distanzierten «punktförmigen» Subjekts,[16] das sich in sein Denken zurückgezogen hat. Mit dem Sprachspielkonzept entwirft Wittgenstein das Subjekt als eine an der Welt der Menschen beteiligte Person, als ein Subjekt, das nicht für sich ist und dessen Existenz sich nicht im Denken erschöpft. Die Beteiligung am Spiel setzt das Subjekt als *Mit*spieler ein; es befindet sich in demselben Spiel wie die anderen und verfolgt darin bestimmte Absichten; es drückt diese in der gemeinsamen Sprache aus, gestaltet seine eigene Position und macht sich zu einem individuellen Spieler.[17] Die Aufgaben eines Mitspielers sind außerordentlich vielfältig; aber meistens ist es nicht notwendig, sie zu spezifizieren, weil die Beteiligten fast immer wissen, was es heißt, *am Spiel* beteiligt zu sein. Alles, was die Welt der Spieler und sie selbst ausmacht, ist *im Spiel*.

In seinen Überlegungen ab 1929 holt Wittgenstein, wie in Kapitel 2 gezeigt werden soll, die Ordnung der sozialen Praxis, das materielle Handeln, das Körperliche, die Gemeinsamkeit des Handelns mit anderen und die Gewißheit der Sprecher Stück für Stück in seine Reflexion. Nachdem er im *Tractatus* ein in sich ruhendes, auf Ewigkeit zielendes Denken konzipiert hat, entwirft er in seinem späteren Denken eine Philosophie in Bewegung: «Ich nehme oft die Gräben der Philosophie im Anlauf und Sprung.» (WA III, S. 118) Ein besonders prägnanter Zug seines neuen Denkens ist der Versuch der Umformung seines von Frege übernommenen Begriffs des «Gedankens». Während seines Besuchs in Wien Ende 1930, am 11.12.1930, mitten in der Phase der philosophischen Neuorientierung, schreibt er in sein Notizheft: «Das Erste, was wir vom Gedanken aussagen möchten, ist, er sei eine Tätigkeit.»[18]

3. Die Welt «von oben vom Fluge» betrachtet

In der Zeit, in der sich seine neue Auffassung allmählich heraus-
bildet, schreibt Wittgenstein während seines Aufenthalts auf dem
Familienanwesen auf der Hochreith (am 22. 8. 1930), angeregt
durch eine Bemerkung seines Freundes Paul Engelmann,[19] eine
Überlegung nieder, die die spirituelle Verfassung seiner späteren
Philosophie kennzeichnet:

> Es könnte nichts merkwürdiger sein, als einen Menschen bei irgend
> einer ganz einfachen alltäglichen Tätigkeit, wenn er sich unbeobach-
> tet glaubt, zu sehen. Denken wir uns ein Theater, der Vorhang ginge
> auf und wir sähen einen Menschen allein in seinem Zimmer auf und
> ab gehen, sich eine Zigarette anzünden, sich niedersetzen, u. s. f., so,
> daß wir plötzlich von außen einen Menschen sehen, wie man sich
> sonst nie sehen kann; wenn wir quasi ein Kapitel einer Biographie
> mit eigenen Augen sehen, – das müßte unheimlich und wunderbar
> zugleich sein. Wunderbarer als irgend etwas was ein Dichter auf der
> Bühne spielen oder sprechen lassen könnte, wir würden das Leben
> selbst sehen.
> (VB, S. 455 f.; siehe auch WA III, S. 17 f.)

Was soll das Besondere an dem sein, was wir auf dieser Bühne des
Alltags sehen? Wir würden nichts anderes als das Gewöhnliche zu
Gesicht bekommen, und das sehen wir «ja alle Tage», wie eine
zweite Stimme in Wittgensteins Text einwendet, «und es macht uns
nicht den mindesten Eindruck!».[20] Wir nehmen es zwar wahr, antwortet die erste Stimme, «aber wir sehen es nicht in *der* Perspektive».[21] Es kommt darauf an, die richtige Perspektive einzunehmen,
dann sehen wir das beobachtete Leben «als ein Kunstwerk Gottes,
und als das ist es allerdings betrachtenswert, jedes Leben und Alles». Nur wenn wir die Welt in der richtigen Perspektive sehen,
sind wir mit «Begeisterung» erfüllt. Ein Künstler kann uns «das
Einzelne so darstellen, daß es uns als Kunstwerk erscheint [...] Das
Kunstwerk zwingt uns – sozusagen – zu der *richtigen* Perspektive». In seiner letzten Philosophie wird Wittgenstein dieses «richtige» Sehen mit dem Konzept des *Sehens als* darstellen.

Während seines ganzen philosophischen Schaffens sucht Wittgenstein eine Betrachtungsweise, die das Leben in Analogie zum Kunstwerk erscheinen läßt. Für eine solche Sichtweise muß man die «verächtliche Haltung gegenüber dem Einzelfall» (BlB, S. 39) aufgeben. Man muß die Welt in einer solchen Perspektive wahrnehmen, daß sie wertvoll wird: die Natur in Kunst verwandeln («[...] ohne die Kunst aber ist der Gegenstand ein Stück Natur wie jedes andre»); dies geschieht durch eine bestimmte Weise des Beschreibens. Mit Hilfe einer Kunst der Beschreibung wird die wunderbare Seite der Welt erfaßt. Eine solche künstlerische Sichtweise ist in der Philosophie nur auf dem «Weg des Gedankens» möglich: wenn man «gleichsam über die Welt hinfliegt und sie so läßt, wie sie ist – sie von oben vom Fluge betrachtend» (VB, S. 456). Wittgenstein kennt aber auch die Momente, in denen er diesen Blick auf die Welt verliert. «Wenn ich ‹have done with the world›, so habe ich eine amorphe (durchsichtige) Masse geschaffen und die Welt mit ihrer ganzen Vielfältigkeit bleibt wie eine uninteressante Gerümpelkammer links liegen. – Oder vielleicht richtiger: das ganze Resultat der [...] Arbeit ist das Linksliegenlassen der Welt.»[22]

Es ist nicht nur fremdes Leben, das von oben betrachtet wird, sondern auch das eigene.[23] Wittgenstein schreibt ausdrücklich: Wir sehen «von außen einen Menschen [...], wie man *sich sonst* nie sehen kann» (meine Hervorhebung, G. G.). In bezug auf die eigene Person erhält die «richtige Perspektive» einen tieferen Sinn für das denkende Subjekt: Sein Philosophieren schließt immer auch ein Selbstverhältnis ein. Es zielt jedoch nicht auf Selbsterkenntnis; Wittgenstein stellt nie die Frage: Wer bin ich? Sie wäre auch nicht zu beantworten, insofern Menschen sich nicht transparent sind – eine Grundannahme, die sich von seiner frühen Philosophie bis zur Kritik der «Privatsprache» durch sein Werk hindurchzieht. Es geht ihm um eine Aktivität, die er «Arbeit an einem selbst» nennt. In der täglichen Arbeit eines von Lebensnotwendigkeiten unabhängigen Philosophierens wird der Geist frei gemacht von falschen Gedanken und frei für die Anschauung des Wunderbaren der Welt. Ein solches Freisein ist dem Menschen nicht selbstverständlich gegeben; es muß immer wieder von neuem errungen werden. Zu den Möglichkeiten, sich vom Falschen und für das Sehen des Wunderbaren frei zu machen, gehört wesentlich das Schweigen.

Wir Menschen leben einerseits «auf dem rauhen Boden», andererseits können wir eine Perspektive einnehmen, in der wir uns «von oben vom Fluge» sehen können, «sub specie aeterni», wie Wittgenstein in der bereits zitierten Bemerkung in Anspielung auf Kierkegaard schreibt (VB, S. 456). Die gewöhnliche Welt wird einmal von der alltäglichen Praxis her, zum anderen aus der Sicht des Gedankenflugs gesehen. Aus der Perspektive des Ewigen erhält unser gewöhnliches Handeln Gültigkeit und Wert; es erhält dann eine besondere Qualität, so daß es sich von oben zu betrachten lohnt.[24] Wer von diesem Gesichtspunkt auf die Welt blickt, ist kein Gott; es ist niemand, der Ewigkeit besitzt. Eine solche Perspektive ist menschlich; sie muß erst errungen werden. Mit der Überwindung der akademischen Sichtweise will Wittgenstein den Blick für das Gewöhnliche freimachen und zugleich die Fähigkeit gewinnen, das Wunderbare der Alltagspraktiken zu erkennen.

In einer frühen Deutung hat Pierre Hadot (1959) erschlossen, was Wittgenstein mit seinem Gedanken der Perspektive «sub specie aeterni» meint. Hadots Vorschlag richtet sich zunächst auf den *Tractatus*, kann aber sinngemäß auch auf das spätere Werk übertragen werden. Im *Tractatus* gibt Wittgenstein mit dem ersten Satz an, daß er die Welt als begrenztes Ganzes betrachtet: «Die Welt ist alles, was der Fall ist.» In den letzten Abschnitten des *Tractatus* stellt er seine Einstellung zur Welt und seine Gefühle dieser gegenüber als «mystisch» dar: «Die Anschauung der Welt sub specie aeterni ist ihre Anschauung als – begrenztes – Ganzes. Das Gefühl der Welt als begrenztes Ganzes ist das mystische.» (T 6.45)

Die Mystik des *Tractatus*-Denkens wird in Satz 4.121 zusammengefaßt: «Was *sich* in der Sprache ausdrückt, können *wir* nicht durch sie ausdrücken.» Hadot kennzeichnet die mystische Einstellung zur Welt als ein «Gefühl der Fremdheit» oder Eigenartigkeit, «das wir angesichts des Daseins (die Tatsache, daß es die Welt gibt) empfinden» (P. Hadot 1959, S. 43). Das mystische Gefühl zeichnet sich durch «drei Komponenten aus: das Gefühl der Existenz, das Gefühl des begrenzten Ganzen, das Gefühl des Unausdrückbaren, d. h. eines Jenseits der Sprache. Diese drei Merkmale sind nichts anderes als drei verschiedene Ausdrücke ein und derselben Sichtweise: die Unmöglichkeit, vom Inneren der Welt und der Sprache aus der Welt, ihrer Existenz und ihrer Totalität einen Sinn zu geben.» (ebd., S. 43 f.) Das Schweigegebot in *Tractatus*, Satz 7, wird nicht zuletzt mit Bezug auf dieses Gefühl begründet. Mit ihrem Schweigen zieht sich die Philosophie aus Teilen ihres traditionell angestammten Gebiets zurück, aus der Ethik und der Ästhetik; diese werden vom «Leben» und vom «Mystischen» eingenommen. Durch das mystische Gefühl verbindet sich die Endlichkeit des Menschen mit dem Unendlichen und Unausdrückbaren des Lebens.

In den *Philosophischen Untersuchungen* stellt sich eine ganz andere Situation dar, insofern sich der Philosoph auf dem «rauhen Boden» der Praxis befindet. Doch auch hier ist er fähig, in seinem Denken die Welt von oben zu betrachten: In die Geschehnisse der Welt involviert, nimmt er gedanklich einen betrachtenden Standpunkt ein, der an keinen Ort in der Welt mehr gebunden ist. Er sieht in die Welt hinein und erkennt ihre Ordnung – er nimmt sie als Ganzes wahr, als die «Lebensformen», in denen er lebt und die alle seine Handlungen und sein Sprechen enthalten. Unsere Gebräuche, Bedeutungen und sprachlichen Zeichen sind uns aber nicht ein für allemal gegeben, sondern werden aus der Dynamik der sich verändernden Lebensformen und der in diesen erzeugten Sprachspiele immer wieder erneuert, so daß neue Sprachspiele entstehen und alte aufgegeben werden. Auch in den *Philosophischen Untersuchungen* sind die Bedeutungen der Sprache unerschöpflich, allerdings nicht deshalb, weil das Ich sie nicht ausschöpfen könnte, sondern weil die generative Kraft der Sprachspiele unbegrenzt ist. Diese unerschöpfliche Wirkung der Lebensformen, der Praxis und der Sprache, die zu ständigen Veränderungen, Erneuerungen führt, kann vom handelnden und sprechenden Ich nicht begrenzt und nicht theoretisch erfaßt werden.

Das handelnde Ich des Sprachspiels wird nicht unabhängig von den Lebensformen, seiner Praxis und der Sprache gedacht. Mit seinem Denken kann es diese Totalität, in die sein Ich eingewoben ist, zwar in ihrem Wirken betrachten, aber nicht das Ineinandergreifen und die Beiträge der verschiedenen beteiligten Instanzen erfassen. Es gibt keine Beobachterfähigkeit in der Welt, die das Zusammenspiel der Prozesse durchschauen und analysieren könnte. Nur an Einzelfällen kann beobachtet werden, wie die Sprache in die Welt eingreift und wie sich Regeln im Verhalten herstellen. Aber es kann nicht prinzipiell übersehen werden, wie die Regeln das Ich führen oder wie das Ich sich die Sprache zu eigen macht. Wir können diesen Prozeß, wie sich noch zeigen wird, nicht einmal losgelöst vom jeweiligen Sprachspiel denken. Daher muß die Beschreibung darauf verzichten, eine von ihrem Handlungs- und Wirkungskontext unabhängige Ich-Instanz anzunehmen. Der Gedanke eines autonomen Ichs erklärt nicht nur nichts, sondern stiftet Verwirrung. Wittgenstein macht den Vorschlag, daß der Beobachter umgekehrt vorgehen und alle jene Bereiche aus dem Beschreibungsvorhaben ausgrenzen solle, über die er prinzipiell nichts aussagen kann.

Die Frage, die damit gestellt ist, ist die nach der Beschaffenheit des handelnden Ichs: Welche Möglichkeiten bestehen grundsätzlich für das Ich, sein eigenes Handeln und Sprechen einsichtig zu machen und dessen Richtigkeit festzustellen und zu garantieren? Es ist schon erwähnt worden, daß die Chancen des Ichs, die Gründe seines Handelns mit dem eigenen Denken zu erfassen, von Wittgenstein als begrenzt eingeschätzt werden. Auch die Möglichkeit der Selbstrechtfertigung des Subjekts wird damit begrenzt. Zwar nimmt Wittgenstein an, daß sich das Ich sein Handeln einsichtig machen kann; aber darunter versteht er keine Erkenntnis der wahren Handlungsgründe. Die Vernünftigkeit des Handelns läßt sich nicht mit Berufung auf ihre Ursachen, sondern nur von ihren Folgen her bestimmen: An der Form der ausgeführten Handlung läßt sich erkennen, ob diese vernünftig und richtig ist.

Im Selbstverhältnis des erkennenden Subjekts ereignet sich also keine Annäherung an die Wahrheit des Ichs; es geschieht etwas anderes: Insofern in der Perspektive der ‹Ewigkeit› sowohl die

Welt als auch das Ich fremd erscheinen, verändert sich das Subjekt. Das Eigene, die eigene Welt und das eigene Ich, ist uns zum einen das Nächste, Vertrauteste, andererseits wird gerade dieses in die Ferne gerückt. Die Dinge als fremd zu betrachten, heißt «seinen Blick auf eine Weise transformieren, verändern, daß man den Eindruck hat, die Dinge zum ersten Mal zu sehen, indem man sich von der Gewohnheit und der Banalität befreit» (P. Hadot 2001, 157 f.).[25]

Nach Wittgensteins Konzeption ist das Ich in seine Praxis eingelassen – es kann sich gar nicht als ein Wesen außerhalb dieser ansehen, selbst wenn es sich, wie im Fall des Philosophen, von oben betrachtet. Es ist immer Beteiligter an einem Spiel. Auch als Beobachter nimmt es zumindest indirekt am Spiel teil, insofern es die Handlungen seiner Beobachtungsobjekte ständig in deren Spiel kontextualisiert. Wenn es sich in dieser Situation selbst zum Gegenstand seiner Reflexion macht, gehört seine Beteiligung an jenem Spiel wesentlich zu seiner Kennzeichnung, insofern das Ich nicht nur die Regeln kennt und in sein Denken aufnimmt, sondern auch die Wirklichkeit des Spiels, seinen Ernst und das, was auf dem Spiel steht, anerkennt. Das Ich selbst wird durch sein Verhältnis zum Spiel konstituiert. Auch für die Perspektive aus der Höhe gelten diese konstitutiven Bedingungen; man kann sie nicht einfach von dem beobachteten Ich abziehen und eine reine Ich-Essenz übrigbehalten.

An dieser Überlegung läßt sich erkennen, welche heuristische Rolle das Sprachspielkonzept für Wittgensteins Philosophie spielt. Die Tatsache der Beteiligung an Sprachspielen ist für das handelnde, sprechende und denkende Ich konstitutiv. Dies gilt auch für den Philosophen. Wie stark dieses Konzept in Wittgensteins späterem Denken wirkt, macht eine der letzten Bemerkungen von Teil I der *Philosophischen Untersuchungen* deutlich, also des Teils, der von Wittgenstein selbst für die Veröffentlichung vorbereitet wurde: «Unser Fehler ist, dort nach einer Erklärung zu suchen, wo wir die Tatsachen als ‹Urphänomene› sehen sollten. D. h., wo wir sagen sollten: *Dieses Sprachspiel wird gespielt.*» (PU § 654)

4. Wiederholen, Durcharbeiten

In Wittgensteins späterer Philosophie ist die Sprache nicht mehr der Inbegriff von Rationalität, die logische Sprache nicht mehr ideales Modell der Wirklichkeit. Was ihn fasziniert, ist die Praxis der Sprache, die nicht von Denkprinzipien *a priori* geordnet wird, sondern eine aus den Praktiken hervortretende Ordnung herausbildet. In seinen Bemerkungen zu Frazers «Golden Bough» kritisiert er dessen Versuch, den magischen Bräuchen außereuropäischer Völker eine vom Verstand geleitete klare Zwecksetzung zu unterstellen.[26] Fremde Rituale sind nicht rational zu erklären, ebenso wenig unsere eigenen Sprachgebräuche; beide sind wirksam, weil sie so etwas wie Magie besitzen: «In unserer Sprache ist eine ganze Mythologie niedergelegt.»[27] Einige Tage vor dieser Bemerkung (am 16.6. 1931) hatte Wittgenstein bei der Planung seines neuen Buchs notiert: «Ich glaube jetzt, daß es richtig wäre ein /mein/ Buch mit Bemerkungen über die Metaphysik als eine Art Magie zu beginnen. – Worin ich aber weder der Magie das Wort reden, noch mich über sie lustig machen darf. – Von der Magie müßte die Tiefe beibehalten werden.»[28]

Als Grundlage seiner neuen philosophischen Methode stellt Wittgenstein sein Programm einer Beschreibung der Sprache auf. Sie soll «die Tiefe beibehalten»; also soll sie nicht der Sprachwissenschaft, sondern der Arbeit des Zeichners ähneln, der von unterschiedlichen Blickpunkten aus «eine Menge von Landschaftsskizzen» anfertigt (Vorwort der PU, S. 231). Der Methode der Erklärung, die von einem Standpunkt jenseits des Sprachgebrauchs gesetzmäßige Zusammenhänge zu konstruieren vorgibt, setzt er eine andere Auffassung entgegen: Die gewöhnliche Sprache ist hinreichend genau geregelt und braucht keinerlei Regulierung durch einen wissenschaftlichen Beobachter, der sich die Rolle eines Gesetzgebers anmaßt. Dieser würde nur die in der Sprache problemlos verwendeten Regeln verfälschen. Hingegen kommt es darauf an, die Sprachgebräuche genau zu erfassen, indem man diese so genau wie möglich in der Handlungspraxis verfolgt. Seine Kritik an Frazers Versuchen der Erklärung von Ritualen faßt er mit den

Worten zusammen: «Nur *beschreiben* kann man hier und sagen: so ist das menschliche Leben.»[29] Von seinem erhöhten Standort blickt Wittgenstein auf «das menschliche Leben» und wählt von hier aus unterschiedliche Perspektiven, die er als «Zeichner» einnimmt, um dann das Sprachgeschehen *wie ein Beteiligter* zu erfassen. Diese doppelte Positionierung, einmal in der Höhe, zum anderen mitten im Fluß des Lebens, ist die Grundanlage von Wittgensteins philosophischer Methode.[30]

Sein methodisches Ideal ist nicht mehr die Konstruktion einer Idealsprache, sondern «die Klarheit, die Durchsichtigkeit» der gewöhnlichen Sprache (VB 1930, S. 459). Beschreiben heißt für ihn: immer wieder hinsehen, von neuem beschreiben, differenzieren in einer ständig wiederholten Bewegung: «Es interessiert mich nicht, ein Gebäude aufzuführen, sondern die Grundlagen der möglichen Gebäude durchsichtig vor mir zu haben. [...] Die erste Bewegung reiht einige Gedanken an die anderen, die andere zielt immer wieder nach demselben Ort. – Die eine Bewegung baut und nimmt Stein auf Stein in die Hand, die andere greift immer wieder nach demselben.» (VB 1930, S. 459 f.) Die Klarheit, die er bei seinen wiederholten Versuchen gewinnt, dient nicht dem «Fortschritt», nicht der Errichtung «immer komplizierterer Gebilde», sondern sie ist ihm «Selbstzweck» (ebd.). Zum Prinzip der Selbstbewegung des Denkens gehört auch die Möglichkeit, im Prozeß der Reflexion ein Ende finden zu können:

Die eigentliche Entdeckung ist die, die mich fähig macht, das Philosophieren abzubrechen, wann ich will. – Die die Philosophie zur Ruhe bringt, sodaß sie nicht mehr von Fragen gepeitscht wird, die *sie selbst* in Frage stellen. – Sondern es wird nun an Beispielen eine Methode gezeigt, und die Reihe dieser Beispiele kann man abbrechen. – Es werden Probleme gelöst (Schwierigkeiten beseitigt), nicht *ein* Problem.
Es gibt nicht *eine* Methode der Philosophie, wohl aber gibt es Methoden, gleichsam verschiedene Therapien.
(PU § 133)

Die Wiederholung ist auch das Prinzip von Wittgensteins Schreiben. In seinen Notizbüchern greift er vielfach die gleichen Gedanken auf; sie laufen, oft ohne innere Gliederung, von Eintrag zu Eintrag fort. Schon in seiner ersten Schaffensperiode und noch mehr in der zweiten wird er niemals müde zu betonen, daß er sich von falschen Vorstellungen befreien wolle. Seine philosophische Arbeit ist eine Suche nach Ruhe und Schutz vor falschen Problemen.

Warum dachte er, auch nachdem er sich von diesen offenkundig befreit hatte, unablässig weiter? Wittgenstein sah das Denken selbst als eine Bewegung an, durch die wir uns mit der Welt verbinden. Das Denken und die Sprache, in der es ausgedrückt wird, sind mit der Welt verschlungen – sie gehören zum Lebensprozeß. Im Nachdenken über die Probleme, die uns quälen, spüren wir ihre Wirklichkeit und unsere Existenz.[31] Wittgensteins Philosophieren ist eine ständige Auseinandersetzung mit vorgefundenen Gedanken. Der Kampf gegen die «Verhexung des Verstandes» ist eine Strategie Wittgensteins, sich zu beweisen, daß er sich von dem «Unsinn» befreien kann, der aus dem Anrennen «gegen die Grenze der Sprache»[32] entsteht. In dieser Sicht hat auch der «Unsinn» seine tiefere Bedeutung: «Wer nichts hofft und nichts fürchtet, dem entgleitet die Welt. Sie wird ‹unwirklich›.» (WWK, S. 260) Der Unsinn ist eine Gefahr für das Denken, aber er hat ein Gutes darin, daß er im Philosophen Angst und kämpferische Abwehr hervorruft.[33] Er führt zur «Therapie» mit den Mitteln der Sprache und zum Handeln, das das Subjekt die Wirklichkeit spüren läßt. Warum es diese gibt, kann der Philosoph nicht erklären; aber er kann eine Situation erzeugen, in der er an ihrer Existenz nicht zweifeln kann.

«Unsinn» entsteht, wenn man einen «absoluten Sinn» mit Worten ausdrücken will; dieser Fehler tritt insbesondere dann auf, wenn man *über* einen ethischen Wert sprechen, diesen beschreiben oder womöglich begründen möchte (VE, S. 18). In Wittgensteins eigentümlicher und kaum einmal explizierter Begriffsverwendung bezieht sich Ethik auf die Grundsätze der Orientierung der Existenz und der Lebensführung mit dem Ziel, dem eigenen Leben einen Wert zu verleihen. Nach seiner Überzeugung kann man *über*

Ethik nicht sprechen; sie kann nur im Handeln zutage treten. Ein absoluter, ethischer Wert *zeigt sich* im gesamten Handeln einer Person. Zu Drury sagte Wittgenstein: «Um ein religiöses Leben zu führen, dürfen wir – Sie und ich – nicht nur viel über Religion reden, sondern irgendwie muß sich unser Leben ändern.»[34] Wittgensteins philosophisches Denken und Schreiben ist eine ständige Übung, die ethisch grundiert ist, ein immer wieder neues Einsetzen, ein innerweltliches Exerzitium mit dem Ziel, sich durch die Klarheit des Denkens selbst einen Wert zu geben. Mit seinem Philosophieren strebt er nicht nach ewigem Leben, wohl aber nach einem *höheren* Leben; es ist für ihn ein Weg zur Steigerung seiner Existenz. Leben, Denken und Welt sind so eng miteinander verzahnt, daß er im *Tractatus* sagen kann: «Die Welt des Glücklichen ist eine andere als die des Unglücklichen.» (T 6.43)

5. Die Welt neu sehen

Nicht nur von sich selbst, sondern auch von seinen Lesern verlangt Wittgenstein ein Denken, das auf dem Prinzip von Übung, Wiederholung und Beschreibung beruht. Oft geht er wie ein Lehrer vor, formuliert Probleme, stellt Aufgaben und prüft die Antworten. In vielen seiner Bemerkungen bildet er Situationen von Rede und Antwort nach, aber dies geschieht in einer anderen Weise als in schulischen Institutionen. Er erfindet fiktive Bedingungen eines Zwiegesprächs mit sich selbst, an dem er seine Leser teilhaben läßt. Diese werden gleichsam eingeladen, gemeinsam mit ihm eine Reihe von Experimenten durchzuführen. Bedingungen und Prozesse des Sprechens werden in Form materieller Operationen dargestellt und gegenüber dem normalen Funktionieren der Sprache verändert. Die Methode des Operationalisierens verbindet sich mit jener des Entfremdens.

Wittgensteins Schreibweise wirkt auf seine Leser, wenn diese bereit sind, den Anweisungen zu folgen und seine Denkbewegungen in ihrem eigenen Sprechen und Denken nachzuvollziehen. Nur selten gibt er Auflösungen, zieht er Schlußfolgerungen oder faßt er den erhaltenen Erkenntnisstand zusammen. Die *Philosophischen Untersuchungen*, sein in vielen Jahren immer wieder überarbeitetes Hauptwerk, haben keine explizite Struktur, sondern bieten dem Leser eine Folge von Perspektivwechseln. «So entsteht in der Tat ein Album, das das Bild einer Landschaft entstehen läßt, in der Orientierung möglich wird, aber auf lange Sicht nur für den, der zum Aspektwechsel und zur Situierungsvariation fähig ist und am Ähnlichen die Unterschiede und am Unterschiedlichen die Ähnlichkeit wahrzunehmen vermag.» (Wiggershaus 2000, S. 103) Wenn man diesen Stil des Philosophierens mit den Vorstudien, etwa mit dem *Big Typescript* vergleicht, hat man den Eindruck, daß, obwohl einige neue Teile hinzugefügt wurden, hier weniger der Gehalt verbessert, als eine neue, ungemein dichte Atmosphäre des Denkens hergestellt worden ist.

Mit der Aufforderung zum Selbstdenken läßt Wittgenstein seinen Lesern einen beträchtlichen Freiheitsspielraum. Wenn er jedoch bei seinem Argumentieren die Lösung eines Problems gefunden hat, bildet diese für ihn eine unverrückbare Position, wenngleich sie auf verschiedenen Wegen erreicht werden kann. Mit Wittgensteins Philosophie läßt sich, wenn man sie ernst nimmt, kein relativistischer Standpunkt begründen. Mit einem dogmatischen Philosophieren hat dies jedoch nichts zu tun, noch weniger mit dem geläufigen Bild vom unduldsamen Wittgenstein mit (gegen den jungen Popper) erhobenem Feuerhaken in der Hand. Ebensowenig können sich diejenigen seiner Interpreten auf ihn berufen, die aus seinen zahlreichen verstreuten Notizen und Transkripten eine Art kanonischer Lehre destillieren und sie als verbindliche Interpretation durchzusetzen versuchen. Tatsächlich gibt es in Wittgensteins zweiter Philosophie nur äußerst wenige Lösungen. Den wichtigsten Konzepten seines späteren Denkens hat er – absichtlich – keine ausgearbeitete begriffliche Struktur gegeben; sie bilden eine offene Verbindung von bildlichen Ausdrücken mit gedanklichen Konstrukten. Es ist an den Lesern, Vorstellungen darüber zu entwickeln, was «Sprachspiel», «Familienähnlichkeit», «Paradigma» etc. bedeuten. Für keine Profession ist es so schwer, ohne Vorurteile zu beobachten, wie für Philosophen. Nichts behindert den freien Blick so sehr wie die Begriffe und theoretischen Konzepte der Philosophie. So wichtig die eigenen Lösungen Wittgensteins auch sind, sein Ziel ist es, den beobachtenden Blick seiner Leser zu schulen und sie zum genauen Hinsehen zu bewegen: «Denk nicht, sondern schau!» (PU § 66)

Mit dem philosophischen Blick auf die Welt, der dem künstlerischen verwandt ist, verbindet sich eine Haltung, in der Mystisches und Ethisches zusammenkommen. Die Welt ist nicht einfach gegeben, sondern man kann es als «ein Wunder» ansehen, daß es sie gibt. Die Geschehnisse der Welt sind im Wunder ihrer Existenz enthalten (VE, S. 18). Wenn der Philosoph sich ihnen zuwendet, soll er dem Wunderbaren in ihnen gerecht werden, er soll ihnen Achtung entgegenbringen. «Es wäre richtiger, von einem Erkennen oder *An*erkennen der Tatsache als der erwarteten statt von einem *Wieder*erkennen zu reden.» (WA III, S. 107) In der Achtung des Gewöhnlichen liegt auch die Rechtfertigung des Philosophen und seines Denkens. Seine ästhetische Haltung zur Welt besitzt in dieser Hinsicht ein ethisches Fundament. Wie im *Tractatus* gilt auch im Spätwerk: «Ethik und Ästhetik sind eins.» (T 6.421) Mit seinen «Landschaftsskizzen» versucht Wittgenstein immer wieder von neuem, die Vielfalt der Welt zu erfassen und seinen Respekt vor dem Gewöhnlichen zu erneuern und zu vertiefen. Wittgensteins Leser brauchen seine mystischen Neigungen nicht zu teilen, aber er versucht, sie zu einer Haltung der Demut anzuleiten.

Wenn man seinen Beschreibungen der Sprache folgt, sieht man diese neu. Ohne selbst mystisch zu denken, kann man seinen Blick übernehmen. Wittgenstein vollzieht den «epistemologischen Bruch» nicht, wie Bourdieu, auf der Basis einer metatheoretischen Reflexion über die Voraussetzungen der Tätigkeit des Wissenschaftlers und Philosophen. Sein Ziel ist auch nicht die Beschreibung der Welt aus wissenschaftlichem Interesse – er schreibt nicht als Soziologe, Sprachwissenschaftler oder Psychologe. Er bildet eine Sprache zur Beschreibung der Welt aus, die es ihm erlaubt, mit der Welt in einer Weise umzugehen, die das «Wunder» ihrer Existenz ständig mitbedenkt. Es ist eine Art ethischer Bewährung, die sein Dasein und seine Beschäftigung als Philosoph rechtfertigt. Seine Haltung zur Welt und zu seiner Arbeit sind mystisch, aber seine Beschreibung der Sprache ist dies gerade *nicht* – sie löst sich von allen metaphysischen Ansprüchen und hat keinen Bezug zur Transzendenz. Sie ist in den Lebensprozeß eingebettet; daher ist sie dynamisch und veränderlich. Die *praktische* Tätigkeit des Mystikers Wittgenstein bildet zugleich die heuristische Voraussetzung seines Sprachdenkens. Sie zeigt sich an der Art und Weise, wie er seine Texte schreibt und anordnet. Erst wenn wir verstehen, daß seine Reflexionen zu seinen «geistigen Übungen» gehören, können wir begreifen, warum er sie niederschreibt.

An den Notizen Wittgensteins kann man erkennen, daß es die Tätigkeit selbst ist, um die es ihm geht. Daß dabei bestimmte Resultate erarbeitet werden, ist für die Qualität der Tätigkeit wichtig, insofern dabei ihre Klarheit und Reinheit verbessert wird – aber vorrangig ist für ihn der Aspekt der Übung. Für die Veröffentlichung seines vielstimmigen Sprechens im Buchformat hat Wittgenstein nach vielen Versuchen eine Form gefunden, mit der er seine Leser zu einem bedenkenden Durcharbeiten der Sprache anregt. Wer den *Philosophischen Untersuchungen* folgt, findet kein Antwortschema, sondern erhält die Möglichkeit, selbst eine geistige Haltung ausbilden. Wenn er genügend eingeübt ist und diesen Zustand erreicht hat, kann er im Prinzip die Exerzitien selbst fortsetzen.

2.
VOM SEHEN ZUM HANDELN

Mit Satz 7 des *Tractatus* verstummt Wittgensteins Sprechen über Philosophie. Genau genommen ist der Satz kein Verbot, sondern ein Gebot: «[...] darüber *muß* man schweigen» (meine Hervorhebung, G. G.). Mit der Präposition *darüber*, die man im Deutschen nicht zusammen mit *schweigen* gebrauchen kann, wird auf ein Objekt Bezug genommen und das Schweigen aktivisch verstanden. Betrachtet man Wittgensteins Lebensgeschichte in den Jahren nach Abschluß des *Tractatus*, wird deutlich, daß er sich einem – stummen – Handeln widmete, bei dem er nicht über Philosophie sprach. Für die «Arbeit an einem selbst» wird diese Art des Sprechens nicht benötigt. Sein ganzes weiteres Leben lang hält er die scharfe Abgrenzung aufrecht, die er gegenüber der Ethik und Ästhetik gezogen hat. Er errichtet ein Haus und entwirft jedes Detail unter gestalterischen Gesichtspunkten, aber er äußert darüber nicht einen architekturästhetischen Satz. Er hält einen Vortrag über Ethik, aber nur um zu sagen, daß man nicht über Ethik sprechen kann. In beiden Fällen erzeugt er leere gedankliche Orte, an denen nichts steht anstelle von etwas. Jeder Betrachter oder Zuhörer kann mit seinem eigenen Denken daran arbeiten, diese Plätze zu füllen.

Im Denken Wittgensteins ab 1929 tauchen viele Gedanken des *Tractatus* wieder auf, allerdings in anderen Kontexten. Insofern ist man berechtigt, von einer Kontinuität zwischen beiden philosophischen Konzeptionen zu sprechen, wie es in der neueren Forschung geschieht. Eine Reihe tiefer Überzeugungen, teilweise mit den gleichen Worten formuliert, durchzieht sein gesamtes Werk. Fundamental verändert ist jedoch die Positionierung des Philosophen gegenüber der Welt: Während Wittgenstein im *Tractatus* die Welt ausschließlich vom Rand her betrachtet, sieht er sich in der späteren Philosophie als Teil der Welt selbst. Man kann sogar sagen, daß sich in dem Moment, in dem Wittgenstein in die Welt eintritt, sein Denken grundsätzlich verändert, selbst wenn er an vielen alten Gedanken festhält. Diesen Moment kann man recht genau bestimmen, jedenfalls soweit er sich in seinen Aufzeichnungen niedergeschlagen hat: Es ist die Zeit unmittelbar nach dem Bau des Hauses in der Kundmanngasse. In den Gedanken, die Wittgenstein ab 1929 festhält, treten neue Aspekte auf, die man als eine frühe anthropologische Perspektive seiner Philosophie kennzeichnen kann, insofern sie sich auf Gestalt und Gebrauch des menschlichen Körpers, auf die Räumlichkeit der Erfahrungswelt und den praktischen Umgang mit materiellen Dingen richtet.

1. Der Sinn außerhalb der Welt

Im *Tractatus* entwirft Wittgenstein eine ideale Sprache aus Bildern. Er spannt seinen Text zwischen Sagen und Zeigen auf: zwischen dem, was mit höchster logischer Strenge gesagt, und dem, was von der Sprache nicht mehr erreicht werden und sich nur an den Bildern der Sprache zeigen kann. Es entsteht eine Spannung zwischen dem Raum der Welt und seinem Außen. Zwischen beidem zieht Wittgenstein eine scharfe Grenze. Vom Innenraum der Welt gibt Wittgenstein eine rigorose, unpersönliche Beschreibung: Ebensowenig wie es einen Sprecher gibt, der die Sprache verwendet, gibt es ein Ich, das die Welt bewohnt.

Der *Tractatus* beginnt mit dem Satz: «Die Welt ist alles, was der Fall ist.» Gehört Wittgenstein, der Satz 1 niederschreibt, zu dieser Welt?

Eine solche Aussage kann man innerhalb der Welt, in der alles der Fall ist, nicht formulieren. Dafür bedarf es eines besonderen Standpunkts; dies ist das Grundproblem des *Tractatus*: Die empirische Person Wittgenstein befindet sich innerhalb der Welt, in der er lebt, und zugleich spricht das «Ich» des *Tractatus* von einer Position, von der aus er die Welt *in toto* kennzeichnet. Die Position des Ichs liegt dort, wo der Raum endet. Von diesem Punkt aus blickt es in den Raum, handelt in diesem aber nicht.[1] Das Ich ist «eine Grenze der Welt» (T 5.632). Satz 1 hat einen theologischen Sinn. G. E. Moore hatte das richtige Gespür, als er für das Werk, das nach dem Willen seines Autors «Logisch-philosophische Abhandlung» heißen sollte, in Anlehnung an Spinozas «Tractatus theologico-politicus» den Titel *Tractatus logico-philosophicus* wählte. Später schrieb Wittgenstein in seiner Auseinandersetzung mit Frazers «Golden Bough»: «[…] wenn ich damit anfing, von der ‹Welt› zu reden (und nicht von diesem Baum oder Tisch) was wollte ich anderes, als etwas Höheres in meine Worte bannen.»[2]

Wenn es in der *Tractatus*-Welt kein handelndes Ich gibt, das Bedeutungen produziert, stellt sich die Frage, wie die Sprache die Welt abbilden kann. Die Antwort gibt Wittgenstein mit der Abbildungstheorie des *Tractatus*, die er in den Sätzen 2.1 bis 2.225 entwirft.

2.1   Wir machen uns Bilder von Tatsachen. […]

2.12   Das Bild ist ein Modell der Wirklichkeit.

2.13   Den Gegenständen entsprechen im Bilde die Elemente des Bildes.

2.131   Die Elemente des Bildes vertreten im Bild die Gegenstände.

2.14   Das Bild besteht darin, daß sich seine Elemente in bestimmter Art und Weise zueinander verhalten. […]

2.15   Daß sich die Elemente des Bildes in bestimmter Art und Weise zu einander verhalten, stellt vor, daß sich die Sachen so zu einander verhalten.
Dieser Zusammenhang der Elemente des Bildes heiße seine Struktur und ihre Möglichkeit seine Form der Abbildung.

Das Bild wird von den Elementen und der internen Struktur gebildet. Seine interne Struktur entspricht jener internen Struktur, die von den Sachen in der Welt gebildet wird, wenn beide «*dieselbe kategoriale Struktur* haben» (E. Stenius, S. 133). Die Elemente des Bildes und die Sachen in der Welt haben dann dieselbe kategoriale Struktur, wenn «es möglich ist, eine ein-eindeutige Zuordnung zwischen den Elementen jeder Kategorie» im Bild und in der Welt «herzustellen» (ebd., S. 123). Im Bild ist die interne Struktur der Möglichkeit nach vorgebildet: Sie ist die Form der Abbildung, die der Grund dafür ist, daß ein Bild die Wirklichkeit abbildet. «Wie ein Maßstab» wird das Bild «an die Wirklichkeit angelegt»

(T 2.1512). Es besitzt eine eigene Ordnung, die fähig ist, die Ordnung der Wirklichkeit in voller Klarheit darzustellen.

Ein Bild wird also nicht aufgrund seiner Ähnlichkeit mit dem dargestellten Objekt zu einem Bild. Der Bezug zur Wirklichkeit wird nicht durch die repräsentierenden Elemente des Bildes selbst hergestellt, sondern durch «die abbildende Beziehung» (T 2.1513). Sie gehört zum Bild; an ihr können wir erkennen, daß das Bild eine Abbildung ist. «Um ein Bild zu sein», muß das sprachliche Gebilde «etwas mit dem Abgebildeten gemeinsam haben» (T 2.16); dies ist die gemeinsame «interne Struktur». Bilder und Welt sind in ihrem Inneren auf identische Weise geformt: «In Bild und Abgebildetem muß etwas identisch sein, damit das eine überhaupt ein Bild des anderen sein kann.» (T 2.161) «Zuordnungen der Elemente des Bildes und der Sachen» (T 2.1514) stellen Verbindungen zur Wirklichkeit her; sie «sind gleichsam die Fühler der Bildelemente, mit denen das Bild die Wirklichkeit berührt» (T 2.1515). Das heißt freilich nicht, daß es ein solches Abgebildetes wirklich geben muß; es gibt auch Bilder von nicht-bestehenden Dingen, vom Pegasus, von Eros, vom Hobbit. Nelson Goodman nennt eine Bezugnahme auf nicht vorhandene Dinge «Repräsentationen mit Null-Denotation».[3] Wittgenstein reicht eine solche Bestimmung nicht aus: Bilder können auch das Nichtbestehen von Tatsachen darstellen (was eine Fiktion gerade nicht tut).

2. Projektion

Als Wittgenstein den *Tractatus* schrieb, war er davon überzeugt, daß die logischen Bilder an der Welt teilhaben. Er entwarf eine eigentümliche Art der Teilhabe an der Welt, die aus einer Übereinstimmung der Sprache mit den internen Strukturen der Welt entsteht: Bilder haben exakt jene internen Strukturen, die sie fähig machen, die Welt abzubilden. Für die philosophische Erkenntnis bedeutet Sein ein Bild-Sein. Die Bilder erfassen das Bild-Sein der Welt und damit die Welt selbst in ihrem wahren Sein. Freilich können sie die Tatsache ihrer eigenen Bildlichkeit nicht bezeichnen: «Das Bild kann sich nicht außerhalb seiner Form der Darstellung stellen.» (T 2.174) Es kann die Tatsache, daß es interne

Strukturen der Wirklichkeit zeigt, selbst nicht sagen, sondern diese *zeigt sich* am Bild. Aber es richtet sich auf die Wirklichkeit, insofern die Elemente des Bildes Elemente der Wirklichkeit bezeichnen.

In der Welt selbst gibt es kein Subjekt, das eine Abbildung intendieren könnte – wie kommt also die abbildende Beziehung der Bilder zur Wirklichkeit zustande? Wittgenstein antwortet auf diese Frage mit der Annahme einer «Projektion von Sinn», die ihren Ausgang bei den «Gedanken» nimmt: Ein Gedanke ist «eine Konfiguration geistiger Elemente. Diese Konfiguration beschreibt einen möglichen Sachverhalt, welcher der Sinn des Gedankens ist».[4] Ausgehend von einer Konfiguration von Gedankenelementen wird eine Konfiguration von Wirklichkeitselementen bezeichnet.[5] Dies geschieht durch Projektion von der Gedankenkonfiguration aus: Wenn ein Gedanke in einen Satz projiziert wird, «drückt sich» der Gedanke im Satz «sinnlich wahrnehmbar aus» (T 3.11). Der Sinn des Gedankens wird «*in* den Satz *hineingedacht*».[6] Ein Satz wird also dadurch zu einem Bild, daß ein Gedanke seinen Sinn auf das sinnliche Gebilde des Satzes überträgt.[7] Sätze erhalten ihr «Leben» von den Gedanken; Sätze ohne Gedanken sind ohne Leben, ohne Sinn. Aber wenn sie «mit Gedanken gefüllt sind, erhalten sie Leben: sie werden ein sichtbarer oder hörbarer Gedanke» (N. Malcolm 1986, S. 73; meine Übersetzung, G. G.).

Wenn wir Malcolms Interpretation zugrunde legen, entsteht ein Dreistufenmodell der Bedeutung: Auf der obersten Stufe befinden sich die geistigen Elemente, auf der mittleren die aus einfachen Zeichen gebildeten Sätze und auf der untersten die Wirklichkeitselemente. Die Möglichkeit, daß Wirklichkeitselemente Bedeutung haben, entsteht auf der obersten Ebene: Der Sinn wird von den geistigen oder Denkelementen in die Zeichen und von diesen in empirische Objekte projiziert. «Die Projektionsmethode ist eine ‹Brücke› zwischen dem Satzzeichen und der Wirklichkeit. Diese Brücke verbindet das Satzzeichen mit einer und nur mit einer Situation.»[8] Wenn die abbildende Beziehung in einer gemeinsamen internen Struktur begründet ist, kann sie in beide Richtungen wirken: Ebenso wie die Sprache Abbilder der Wirklichkeit formt, lassen sich im Prinzip auch aus der Wirklichkeit Abbilder der Sprache gewinnen.[9]

Wittgenstein entwirft die Projektion als einen geistigen Akt; jedoch muß die projizierte Struktur in einem materiellen Substrat verwirklicht werden. Von einem bildlichen Modell aus ist Wittgenstein zu seiner Bildtheorie angeregt worden: «Ich bin seinerzeit auf die Bildtheorie der Sprache durch eine Zeitungsnotiz gebracht worden worin gesagt war daß in Paris bei einer Gerichtsverhandlung über ein Straßenunglück dieses Straßenunglück durch Puppen und kleine Omnibusse vorgeführt wurde.»[10] Ein Modell kann aus vielerlei Gegenständen der Wirklichkeit gebildet werden, aus materiellen Gegenständen, aus Schriftzeichen (wie in der Logik), aus Sprechereignissen (wie in der Umgangssprache).[11] Sie alle bilden ab und können sich gegenseitig abbilden. Sie haben alle gemeinsam, daß sie Artefakte mit einer spezifischen internen Struktur sind. Auf die Materialien kommt es in letzter Instanz für den Bildstatus einer Konstellation von Gegenständen nicht an. Was Wittgenstein interessiert, sind allein die immateriellen internen Strukturen.

Wenn man den Wittgensteinschen Bildbegriff in diesem weiten Sinn über die Logik hinausgehend auffaßt,[12] erschließt sich die Fruchtbarkeit des Konzepts der «abbildenden Beziehung». In der hier entwickelten Sichtweise wird das Wort «Welt» mit Erik Stenius so verstanden, daß es «etwas bezeichnet, was zur Kategorie der Dinge gehört».[13] Wittgenstein scheint eher der Auffassung gewesen zu sein, daß mit «Welt» etwas bezeichnet wird, was zur Kategorie «der Tatsachen gehört». Aber die hier gewählte «Bedeutung des Wortes ist mit mindestens der Mehrheit seiner Verwendungsfälle im Traktat nicht unverträglich» (ebd.). In diesem Verständnis spricht Wittgensteins Bildbegriff materiellen Konstellationen aller Art einen Bildcharakter zu, wenn diese in ihren internen Strukturen mit den internen Strukturen anderer Konstellationen, gedachter oder materieller Gegenstände oder Sachen übereinstimmen.

Auch der Text des *Tractatus*, das aus Schrift gebildete Buch, kann als eine Folge von Bildern oder, wenn man diese zu einer Gesamtgestalt zusammenfaßt, als ein großes, komplexes Bild gesehen werden. In dieser Perspektive kann das Buch *Tractatus* als ein Modell der Welt aufgefaßt werden:[14] Seine in der Anordnung und Gliederung sichtbar werdende interne Struktur zeigt die interne Struktur der von Wittgenstein gefaßten Gedanken. Die Anordnung der Zeichen auf dem Papier, ihre Gliederung in verschiedene Teile, ihre Artikulation zu einzelnen Sätzen, die Länge und Dichte der Abschnitte, die ganze sinnliche Erscheinungsweise des Textes hat zeigenden Charakter. Kaum ein philosophischer Text ist in seiner Gliederung so sehr durchgestaltet wie der *Tractatus*, daß der «Nachdruck, der [...] in meiner Darstellung liegt»,[15] sichtbar dargestellt wird. Die visuelle Gestalt des *Tractatus* überträgt nicht so sehr das «logische Gewicht», wie Wittgenstein meint, sondern die Intensität der vorgetragenen Gedanken in das Material des Textes.

Im *Tractatus* «stimmen» die Dimensionen der Abschnitte, die Artikulation der Gedanken, die Länge der Sätze, die Höhe des Tons. Mit äußerster Feinheit und Sinn für Prägnanz fügt Wittgenstein Materialien der alltäglichen Sprache in ungewohnte Kontexte ein, in denen sie Fremdheit ausstrahlen und neue Kraft gewinnen. Die vorgefundene normale Sprache wird zu etwas Eigenem geformt. Kaum einmal erscheint ein Zitat oder ein Verweis auf andere Denker; fast nichts deutet nach außen. Der Text des *Tractatus* ruht in sich. Er verlangt vom Leser eine Bewegung, die in einer strengen Reihenfolge Satz für Satz durchgeht. Die Bewegung bleibt weitgehend unbemerkt; während der Lektüre dringt sie nicht als Tätigkeit ins Bewußtsein. Ein Textgeschehen, das vor dem inneren Auge des Lesers vorbeiziehen würde, gibt es hier nicht. Der Text stellt fest, setzt Satz nach Satz; zwischen den Sätzen geschieht nichts, kein Argument wird fortlaufend entwickelt. Nicht nur ein Sinn für langsame Vorwärtsbewegung wird vom Leser verlangt, sondern auch eine ästhetische Wahrnehmung. Zum Verständnis des *Tractatus* gehört ein Sinn für die Schönheit des Textes und damit für die Schönheit der Welt. Das Ästhetische berührt sich nach Wittgensteins Überzeugung mit dem Ethischen. In seinem Vortrag über Ethik von 1930 sagt er, nachdem er von dem Erlebnis gesprochen hat, «bei dem man die Welt als Wunder sieht»: «Nun bin ich versucht zu sagen, der richtige sprachliche Ausdruck für das Wunder der Existenz der Welt sei kein *in* der Sprache geäußerter Satz, sondern der richtige Ausdruck sei die Existenz der Sprache selbst.»[16]

Nichts *in* der Welt kann uns sagen, *daß* es sie gibt. Die ganze *Tractatus*-Philosophie hängt von der Existenzannahme der Welt ab, aber mit dieser verbunden ist die Behauptung, daß man nach der Existenz der Welt nicht fragen kann. Fragen kann man nur *in* der Welt stellen; insofern gehört die Tatsache der Existenz der Welt nicht zu den Gedanken, *über* die wir nachdenken können. «Sätze können nichts Höheres ausdrücken» (T 6.41). Wenn man die Existenz der Welt als Rätsel auffaßte, läge die Lösung «*außerhalb* von Raum und Zeit» (T 6.4312) – aber: «*Das Rätsel* gibt es nicht.» (T 6.5)

Die Unmöglichkeit, nach der Existenz der Welt zu fragen, bedeutet kein Versagen der Gedanken, der Sprache, der Bilder oder Modelle. Das Nicht-fragen-Können zeigt als ein negatives Bild, daß im Innersten der Welt etwas da ist, was wir nur aufgrund seiner Abwesenheit entdecken können. Auf dem Grund der vom Denken und der idealen Sprache vollkommen geklärten Welt liegt das höchste Paradox. Die ganze Anlage des *Tractatus* zeigt an, daß Wittgenstein dieses nicht als Problem auffaßte, sondern als konstitutiv für die menschliche Welt und Existenz, für Logik *und* Glauben.[17]

3. Den Sinn der Welt erfassen

In einer Tagebucheintragung vom 11.6.1916 formuliert Wittgenstein eine Art Glaubensbekenntnis:

Ich weiß, daß diese Welt ist.
Daß ich in ihr stehe, wie ein Auge in seinem Gesichtsfeld.
Daß etwas an ihr problematisch ist, was wir ihren Sinn nennen.
Daß dieser Sinn nicht in ihr liegt, sondern außer ihr.
Daß das Leben die Welt ist. […]
Den Sinn des Lebens, d. i. den Sinn der Welt, können wir Gott nennen.

Es gibt einen Sinn der Welt; er liegt nicht in ihr selbst; er scheint gleichsam an ihrer Grenze durch. Innerhalb der Welt kann eine Ordnung der Welt *a priori* nicht als eine solche, sondern nur als eine logische Ordnung erkannt werden. Wittgenstein geht es um ein ähnliches Thema wie Augustinus am Anfang der *Confessiones*, um die Beziehung der menschlichen Ordnung zur Ordnung Gottes.[18] Augustinus benutzt zwar nicht ausdrücklich das Wort «Ordnung», aber dies ist nur ein modernes, sachliches Wort für das, was er als das große Problem der Menschen formuliert: *Wie* ist Gott in der Welt präsent und auf welche Weise können ihn die Menschen in der Welt erfassen? «Ist etwas in mir, was ich, mein Gott, fassen könnte?»[19] Augustinus verwendet für *fassen* das lateinische Wort *capere*. Es tritt hier in den Bedeutungen auf: erfassen; empfangen, in sich aufnehmen; richtig auffassen, d. h. begreifen. Gott ist in allem, was er geschaffen hat, im Menschen und in der Natur. Aber Mensch und Natur sind nicht fähig, Gott zu fassen, in sich aufzunehmen, zu begreifen. Augustinus versteht dies im geistigen *und* im materiellen Sinn: Gott «erfüllt» Menschen und Natur, er füllt sie an (*implere*). Zwar enthalten die Menschen und die Natur Gott; ihnen wird eine höhere Ordnung gegeben. Aber was sie enthalten, strömt wieder aus ihnen hinaus, es fließt wieder aus der Welt fort.

Wenn man den Gedanken des Augustinus in ein modernes philosophisches Sprechen übersetzt, lassen sich zwei Perspektiven unterscheiden.

Die *erste* Perspektive ist der Blickpunkt des Menschen: Der Mensch faßt und begreift Gott nur, soweit er in ihm und in der Natur, in seiner Welt ist. Dies mag eine höhere Ordnung sein, die er aber nur in menschlichen Kategorien fassen kann. Es ist dies eine Ordnung, die er mit Hilfe seiner Begriffe bilden kann.

Die *zweite* Perspektive nimmt einen Standpunkt außerhalb der Welt ein. Von hier ließe sich «das Ergießen, Weiterfließen» über die Welt der Menschen hinaus erkennen. Augustinus gibt zu, daß er diese Perspektive nicht einnehmen kann; er formuliert seine Gedanken in Frageform – «Ist es vielleicht so, daß …?» Erst aus der Perspektive von oben erhält die Welt einen Sinn, selbst wenn dieser nur angedeutet werden kann. Aber von diesem Standort aus wird klar, daß die Menschen diesen Sinn *nicht* erkennen können: Sie können nicht erfassen, daß sie nur einen kleinen Teil Gottes enthalten, «weil sie [ihn] als *Ganzes* nicht fassen können».

Auch wenn die Menschen die höhere Ordnung ihrer Welt nicht erfassen und den Bezug auf das Transzendente in ihrer Sprache nicht verstehen können, ist der Gedanke, daß es diese Ewigkeitssicht gibt, wichtig für sie: Selbst wenn sie ihn nicht aussprechen können, gibt er doch der Ordnung ihrer Welt einen Sinn. Was in der ersten Perspektive erkannt wird, erhält eine andere Beleuchtung, wenn man – unausgesprochen – den zweiten Blickwinkel einnimmt.[20] Wenn man die Perspektive der Ewigkeit, der Transzendenz, aus der Sprache entfernt, entsteht eine Philosophie, die sich streng auf das Denken innerhalb der Welt beschränkt: auf die Tatsachen, die Menschen wirklich erfassen können. An dieser innerweltlichen Ordnung aber zeigt sich die Möglichkeit einer höheren Ordnung, über die in der Welt nichts ausgesagt werden kann: eine Transzendenz in der Immanenz.[21]

Gerade das Schweigen über die höhere Perspektive ermöglicht ein Denken, das konsequent innerweltlich und doch nicht trivial ist. Mit der Analyse der Sprache vollzieht der Philosoph eine ethische Tätigkeit, insofern deren Strukturen ein Sich-Zeigen der höheren Perspektive ermöglichen, einer Perspektive, die seinem Leben eine *normative* Orientierung geben kann. Von der Sprache durchdrungen erfaßt er das «Wunder» der Welt. Das Motto des Augustinus könnte auch für Wittgenstein gelten: «Eng ist das Haus meiner Seele, in das Du kommen sollst zu ihr [...] Ist manches darin, woran Dein Auge sich stoßen mag, ich gestehe es, ich weiß es. Aber wer soll es reinigen?» Diese Worte sprechen ein Leitmotiv in Wittgensteins Leben aus – das Haus, die Sprache, das Innere ist zu reinigen; Sprachreinigung und Seelenreinigung sind aufs engste verwandt.[22]

In Wittgensteins Denken ist das Ich nicht durch seine inneren Prozesse des Denkens und der Psyche charakterisiert, sondern, umgekehrt, durch die Veräußerlichung des Eigenen in die Welt, durch eine Objektivierung. Dies besagt der Satz 5.63 des *Tractatus*:

«Ich bin meine Welt [...].» Das Ich erhält seine Konstanz nicht aufgrund seiner Subjektivität, sondern dadurch, daß es in objektiven Konfigurationen erscheint. Wittgenstein ist nicht im Text des *Tractatus* präsent, sondern es ist eher umgekehrt: Was er ist, wie sein Ich ist, sagt ihm dieses Werk, «seine Welt». Wittgenstein füllte sein Leben lang Notizbücher und Hefte mit seinen Reflexionen, aber einzig im *Tractatus* bildete er aus diesen eine geschlossene Textwelt. Der Abschluß dieses Werks hat etwas von einem Gewaltakt, als wollte er sagen: Hier *muß* Schluß sein. Schluß mit dem philosophierenden, mit dem schreibenden Ich. Der Rest ist tätiges Leben.

Satz 7 des *Tractatus* hat einen ethischen Klang: Er drückt ein Sollen, ein Gebot aus, das sich auf seine eigene – zukünftige – Lebensführung bezieht. Deutet man ihn *nicht* in einem ethischen Sinn, bekommt er eine gewisse Beliebigkeit, die nicht zu Wittgensteins Strenge paßt. Die Frage ist nur, von welcher Position aus das Schweigegebot erhoben wird. Es gibt zwei Möglichkeiten: Wird die Forderung von einer Position der Ethik, die sich also außerhalb des Textes befindet, oder vom Ich, also von einer Instanz innerhalb des *Tractatus* erhoben? Im ersten Fall handelte es sich um einen dramatischen Verstoß gegen die selbst aufgestellten Prinzipien. In der zweiten Deutung sieht die Sache anders aus: Die Position des Verfassers befindet sich am äußersten Rand der Welt, wo die andere Seite als eine Art Außendruck spürbar wird. Das Aufhören-*Müssen* erhält dann die Bedeutung des Nicht-weiter-*Könnens*: nicht aus freiwilligem Entschluß, sondern hervorgerufen von einem Schwinden der Möglichkeit, noch weiter sprechen zu können. Die Position stellt einen weit vorgerückten Vorposten dar, zu weit, um noch Hilfe, Nachschub, frische Kräfte zu erhalten; die Leiter ist fortgeworfen worden, wie Wittgenstein mit einer Wendung Nietzsches sagt – eine Rückkehr ist aussichtslos.

Im Unterschied zu Nietzsche stellt Wittgenstein die Situation nicht als dramatisch dar. Während in der *Fröhlichen Wissenschaft* «das Land hinter uns abgebrochen» wird,[23] reflektiert der *Tractatus* über den Unsinn, der entsteht, wenn man unter diesen Bedingungen weiterzieht. Zum Wissen diesseits der Grenze gehört, daß es ein Jenseits der Grenze gibt; man weiß es, aber kann es mit dem «Ausdruck der Gedanken», mit dem Sprechen, nicht erreichen. Die große Einsicht am Ende des *Tractatus* ist, daß genau diese Position auf der Grenze, die an der Innenseite spüren läßt, daß es eine Außenseite gibt, kein Problem darstellt: «Zu einer Antwort, die man nicht aussprechen kann, kann man auch die Frage nicht aussprechen.» (T 6.5) Im Inneren der *Tractatus*-Welt macht sich eine metaphysische Sehnsucht bemerkbar, aber nicht im Sprechen, sondern im Nicht-mehr-sprechen-Können.

4. Das Subjekt am Rande der Welt

Wittgenstein ist kein Dichter; er schlägt keinen poetischen Effekt aus dem Stottern, Stummsein oder anderen Dysfunktionen des Sprechens.[24] Die Möglichkeit, die er entdeckt, entsteht durch das Sehen. In *Tractatus* 6.522 schreibt er:

> Es gibt allerdings Unaussprechliches. Dies zeigt sich, es ist das Mystische.

Was *sich zeigt*, können wir sehen; es zeigt sich an den Bildern. Nicht alles, was uns betrifft, zeigt sich. Das erkennende Ich ist sich nie vollständig gegeben: Sein Erkennen ist für es selbst nicht zu erkennen, insofern es sich beim Sehen nicht selbst sieht. Aber es gibt im *Tractatus*-Denken, wie wir gesehen haben, die Möglichkeit der Objektivierung des Ichs in seiner solipsistischen Welt. Hier hat das sehende Ich die Chance, sich selbst von außen zu erkennen.[25] Es kann sich insoweit selbst wahrnehmen, als es *in der Welt* ist. Wittgenstein fügt eine zweite Annahme hinzu: Das Ich kann ausschließlich *seine* Welt erkennen. Der Gedanke eines Ichs, das nicht zur Welt gehört, aber erkennt, was in *seiner* Welt ist, bildet den Kern seines «Solipsismus»:[26]

5.63 Ich bin meine Welt. (Der Mikrokosmos.)

5.632 Das Subjekt gehört nicht zur Welt, sondern es ist eine Grenze der Welt.

5.633 Wo in der Welt ist ein metaphysisches Subjekt zu merken? Du sagst, es verhält sich hier ganz, wie mit Auge und Gesichtsfeld. Aber das Auge siehst du wirklich *nicht*.

Und nichts *am Gesichtsfeld* läßt darauf schließen, daß es von einem Auge gesehen wird.

In der subjektlosen, an ein Ich gebundenen Welt des *Tractatus* bringt sich die Ordnung in der Sprache zur Erscheinung. An den logischen Sätzen zeigen sich ihre internen Strukturen, die wiederum die internen Strukturen der Welt erkennen lassen. Ohne ein Subjekt, das in diesen Raum hineinsieht, würden die Bilder im Raum der Welt nichts zeigen. Ihr Sinn entsteht dadurch, daß das an der Grenze des Raums befindliche Subjekt sieht, was die Bilder der Welt zeigen und was sich an ihnen zeigt. «Wie auch beim Tod die Welt sich nicht ändert, sondern aufhört.» (T 6.431) Anders als in Schopenhauers Konzept der Vorstellung, von der Wittgenstein offensichtlich beeinflußt worden ist, hat die Welt eine objektive Existenz, die den Strukturen der logischen Idealsprache entspricht. Allerdings hielt Wittgenstein während der Zeit, in der er den *Tractatus* konzipierte, an dem Konzept des Willens fest.

In seinem Tagebuch notiert Wittgenstein: «‹Bedeutung› bekommen die Dinge erst durch ihr Verhältnis zu meinem Willen.» (TB 15.10.1916)[27]

Was Wittgenstein mit «Wille» meint und wie dieser in der Welt präsent ist, drückt er nicht sehr deutlich aus. Einerseits sagt er, «daß mein Wille die Welt durchdringt» (TB 11.6.1916). Andererseits schreibt er in T 6.373: «Die Welt ist unabhängig von meinem Willen.» Beide Aussagen widersprechen einander dem Anschein nach; allerdings ist Wittgensteins Willensbegriff recht komplex: Das Konzept «Wille» ist nicht so beschaffen, daß wenn das Ich etwas will, genau das Gewollte in seiner Welt erscheint. Es kann vorkommen, daß ein gewolltes Ereignis aus irgendwelchen Gründen nicht geschieht. Wenn ein Ich etwas will, tritt in seiner Welt nicht mit Notwendigkeit das ein, was es will. Offensichtlich ist die Sprachlogik des Konzepts des Willens komplizierter, als daß sie auf eine kausale Beziehung von Wollen und Verwirklichung reduziert werden könnte. In den Tagebüchern diskutiert Wittgenstein ein Beispiel, das später in den *Philosophischen Untersuchungen* (PU § 433) wieder vorkommen wird, das absichtliche Armheben.

Ich kann mir jedenfalls vorstellen, daß ich den Willensakt ausführe, um meinen Arm zu heben, aber mein Arm sich nicht bewegt. (Eine Sehne sei etwa gerissen.) Ja, aber, wird man sagen, die Sehne bewegt sich doch, und dies zeigt eben, daß sich mein Willensakt auf die Sehne und nicht auf den Arm bezogen hat. Aber sehen wir weiter und nehmen an, auch die Sehne bewegte sich nicht und so fort. Wir würden dann dazu kommen, daß sich der Willensakt überhaupt nicht auf einen Körper bezieht, daß es also im gewöhnlichen Sinne des Wortes keinen Willensakt gibt.

(TB 20. 10. 1916)

Wenn es nicht das geringste Anzeichen eines Willensakts in den Strukturen der Welt gibt, kann man vom Ich nicht sagen, es wolle den Arm heben. In seinem späteren Denken wird Wittgenstein darauf hinweisen, daß der gesamte Handlungskontext und das Sprechen des Ichs viel feinere Hinweise auf den Willen zum Armheben geben als nur die Muskelkontraktionen und Bewegungen der Sehne.[28] Aber grundsätzlich hält er an der Auffassung fest, daß es keine unmittelbare Beziehung zwischen dem Willen und dem Geschehen in der Welt gibt. Im *Tractatus* zeigt er dies, indem er so etwas wie eine Gegenprobe mit Hilfe des Falles macht, in dem alles, was wir wünschen, tatsächlich eintritt:

Auch wenn alles, was wir wünschen, geschähe, so wäre dies doch nur, sozusagen, eine Gnade des Schicksals, denn es ist kein *logischer* Zusammenhang zwischen Willen und Welt, der dies verbürgte, und den angenommenen physikalischen Zusammenhang könnten wir doch nicht selbst wieder wollen.

(T 6.374)

Wittgensteins sprachlogische Überlegungen zum Konzept des Willens laufen darauf hinaus, daß ein wollendes Ich nicht direkt auf die Welt einwirkt; es kann nicht mit seinem Willen in diese eingreifen. Überhaupt denkt er das Ich nicht als Schöpfer der Welt; vielmehr treten in der Welt die gleichen Strukturen auf wie im Willen des Ichs. Strukturell stimmen der Wille des Ichs und bestimmte Tatsachen der Welt überein. «Dieser Parallelismus besteht also eigentlich zwischen meinem Geist, i. e. dem Geist, und der Welt.» (TB 15.10.1916) Mit seinem Willen kann das Ich nicht eigene Strukturen in der Welt erzeugen; es drückt sich in den vorhandenen Strukturen aus. Den Willen des Ichs gibt es nur insofern, als er sich in den Strukturen der Welt verwirklicht: «Es ist sozusagen klar, daß wir für den Willen einen Halt in der Welt brauchen. Der Wille ist eine Stellungnahme des Subjekts zur Welt.» (TB 4.11.1916) Wenn es in der Welt keine Tatsachen gibt, die auf den Willen des Ichs hinweisen, gibt es diesen Willen nicht.[29]

Ebenso wie zwischen der Welt und dem Denken, besteht zwischen der Welt und dem Willen eine strukturelle Homomorphie.[30] In *dieser* Hinsicht steht der Raum der Welt dem Ich für die Verwirklichung seines Denkens und Willens zur Verfügung.[30] Wenn der Wille zur Welt Stellung nimmt, ist er dort als Möglichkeit schon vorhanden. Nicht das Subjekt ist ein Reservoir von möglichen Willensakten, sondern der Raum der Welt. Unabhängig von den Strukturen der Welt kann das Subjekt keinen Willen und keine Absichten haben. Was man in traditioneller Anschauung als innere oder mentale Akte betrachtet und mit Ausdrücken wie «Denken» und «Wille» oder auch mit «Meinen», «Bedeuten» bezeichnet, ist nach der sprachlogischen Analyse darauf angewiesen, daß es sich in bestimmten, den Sprachteilnehmern bekannten Strukturen objektiviert. Es sind Strukturen, die sich an Bildern der Welt zeigen und vom Subjekt als solche Strukturen erkannt und als übereinstimmend mit den eigenen Strukturen bestimmt werden können. Sie haben das Aussehen von sprachlogischen Formeln – Formeln insofern, als das Ich gleichsam mit einem Blick das Vorkommen von «Denken», «Wille», «Meinen», «Bedeuten» in der Welt erkennt und ihre Übereinstimmung mit den eigenen Strukturen erfaßt. Man kann sie abkürzend «formelhafte Strukturen» nennen.

In der Sichtweise, die Wittgensteins Solipsismus charakterisiert, tritt ein eigenartiger Effekt auf, der besonders auffällt, wenn man diese vor dem Hintergrund des späteren Denkens betrachtet: Die mentalen Akte des Ichs werden in einer objektiven, nicht in einer subjektiven Perspektive untersucht; sie sind in objektiven Tatbeständen gegeben. In den *Philosophischen Untersuchungen* unterscheidet Wittgenstein zwischen Sätzen in der ersten Person und solchen in der zweiten und dritten Person; im *Tractatus*-Denken hingegen wird in Erste-Person-Sätzen ein propositionaler Gehalt ausgedrückt, der gewöhnlich als typisch für Dritte-Person-Sätze angesehen wird. Kennzeichnend für diese Betrachtungsweise ist folgende Aufzeichnung:

> Daß ich einen Vorgang will, besteht darin, daß ich den Vorgang mache, nicht darin, daß ich etwas Anderes tue, was den Vorgang verursacht.
> Wenn ich etwas bewege, so bewege ich mich.
> Wenn ich einen Vorgang mache, so gehe ich vor.
> (TB 4. 11. 1916)

Mit diesen Überlegungen hat Wittgenstein die Schopenhauersche Willensmetaphysik in eine von der Homomorphie von Welt und Ich gestützte Stellungnahme eines Handelnden umgedeutet. Der Körper des Ichs, der an den Willensakten beteiligt ist, insofern er mit seinen Bewegungen den Willen verwirklicht, läßt sich nicht als ein rein materielles Körperding begreifen. Zwar ist er nicht Teil des Ichs, aber er gehört zu dessen Welt. Er ist es, der Strukturen hervorbringt, die mit jenen der mentalen Akte des Ichs homomorph sind. Wittgenstein beginnt in seinen Aufzeichnungen von 1916, den Körper, die mentalen Akte, die Intentionen, das Ich anders als die philosophische Tradition zu denken. Auf die hier entwickelte Denkfigur wird Wittgenstein immer wieder zurückkommen; sie wird das Grundmuster auch seiner späteren Philosophie bilden. Allerdings bleiben diese Ansätze hinter seiner logischen Philosophie noch weitgehend verborgen. Erst mit der Wiederaufnahme seines philosophischen Denkens treten sie sichtbar an die Oberfläche und werden in einen neuen Kontext integriert.

5. Der Handelnde im Umgang mit den Dingen

Zwischen dem Abschluß des *Tractatus* und dem Beginn des späteren Denkens Wittgensteins liegen etwa zehn Jahre:[32] die Nachkriegszeit, seine Ausbildung zum Lehrer, die Ausübung des Berufs eines Volksschullehrers[33] und der Bau eines Wohnhauses für seine Schwester Margarete in der Wiener Kundmanngasse (1926–28),[34] 1929 nimmt er seine philosophische Tätigkeit wieder auf; er trifft sich mit den Mitgliedern des Wiener Kreises zu Diskussionen und beginnt, seine Gedanken in Heften niederzuschreiben, zu sammeln und später auszuwerten. Wenn man die in der *Wiener Ausgabe* veröffentlichten Notizen Wittgensteins durchgeht, erhält man einen Eindruck davon, wie er eine Reihe von Begriffen aus dem *Tractatus* aufnimmt und über ähnliche Probleme wie in seiner ersten Philosophie reflektiert. Aber gegenüber dem hohen Ton der Philosophie ist er skeptisch geworden; sein Stil ist nicht mehr durch das Spröde und Abweisende gekennzeichnet. «Alles rituelle (quasi Hohepriesterliche) ist *streng* zu vermeiden weil es sofort fault.» (WA III, S. 113) Seine Antworten, so schreibt er, sollen jetzt «*hausbacken* und gewöhnlich sein» (WA III, S. 179).

Mit dem Neueinsatz seines Philosophierens gleich nach dem Bau des Hauses ist die Welt nicht mehr diejenige eines von oben oder vom Rand der Welt aus blickenden Subjekts. Wittgenstein beginnt sie als einen Handlungsraum zu denken, in den er das Subjekt eintreten lässt, so daß er die scharfe Trennung von Welt und Subjekt allmählich lockert. Auch der Handlungsraum besitzt eine logische Struktur, aber sie entsteht dadurch, daß in ihm viele Subjekte gleichartig, nach bestimmten Regeln handeln. Es kann vermutet werden, daß nicht zuletzt die Arbeit an den Räumen des Hauses mit allem, was damit zusammenhängt – Begehen des Gebäudes, die sinnliche Erfahrung des gebauten Raums, die körperliche und geistige Auseinandersetzung mit ihm –, Wittgensteins Weltkonstruktion beeinflußt hat. Bewegung, Taktilität und die räumliche Erfahrung des Hauses werden für sein Denken ebenso wichtig, wie es im *Tractatus* das Sehen war.[35] Die äußere Welt ist nicht mehr nur eine gesehene Bilderwelt, sondern hat eine direkte Beziehung zum handelnden Subjekt; Haus und Körper sind aufeinander bezogen.

Während das *Tractatus*-Denken flächig entfaltet wird – in logischen Bildern und Wahrheitstafeln –, besitzt das gebaute Haus Tiefe und Materialität; es liegt nicht vor den Augen wie eine Zeichnung. Der Handelnde steht im Raum; von seinen Körperachsen ausgehend strukturiert er den Raum vor, hinter und neben ihm. In Wittgensteins Überlegungen kommt zum ersten Mal die körperliche Raumerfahrung ins Spiel:

> Ich will wissen was hinter mir vorgeht und drehe mich um. Wäre ich daran verhindert, würde nicht die Vorstellung bleiben, daß sich der Raum um mich herum ausdehnt? Und daß ich die Gegenstände, die jetzt hinter mir sind, dadurch zu sehen kriege, daß ich mich umdrehe. *Also* ist es die Möglichkeit des Michumdrehens, die mir zu jener Raumvorstellung verhilft. Der resultierende Raum um mich herum ist also ein gemischter Sehraum und *Muskelgefühlsraum*.[36]

Hätte ich nicht «das Gefühl der Fähigkeit, ‹mich umzudrehen› wäre meine Raumvorstellung eine *wesentlich* andere».[37] Neu ist bei Wittgenstein der Gedanke, daß die visuelle Wahrnehmung nicht ausschließlich eine Sache des Sehsinns ist, sondern sich mit Körperbewegungen und dem auf sich selbst gerichteten taktilen Sinn, der Propriozeption, verbindet. In einer der folgenden Notizen bemerkt Wittgenstein: «Aber auch im normalen Sehen ist es klar, daß die Ausnahmestellung meines Körpers im Gesichtsraum nur von anderen Gefühlen herrührt, die in meinem Körper lokalisiert sind, und nicht von etwas rein Visuellem.»[38]

An den Elementen, aus denen das Haus besteht, drückt sich aus, wie mit ihnen umzugehen ist. Sie *zeigen* dem Blick des Benutzers die Erwartung ihres Gebrauchs. Der Türgriff zeigt der Hand, wie er zu greifen und zu drücken ist. Die Hand vollzieht die geforderten Akte, die im Umgang mit den Dingen erfahrenen Eigenschaften werden vom Körper aufgenommen. Wenn diese in das selbstverständliche körperliche Handeln eingegangen sind, lassen sie sich von den Gegenständen ablesen. Oft genügt nur ein Blick, um die Umgangsqualitäten[39] und damit den möglichen Gebrauch zu erkennen. In seinen Aufzeichnungen aus den Jahren 1929/30 zieht Wittgenstein mehrfach Parallelen zwischen dem Haus und der Sprache. In der Sprache, so läßt sich Wittgensteins Denken explizieren, verhält es sich nicht anders als mit dem Türgriff: Auch die

Wörter richten Anforderungen an den Verstehenden und erwarten Antworten. Was die Gegenstände an möglichen Gebrauchsweisen enthalten, entdeckt das Subjekt nicht durch bloße Betrachtung, sondern in den Erfahrungen des Tastens, des Manipulierens, Sich-Bewegens. Im Umgang mit dem Haus spielen das Ineinandergreifen von Behandlung durch das Subjekt und Umgangsqualitäten der Gegenstände eine wesentliche Rolle. Wenn der Betrachter sieht, wie die Gegenstände ihre Gebrauchsweisen zeigen, hat dies für ihn den Charakter einer Aufforderung, die direkt an seinen Körper appelliert und auf die er, unterhalb des bewußten Denkens, mit seinem Handeln antwortet. Ein Türgriff macht ihn zu einem Eintretenden in ein Zimmer. Das Zugreifen, Anfassen, die Bewegungen des Herunterdrückens sind inkorporierte Gesten. Sie werden zu selbstverständlichen vom Körper erworbenen Reaktionen des Handelnden; mit ihnen begegnet er dem Haus. Sie sind minimale Rituale, die anzeigen, daß er mit dem Haus, in dem er sich bewegt, zusammengehört; sie machen in taktilen Akten seinen Umgang mit dem Raum sichtbar – es ist wie ein verkürztes Handgeben, ein Zusammentreten von Objekterfahrung und Leben. Der Handelnde sieht ein Zimmer nicht als Gegenstand der Geometrie, sondern als Körperumwelt.

Als Architekt hat Wittgenstein erkannt, daß wir den Dingen ihre Funktionsangebote und -versprechen ansehen. Gegenstände werden nicht länger, wie in der *Tractatus*-Philosophie, als von uns abgetrennte Entitäten angesehen, sondern ihre Dinghaftigkeit bildet sich in ihren Beziehungen zu uns. Sie erhalten ihre Gestalt und Bedeutung in einem Zusammenspiel zwischen ihrer Beschaffenheit, die sie uns zum Handeln anbieten, der Art und Weise, wie wir mit ihnen umgehen, und den Absichten, die wir mit ihnen verwirklichen können. Die Intentionen des Handelnden treffen mit den Strukturen der Objekte zusammen. Auch die Bedeutung von Bildern wird jetzt eine andere. Sie entsteht in einem Zusammenwirken der Eigenschaften, der Handlungsmöglichkeiten, die ein Bild dem Betrachter darbietet, und durch dessen Behandlung. Was die Dinge und Bilder einem Handelnden sagen, welche Eigenschaften und Anforderungen dieser aufnimmt und wie er darauf antwortet, hängt wesentlich von seinen Fähigkeiten ab, auf sie einzugehen. In der letzten Phase seiner Philosophie wird Wittgenstein diese Überlegung auch auf die bildlichen Ausdrücke der Sprache übertragen.

Auf diese Fähigkeiten wird Wittgenstein aufmerksam, als er bemerkt, wie wichtig sein Feingefühl für die Materialien ist, die er auswählt, für die Formen, die er diesen gibt. Das Material verlangt eine bestimmte Behandlung, die sich dem sensiblen Blick zeigt; es fordert vom Benutzer Respekt vor seinen Qualitäten und erlaubt nur bestimmte Arten der Verarbeitung und Verbindungen mit anderen Materialien. Die Unerbittlichkeit, mit der er seine Forderungen gegenüber den Handwerkern durchsetzte,[40] wird verständlicher, wenn man diese als eine ethische Haltung gegenüber den vom Haus und seinen Materialien gestellten Anforderungen deutet.

Der Welt ihre Angebote und Anforderungen ansehen, heißt erkennen, daß man in der Welt etwas zu erledigen hat; man bereitet ein Eingreifen in die Welt vor. Wenn man Schnee mit Hilfe einer äußerst differenzierten Skala von Abstufungen in die verschiedensten Schneesorten unterscheiden kann, hat man ein Gespür für Schnee entwickelt, insofern man in einer Welt des Schnees etwas zu erledigen hat. Wenn er sieht, daß die Decke eines Zimmers zu tief ist, verlangt dies von Wittgenstein, daß er die Höhe verändern lassen muß, koste es, was es wolle.[41] *Sehen als* ist ein Indiz dafür, daß die Welt dem handelnden Subjekt nicht fremd gegenübersteht, sondern dieses verändert. Das Subjekt organisiert sein Handeln *und sich selbst* entsprechend den Anforderungen, die es von der Welt empfängt. In dem Maße, wie es sich die Welt aneignet und nach seinem Gespür modelliert, paßt es sich an die Welt an. Es bildet in seinem Inneren eine Entsprechung der Welt aus, die eine *funktionelle Äquivalenz*[42] der von der Welt gestellten Anforderungen darstellt, die das Subjekt in seine eigenen Handlungen übernimmt.

Die Dinge, aus denen das Haus zusammengesetzt ist, die Türgriffe, Lichtschalter, Schlüssel, Türen, warten auf ihre Erledigung.[43] Sie versprechen uns, daß wir jene Handlungen mit ihnen erledigen können, die man ihnen ansieht. Ebenso sind die Intentionen, die von der Sprache ausgedrückt werden, so angelegt, daß wir beispielsweise als Empfänger eines Versprechens dessen Erfüllung erwarten, so wie es gegeben wird. Nicht erst die zukünftig eintretende Erfüllung ist die Bedeutung des Versprechens – das Versprochene könnte ja auch ausbleiben und das Versprechen wäre trotzdem gegeben. Die Bedeutung muß in dem Augenblick erzeugt werden, in dem das Versprechen gegeben wird. Ein Versprechen besteht weder in dem versprochenen zukünftigen Zustand noch in einem Bild davon, sondern ruft eine *Form der Erwartung* hervor, die sich an der internen Struktur des Verhaltens auf seiten des Empfängers zeigt. Das dem Versprechen korrespondierende Verhalten ist gleichsam a priori ‹erwartungshaft›.

6. Die Intentionalität der Welt

Beobachten wir Wittgenstein bei dem Prozeß, in dem er seine neue Philosophie erarbeitet.[44] Als erstes fragt er: Wie ist es möglich, daß wir einen zukünftigen Zustand intendieren können, den wir in der Gegenwart beabsichtigen? Die Dinge geben, für sich betrachtet, nichts anderes an als ihren gegenwärtigen Zustand. Aber sie *zeigen* dem Benutzer die im Gebrauch erfahrenen *Umgangsqualitäten*, die, in dessen Körper übernommen, zu einem selbstverständlichen Aspekt des Handelns geworden sind. Die *Intentionalität* von Ausdrücken des Beabsichtigens ist keine innere Eigenschaft von sprachlich hervorgerufenen Bildern; sie ist auf *beiden* Seiten – im Gebrauch in der Welt und in der Sprache. Sie entfaltet sich auf beiden Seiten, als Angebot und als Erwartung. Beide zusammen wirken sich in konkreten Akten für die Beteiligten sichtbar aus: Im handelnden materiellen Akt des Gebrauchs der Sprache treffen beide zusammen und nehmen hierin konkrete Gestalt an. «Wenn man das Element der Intention aus der Sprache entfernt, so bricht damit ihre ganze Funktion zusammen.» (PB § 20)

Die Anforderungen der Gegenstände bilden eine Struktur der Welt, und diese organisiert sich als eine *funktionelle Äquivalenz* im Handelnden. In *diese* Struktur paßt Wittgenstein die Sprache mit ihren einfachen instrumentellen Gebrauchsweisen ein:

Wie in einem Stellwerk mit Handgriffen die verschiedensten Dinge ausgeführt werden, so mit den Wörtern der Sprache [,] die Handgriffen entsprechen. Ein Handgriff ist der Handgriff einer Kurbel und diese kann kontinuierlich verstellt werden; einer gehört zu einem Schalter und kann entweder nur umgelegt oder aufgestellt werden, ein dritter gehört zu einem Schalter, der drei oder mehr Stellungen zuläßt, ein vierter ist der Handgriff einer Pumpe und wirkt nur, wenn er auf und ab bewegt wird etc.; aber alle sind Handgriffe, werden mit der Hand angefaßt.
(WA II, S. 166)[45]

In dieser Bemerkung wird der körperliche Aspekt des Gebrauchs deutlich hervorgehoben. Im Kontext dieser Überlegungen wird sich Wittgenstein über die Wichtigkeit des Gebrauchsbegriffs endgültig klar: «Etwas spricht für die Auffassung, daß die Interpretation des Bildes im Gebrauch liegt, den man vom Bild macht.» (WA II, S. 294) Aber immer noch denkt er die Wörter der Sprache mit Bildern verbunden. Wenn man Intentionen ausdrückt und versteht, so nimmt er an, geht dies auf Bilder zurück. Aber jetzt erkennt er, daß diese nicht von sich aus den intendierten Zustand repräsentieren: Das Bild, das durch die Sprache der Erwartung gegeben wird, kann erst verstanden werden, wenn man es gebraucht.

Etwas später nimmt Wittgenstein einen neuen Anlauf; er überträgt die Überlegungen, die er zur Klärung der Bildhaftigkeit des Hauses angestellt hat, erneut auf die Sprache, auf ihre «versprechenden» Wörter, wie er die *intentionalen* Ausdrücke nennt: «Die Sprache hat die Erwartung nicht beschrieben sie hat sie ausgedrückt [...] sie war die Erwartung.» (WA II, S. 316) Die Sprache selbst hat, nicht anders als das intendierte Verhalten, eine intentionale Struktur. Und er stellt fest, wortgleich zu der bereits zitierten Stelle in den *Philosophischen Untersuchungen*: «Wenn man das Element der Intention aus der Sprache entfernt, so bricht damit ihre ganze Funktion zusammen.» (WA II, S. 196) Den Zustand der Erwartung kann die Sprache nicht mit Zeichen allein ausdrücken; bei einem Versprechen vollzieht die Sprache einen Vorgang anderen Typs als bei logischen Operationen: «Sie hat ja nicht einen

Zustand [einer Einstellung] beschrieben, sondern sich eingestellt.» (WA II, S. 316)

Wittgenstein begreift, daß die Gebrauchskategorie nicht zeichentheoretisch entworfen werden kann: Es gibt nicht, wie er im *Tractatus* angenommen hatte, eine Vorrichtung *innerhalb* der Zeichen, die das Sich-Einstellen vollziehen könnte.[46] Zwar hält Wittgenstein noch an der Konzeption des Bildes fest, integriert dieses aber in körperliche Lebensprozesse: «Ich verleibe beim Denken sozusagen ein Bild meinem Leben ein.» (WA II, S. 311) Dies ist eine andere Vorstellung als im *Tractatus*: Das Bild ist in mir; es ist in meiner Welt, in meinem Körper und in dem, was dieser wahrnimmt. Die Sprache füllt den ganzen Raum der Welt aus; sie bezieht den Körper und die Empfindungen ein. «Ich bin darauf vorbereitet einen roten Fleck zu sehen – diese Vorbereitung ist sozusagen etwas *Praktisches,* ähnlich wie wenn ich meine Muskeln zum Halten eines Gewichts vorbereite.»[47] Diese besondere «Vorbereitung ist quasi selbst die Sprache [...]» (ebd.). An dieser Bemerkung läßt sich erkennen, wie Wittgenstein den Begriff der Sprache weit über die Welt der Zeichen und Bedeutungen ausdehnt und mit dieser Bewegung auch das Gebrauchskonzept erweitert.

Die Sprache verhält sich zur Anforderungsstruktur der Welt wie die Muskelspannung im Subjekt: «Eine Absicht haben, etwas tun können, sich etwas wünschen [...] wird als Tonus behandelt wie sich freuen, freudig sein oder traurig. Nur soweit es sich da um eine Disposition also um eine Eigenschaft [...] des Körpers handelt ist von einem (dauernden) Zustand des Körpers die Rede.» (WA III, S. 295) Körper und Sprache stellen sich auf die Absicht ein und gehören in dieser Vorbereitung zusammen; sie sind zwei Seiten desselben Vorgangs.[48] Wie das Haus mit seinen Anforderungen organisiert die Sprache eine Art Spiel mit seinem Benutzer, und dieser weiß genau, was dabei von ihm verlangt wird. Er hat bestimmte Erwartungen, wenn er die Sprache gebraucht. Ebenso erwartet ein Mitspieler bei einem Ballspiel, daß ihm der Ball zugeworfen wird. Er nimmt eine vorbereitende Haltung ein. «Die Erwartung kann man auffassen als eine erwartende, vorbereitende Handlung. Sie streckt wie ein Ballspieler die Hände aus, richtet sie, um den

Ball zu empfangen. Und die Erwartung des Ballspielers kann darin bestehen, daß er die Hände in bestimmter Haltung ausstreckt und auf den Ball blickt.»[49] Der Fänger ist auf den Wurf vorbereitet. Hätte er diesen nicht erwartet, hätte sich sein Körper auch nicht eingestellt. Die Erwartung, ob positiv oder negativ, «mußte doch auch in etwas *bestehen* was ich tat» (WA II, ebd.). Die Muskelspannung ist Teil der Erwartung des Subjekts, sie ist auf die Anforderungen der Welt gerichtet.

Auch in der Sprache besteht eine solche Homologie von Bezeichnungsakt und Bezeichnetem: Sie bildet eine Erwartung aus; sie ist auf die Anforderungen der Welt eingestellt und *enthält diese* in einem gewissen Sinn. Wenn der Handelnde auf die Gegenstände eingeht, stellt er sich im körperlichen und im sprachlichen Register auf diese ein. Beim Handeln *reagiert* die körperliche Einstellung auf die Anforderungsstruktur der Welt; bei sprachlichen Akten *enthält* die symbolische Einstellung der Sprache diese Struktur. Die Muskelspannung ‹liest› die Umgangsqualitäten der Dinge; die Erwartung der Sprache ‹spricht› zu den Muskeln. Die Sprache «beschreibt [...] nicht den Zustand der Erfüllung, sondern bejaht *sich selbst* [ihre Einstellung]» (WA II, S. 316).

Die intime Verbindung von symbolischen und motorischen Leistungen läßt sich am Beispiel des Zeichnens zeigen: Wenn ich bei «einem absichtlichen Kopieren [...] die Linien jener Zeichnung *nachzeichne* [...] lasse [ich] hier die Vorlagen für meine Hand *gleichsam* führen. – Und wie ist es denn wenn ich etwa [wirklich] an der Hand irgendwohin geführt werde. Ich gehe dann und richte meine Schritte so ein, daß eine gewisse Spannung in meiner Hand oder meinem Arm nicht entsteht (oder doch immer wieder beseitigt wird).» (WA II, S. 311) Beim Sprechen geschieht etwas ganz ähnliches: «[...] damit das Wort meine Hand lenken kann, *muß* es die Mannigfaltigkeit der gewünschten Tätigkeit haben.»[50] Aber die Sprache *lenkt* nicht den Körper, sondern Sprechen und körperliches Handeln sind zwei aufeinander bezogene, ineinander verflochtene Weisen der Erledigung von Anforderungen, die nicht von einer Instanz geführt werden, sondern in die komplexe Struktur des Gebrauchs integriert sind.

Körperliches Handeln und Sprache verhalten sich in ihrem Eingehen auf die Anforderungsstrukturen der Welt solidarisch zueinander. Sie sind verschiedene Weisen, funktionelle Äquivalenzen zu erzeugen, die der Anforderungsstruktur der Welt entsprechen. Im Körper sind sie nicht einfach nur abgelagert, sondern sie werden bei geeigneter Gelegenheit auch angewendet. Dies ist ein neuer Aspekt in Wittgensteins Denken, der Aspekt des Gebrauchs dessen, was der Körper gespeichert hat. Mit dem Körper-Denken entsteht auch die Vorstellung eines Zusammenspiels von Inkorporierung und sozialem Gebrauch. Wittgenstein ist sorgfältig darauf bedacht, diesem Gedanken keine psychologische Interpretation zu geben; stattdessen greift er wieder auf das Gleichnis des «Werkzeugkastens der Sprache» zurück, aus dem wir «Werkzeuge zum künftigen Gebrauch herrichten» (WA II, S. 314). Es sind nicht unsere Sinne selbst, die die Dinge in der Welt erfassen; mit diesem Gedanken unterscheidet sich Wittgenstein von der Phänomenologie.[51] Funktionelle Äquivalenzen werden nicht von der Welt direkt hervorgerufen, sondern werden vom Subjekt gebildet, mit Hilfe seines Handelns und Denkens organisiert, körperlich gespeichert und abrufbar angeordnet. Wir antworten auf die Welt durch unseren Gebrauch der Sprache, in dem die Anforderungen der Dinge und unsere Fähigkeit zu antworten zusammentreffen.

Wenn wir uns ganz auf die Gegenwart richten, breitet sich unser Körper über unsere sinnlich wahrnehmbare Umgebung aus. Mit unseren Blicken tasten wir die wahrgenommenen Dinge und Menschen ab und erfassen ihre Umgangsqualitäten.[52] Vor uns liegt beispielsweise eine Wegstrecke mit spitzen Steinen, die wir ohne Schuhe zu bewältigen haben. Noch bevor der nackte Fuß die ersten Steine berührt, antizipieren wir einen stechenden Schmerz; wir zögern und setzen den Fuß mit großer Vorsicht auf. Mit dieser Ausdehnung durch den kombinierten Seh- und Tastsinn bringt der Umgangskörper Vorstellungen und Empfindungen hervor, die auf zukünftige Situationen bezogen sind. In speziellen Körperpraktiken kann die antizipierende und erinnernde Wahrnehmung außergewöhnlich gesteigert werden. Ein Kletterer sieht mit einem Blick auf die Felswand, ob er sich an den Kanten und Vorsprüngen festhalten kann oder ob diese wegzubrechen drohen. Ebenso antizipiert ein Abfahrtsläufer die Schwierigkeiten einer Kurve, auf die er zurast, und bereitet seine zukünftigen Bewegungen vor, schon ehe er jene zu Gesicht bekommt.[53]

Die Intentionalität der Welt besteht in einer Art Spiel von Aufforderung und Bereitschaft zur Erledigung. Menschen besitzen eine bestimmte Weise der Hinwendung zur Welt und eine Aufmerksamkeit dieser gegenüber, die in Übereinstimmung mit der Welt wirkt, so daß es zu einem gemeinsamen Funktionieren zwischen Menschen kommt. Mit dem ganzen Körper, mit allen Sinnen erkennen wir, was die Dinge im Umgang mit uns sind und sein können. Im Umgang mit diesen laufen die Gebrauchswerte der Dinge und die Erwartungen der Handelnden ineinander. Erwartung ist kein einfacher Niederschlag dessen, was ist, sondern eine Spannung auf das Zukünftige wie die Vorspannung von Muskeln, die einer Anstrengung vorhergeht. Diese Erledigungsbereitschaft des Subjekts, gerichtet auf die Anforderungen der Welt, macht dessen Intentionalität aus, seine Hinwendung zum Zukünftigen und Möglichen. Die auf diese Weise gebildete Umgangswelt bildet den Horizont der Sprache.

Im Zusammenspiel von Anforderungsstruktur der Welt und Erledigungsbereitschaft der Subjekte kommt den Handlungen eine wesentliche Rolle zu. In seinen Überlegungen verwandelt Wittgenstein die logischen Abbilder versuchsweise in bewegte Bilder von Handlungen, beispielsweise in einer Bemerkung über «das Wesen des negativen Satzes»: «So könnte einer z. B. das Verständnis des Satzes ‹das Buch ist nicht› dadurch zeigen, daß er bei der Anfertigung des Modells die rote Farbe wegwirft.»[54] Wittgenstein ist an dem Punkt angelangt, wo er an zentraler Stelle seiner Philosophie das Konzept der Handlung einführt. Mit dieser neuen Kategorie verflochten sind eine Reihe weiterer Annahmen, die ich als eine komplexe Struktur von Erwartungen und Erledigungen gekennzeichnet habe. In einer späteren Bemerkung von 1931 nimmt er diesen Gedanken des Operationalisierens von Bedeutungen mit einer Bemerkung wieder auf, die an das Beispiel einer «primitiven Sprache» in § 1 der PU denken läßt: «Denken wir uns eine Sprache in der jeder Befehl durch eine Vorführung mit Puppen etc. gegeben wird. Hier ist das Folgen viel leichter als ein einer-Regel-Folgen erkennbar. Oder noch einfacher, daß der Befehlende uns alles (selbst) vormacht.»[55]

In dieser Zeit nimmt Wittgenstein auch schon die im späteren Werk wichtige genetische Perspektive ein, in der das Erlernen der Sprache betrachtet wird. Wenn die Sprache ihre Bedeutungen im Umgang mit der Welt erhält, besteht ihr Erlernen zu einem wichtigen Teil darin, den Schüler körperlich auf die Anforderungen der Welt «einzustellen»: «[...] beim ersten Lernen der Sprache [werden] gleichsam die Verbindungen zwischen der Sprache und den Handlungen hergestellt [...] – also die Verbindungen zwischen den Hebeln und der Maschine.» (WA II, 198) Hier verweist Wittgenstein wieder auf ein mechanistisches Konzept der Sprache, das er später weiterverwenden und erheblich verfeinern wird: Der Interaktion von Welt – Sprache – Mensch entspricht das Zusammenspiel von Maschine – Hebel (Instrument) – Benutzer. Insofern die Sprache eine Antwort auf die Anforderungsstruktur der Welt ist, erhält sie ihre Bedeutung im Umgang mit der Welt: «Denn da die Sprache die Art ihres Bedeutens erst von ihrer Bedeutung, von der Welt, erhält, so ist keine Sprache denkbar, die nicht diese Welt darstellt.» (WA II, S. 157) Eine Sprache, die auf die Anforderungsstruktur der Welt antwortet, hat die Welt akzeptiert. Wenn sie richtig auf die Umgangswelt antwortet, wenn sie ihre Praxis in Ordnung hält, ist sie eine vollkommene Sprache. «Die Selbstverständlichkeit der Welt drückt sich eben darin aus, daß die Sprache nur sie bedeutet, und nur sie bedeuten kann.» (WA II, S. 157)

Man erkennt an den Aufzeichnungen Wittgensteins aus dieser Zeit, wie sehr sich die *Tractatus*-Gedanken verändert haben. Am Neujahrstag 1930, am Beginn einer neuen Dekade, nach dem Abschluß seiner Zeit des Schweigens, notiert er: «Der Begriff des ‹Elementarsatzes› verliert jetzt überhaupt seine Bedeutung.» (WA II, S. 158) Es drängt sich der Eindruck auf, daß Wittgenstein mit dieser Bemerkung das *Tractatus*-Denken abschließt. In der Welt, in der er sich jetzt bewegt, der Erfahrungswelt, findet er sich zurecht; sie ist ihm, wie prinzipiell allen Menschen, selbstverständlich. Das

Subjekt ist von seiner Position an der Grenze mitten in den Raum der Welt getreten; es ist zu einem Mitspieler geworden. Damit haben sich die Beziehungen zwischen dem Subjekt und der Welt grundsätzlich verändert. Aber an dem Gedanken einer Homomorphie zwischen dem Subjekt und den formelhaften Strukturen der Welt hält Wittgenstein auch in seinem späteren Denken fest.

Die von der Sprache erfaßte Welt hat selbst eine intentionale Grundstruktur; als menschengemachtes Gebilde enthält sie Absichten, wie mit ihr umzugehen sei. Sie steht dem Handelnden nicht als ein totes materielles Gebilde gegenüber; ihre Intentionalität erschließt sich, wenn der Handelnde auf ihre Angebote antwortet. Im Neueinsatz seines Denkens faßt Wittgenstein das Subjekt als einen aktiven, in die Welt eingreifenden Handelnden auf. In seinen sich an die Hinwendung zur Praxis anschließenden Überlegungen wird er eine weitere Einsicht gewinnen: daß die unmittelbare Verständlichkeit von alltäglichen Dingen, Handlungen und verbalen Äußerungen aus dem Zusammenstimmen von Welt und Subjekten in gemeinsamen Sprachspielen entsteht. Seit den Überlegungen im Jahre 1929 denkt Wittgenstein nicht mehr nur in formalen, sondern auch in anthropologischen Begriffen und experimentiert mit Beispielen erfundener Ethnologie. Er braucht nur noch einen Anstoß von außen, um sich über die neue Richtung seiner Philosophie Klarheit zu verschaffen. Gleich nach seiner Rückkehr nach Cambridge wird er diesen in seinen Gesprächen mit dem Wirtschaftswissenschaftler Piero Sraffa erhalten.

3.
DIE HINWENDUNG ZUR ANTHROPOLOGIE

[...] die Bedeutung jedes Wortes ist ein unsichtbarer *Körper* [...][1]

Eine der Geschichten, von denen Wittgenstein umwoben ist, erzählt davon, wie er nach einer Diskussion mit seinem Kollegen Piero Sraffa den Kern seiner *Tractatus*-Philosophie aufgegeben habe: Während eines Gesprächs zwischen beiden in Cambridge Anfang der 30er Jahre habe er darauf beharrt, daß der logische Satz und der von diesem beschriebene Sachverhalt dieselbe interne Struktur hätten – worauf Sraffa eine in Neapel gebräuchliche Geste gemacht habe, indem er sich mit den Fingerspitzen über das Kinn gestrichen und gefragt habe: «Und welche logische Form hat *dies*?» Mit einer einzigen Bewegung sei die Abbildtheorie des *Tractatus* zerstört worden.[2] Legenden wie diese erzählen selten wirkliche Ereignisse; vielmehr beschreiben sie einen Moment, in dem das Ergebnis eines langen Nachdenkens mit einer plötzlichen Einsicht zutage tritt.[3] Die in einer Gemeinschaft gebräuchlichen Gesten haben allgemeinverständliche Bedeutungen, aber sie besitzen keine logische Struktur und keine abbildende Beziehung zur Welt. Sie bilden überhaupt nicht ab, sondern sind Handlungen. Zur Zeit der erzählten Begebenheit (1930/31) war Wittgenstein gerade dabei, sich zu der neuen Erkenntnis durchzuringen, daß Zeichen ihre Bedeutungen in einem gemeinsamen praktischen Handeln erhalten.

Den Wahrheitskern der Anekdote bilden zweifellos die häufigen und intensiven Auseinandersetzungen zwischen beiden Denkern.[4] Als Wittgenstein ihm 1929 zum ersten Mal begegnete, war Sraffa gerade 30 Jahre alt. Er galt als herausragender Wirtschaftswissenschaftler und besaß «a legendary reputation [...], as one of the cleverest intellectuals in the university» (A. Sen, S. 30). Ein bahnbrechender Aufsatz zur Preistheorie (1925), der die Grundannahmen der damals dominanten «Cambridge School» als unhaltbar nachweist, hatte ihn in Italien und England zu einer Berühmtheit gemacht. Als John Meynard Keynes ihn 1927 als *lecturer* nach Cambridge holte, war er einer der Wortführer des Widerstands gegen den italienischen Faschismus. Als Mitherausgeber der linken Zeitschrift *L'Ordine Nuovo* stand er der italienischen Kommunistischen Partei nahe, freilich ohne Mitglied zu sein. Mit dem von Mussolini eingekerkerten Gramsci war er freundschaftlich verbunden; er unterstützte ihn im Gefängnis, indem er ihm Bücher zukommen ließ und zum Schreiben ermutigte (dessen Resultat die berühmten «Gefängnishefte» sind).[5]

Selbst wenn sich die Legende von der neapolitanischen Geste nachträglicher Geschichtenbildung verdanken sollte, gibt sie einen wertvollen Hinweis auf den Einfluß, den Wittgenstein Anfang der dreißiger Jahre in Cambridge empfangen hat. Zu diesem Schluß kommt Amartya Sen nach Gesprächen mit seinem akademischen Lehrer Sraffa: Wittgensteins Wende von seiner früheren zu einer ‹anthropologischen Auffassung› von Bedeutung und Sprachgebrauch lasse eine offensichtliche ««Gramsci connection»» erkennen.[6] Gegenüber diesem Resultat seines Einflusses auf Wittgenstein blieb Sraffa jedoch «rather unexcited»: In seinen Augen war es, wie Sen erläutert, schlicht ein Bestandteil der Standarddiskussionen, wie sie damals in den intellektuellen Kreisen Italiens geführt wurden, in denen er, Sraffa, ebenso wie Antonio Gramsci verkehrte. Sraffa und Gramsci hatten eine ‹minimalistische anthropologische Auffassung von Bedeutung und Sprache entwickelt und waren davon überzeugt, daß Bedeutungen in sozialen Konventionen und Regeln gründen.[7] Für Sraffa habe es demnach außer Frage gestanden, daß die Bedeutung seiner Geste nur so interpretiert werden konnte: «in terms of established rules and conventions – indeed the ‹stream of life› – in the Neapolitan world».[8]

Die Wendung Wittgensteins zu einer materiellen und praktischen Auffassung der Welt, die in der Wiener Zeit (und wohl auch schon während seiner Tätigkeit als Volksschullehrer) vorbereitet worden war, ist durch die «Gramsci connection» zweifellos verstärkt worden. Offensichtlich hat er durch die häufigen Gespräche mit Sraffa einen Blick für die soziale Praxis und ihre Interaktionen ausgebildet. Hinzu kommen auch andere Einflüsse. Im Cambridge der 30er Jahre gab es eine Fülle marxistischer Denker und Gesprächsgruppen, zu denen viele seiner Freunde und Bekannten gehörten. Was er sicherlich dem marxistisch geprägten Kontext entnommen hat, ist der Gedanke, daß die für die Mitglieder einer sozialen Gruppe verbindliche Wirklichkeit in gemeinsamer Tätigkeit herausgebildet wird. Den möglichen Einfluß dieses Diskussionskontextes werde ich in Kapitel 5 einzuschätzen versuchen, nachdem ich Wittgensteins Sprachspieldenken von seinen *eigenen* Voraussetzungen her beschrieben habe.

1. Gesten als Körpergebrauch

Wenn Wittgenstein durch Sraffas Geste tatsächlich so tief beeindruckt war, dann wohl auch deshalb, weil sie ihm die Augen für die protosprachliche Qualität von Gesten und für ihre Gebrauchsweisen geöffnet hat. Welche besonderen Einsichten in den Gebrauch, das Funktionieren und das Lernen der Sprache gewinnt man, wenn man diese unter dem Blickwinkel von Gesten betrachtet? Eine Geste, wie Sraffa sie machte, entsteht aus dem Gebrauch der Hand. Aber sie erledigt nichts in der Welt, sondern zeigt etwas. Mit der Tätigkeit der Hand konstituiert sie ein Zeichen und verweist dabei zugleich auf sich selbst. Sie gehört zu gleichen Teilen zum Körper und zu einer primitiven Sprache. Ihr Tätigkeitsaspekt verbindet sie einerseits mit den Bewegungen des Körpers, andererseits mit dem Zeigen der Sprache. Sie ist eine bezeichnende Sprachaktivität und zugleich eine bezeichnete Handlung. Den bildlichen Aspekt des gestischen Zeichens können wir *Bewegungsbild* nennen. Wie bei einem Werkzeug kann der Gebrauch eines Bewegungsbilds gelernt und tradiert, wiederholt und wiedererkannt werden. Das Medium des Behaltens, Wiedererinnerns und Reproduzierens von Bewegungsbildern ist der Körper: Er ist Gedächtnis und Produzent von Gesten.[9]

Die neapolitanische Geste ist ein Gebrauch des Körpers und ein Brauch, der in einer Region üblich ist.[10] In ihr fallen Bewegung, Gebrauch und Brauch zusammen: Sie können, anders als bei der

Verwendung eines Werkzeugs, nicht voneinander getrennt werden. In dieser Hinsicht funktioniert sie auch etwas anders als die verbale Sprache. Alle weiteren Aspekte, die Wittgenstein diskutiert, lassen an ihr die Merkmale der Sprache, auf die es ihm ankommt, besonders deutlich hervortreten. So kann man eine Geste nur verstehen, wenn man ihr Spiel kennt; wenn man weiß, wie sie in einem ausgeschnittenen und geregelten Bereich verwendet und verstanden wird. Man lernt sie durch Zusehen und Nachmachen, also dadurch, daß man die Reaktionen der anderen beobachtet, und durch Beteiligung an ihrem Spiel. Gesten bringen Bedeutungen mit Beteiligung des Körpers hervor. Im Sprachgebrauch bezieht man sich immer wieder auf das Fundament des Gebrauchens, der Bräuche und des Bedeutens, in das man in der Kindheit hineingewachsen ist. Es ist die erste, grundlegende Schicht des menschlichen Weltverhältnisses. Hier wird der Körper als Werkzeug *und* als Referenzsystem der Beziehung zur Welt eingeführt, festgehalten, normiert und gebraucht. In dieser Weise funktioniert er, solange die Welt, die Umgebung, die anderen verläßlich antworten. Gesten sind Signale der Gemeinsamkeit; Sraffas Geste ist ein Zeichen zwischen Neapolitanern – sie gibt Zugehörigkeit an und sondert die Nicht-Zugehörigen aus. Insofern wirkt sie dabei mit, einen Rahmen und eine Ordnung zu bilden.

Im Gebrauch von Gesten kommt eine innere Beteiligung des Handelnden zur Erscheinung. Gesten sind Bewegungen des ganzen Menschen. Eine beleidigende Handbewegung kann man nicht dadurch zurücknehmen, daß man sagt, man habe sie nicht so gemeint, oder sie, wie bei einem Versprecher, für einen Irrtum erklärt. Es ist kaum möglich, sich von ihr zu distanzieren: Indem man sie macht, *meint* man, was sie bedeutet; bei ihrer Ausführung kann man sich nicht täuschen. Eine Geste des Zweifelns repräsentiert nicht die Bedeutung des Zweifels, sondern sie *ist selbst Teil* einer zweifelnden Haltung; sie ist *aufgeführter Zweifel*.[11] Damit ist nicht gesagt, daß sie ein unmittelbarer oder unverstellter Ausdruck des Inneren ist. Im Gegenteil hat sie einen bedeutenden konventionellen, sozial geregelten Anteil. Daher kann man ihren Gebrauch schauspielerisch nachahmen.

Man kann noch einen Schritt weitergehen: Auch der körperliche Ausdruck von Empfindungen läßt sich als eine Geste auffassen: als eine Gebärde mit dem ganzen Körper, wie Wittgenstein in den Aufzeichnungen aus den letzten Lebensjahren sagen wird. Wenn es stimmt, daß wir psychische Zustände und Bewegungen anderer Menschen vor allem anhand ihrer Gebärden[12] erfassen und beurteilen, liegt der Grund in ihrer engen Verwandtschaft mit den Gesten. Gebärden bilden keine höhere oder feinere Sprache, sondern ein Ausdruckssystem, das nicht von der körperlichen Aufführung abgelöst werden kann. Sie gehören zu den «primitiven Reaktionen» (*Zettel* § 545), mit denen wir beispielsweise Schmerz ausdrücken. Hier findet man eine Art körperlicher Grundlage jeder Empfindungssprache. «Primitiv» ist das Verhalten, weil es nicht sprachlich artikuliert, wenngleich kulturell geformt ist und schon eine gewisse Verallgemeinerung darstellt. Seine Stellung befindet sich nicht unterhalb, sondern lebensgeschichtlich *vor* der verbalen Sprache. Daher läßt es sich auch nicht direkt benennen – «wir müssen unsere Empfindungen auf Umwegen beschreiben» (BlB, S. 85).

Wenn man seine Aufmerksamkeit auf Gesten richtet und diese als mit den Grundlagen der Sprache verwoben ansieht, entwirft man sie nicht mehr ausschließlich vom Denken her, sondern stellt die körperliche Seite des Gebrauchs, der Bewegungen, des Bildlichen und den Kontext der Verwendung in das Zentrum der Betrachtung. Auch das Denken hat eine körperliche Seite; am 24. 10. 1931 notiert Wittgenstein: «Ich denke tatsächlich mit der Feder, denn mein Kopf weiß oft nichts von dem, was meine Hand schreibt.» (WA IV, S. 160) In dieser Bemerkung zeigt sich die neue anthropologische Sichtweise, die ihn später zu einer vollkommenen Revision der herkömmlichen Auffassung mentaler Akte führen wird.

Selbst Handlungen, die ausschließlich geistig zu sein scheinen, haben einen Anteil körperlicher Tätigkeit:

Es ist also irreführend, vom Denken als einer ‹geistigen Tätigkeit› zu sprechen. Wir können sagen, daß Denken im wesentlichen eine Tätigkeit des Operierens mit Zeichen ist. Diese Tätigkeit wird mit

der Hand ausgeführt, wenn wir schreibend denken; mit dem Mund und Kehlkopf, wenn wir sprechend denken; und wenn wir denken, indem wir uns Zeichen oder Bilder vorstellen, kann ich dir kein Agens, das denkt, angeben. [...] Wenn wir über den Ort sprechen, wo das Denken stattfindet, haben wir ein Recht zu sagen, daß dieser Ort das Papier ist, auf dem wir schreiben, oder der Mund, der spricht.
(BlB, S. 23)

Geistige Tätigkeiten faßt Wittgenstein jetzt als ein Operieren mit Zeichen auf. Im Denken, Schreiben, Sprechen, im intelligenten Handeln generell sind bestimmte Fertigkeiten involviert; Wittgenstein bezeichnet sie mit dem Ausdruck «Techniken».

Wenn wir miteinander sprechen, tun wir viele Dinge auf einmal. Wir handeln, denken, gestikulieren, verwenden Worte, folgen Grammatikregeln, richten uns nach Gebräuchen, haben Absichten, machen anderen eine Mitteilung, erwarten etwas von diesen, richten unsere Aufmerksamkeit auf sie. Auf den ersten Blick handelt es sich um eine schwer überschaubare Vielheit. Wenn wir sie aber als Techniken betrachten, verlieren sie ihre beunruhigende Komplexität. Dann betrachtet man Wörter als Werkzeuge, die zwar zu sehr unterschiedlichen Zwecken eingesetzt werden, für die es aber jeweils bestimmte Techniken gibt. In einem Werkzeuggebrauch sind immer spezifische Aufgaben, Absichten, Fertigkeiten, Erwartungen, meistens auch Zusammenarbeit und Verständigung mit anderen involviert.

Mit dem Konzept der Technik werden einige sehr wichtige Aspekte des Sprachgebrauchs erfaßt. Für eine systematische Rekonstruktion von Wittgensteins Vorgehen, die im folgenden Abschnitt unternommen wird, läßt sich seine Methode des Operationalisierens als *ersten* Aspekt angeben, unter dem er verschiedene Sprachgebräuche als unterschiedliche Techniken darstellt. Im Unterschied zu Werkzeugen besitzt die Sprache eine eigene, zu den praktischen Handlungen hinzukommende und von diesen unabhängige Organisation, die durch Regeln und Grammatik ausgedrückt wird. Diese Eigenschaft beschreibt Wittgenstein als einen *zweiten* Aspekt. Bei seinen Untersuchungen bemerkt er, daß es noch eine weitere Art der Organisation von Sprache gibt: das Sprachspiel. Diesem Konzept widmet er als einem *dritten* Aspekt bald seine ganze Aufmerksamkeit, während sein Interesse an der Grammatik in den Hintergrund tritt. Tatsächlich drückt der Sprachspielgedanke seine Auffassung von Sprechen, Verstehen, Handeln und Denken so genau und umfassend aus, daß er in den späteren Überlegungen das Grundmodell der Sprache bildet.[13]

2. Die Methode des Operationalisierens

Von einem Sprachspiel spricht Wittgenstein gleich am Anfang der *Philosophischen Untersuchungen*, allerdings in einem recht eingeschränkten Sinn. Hier wird es zum Zweck der Operationalisierung eingeführt:

> Denke nun an diese Verwendung der Sprache: Ich schicke jemand einkaufen. Ich gebe ihm einen Zettel, auf diesem stehen die Zeichen: «fünf rote Äpfel». Er trägt den Zettel zum Kaufmann; der öffnet die Lade, auf welcher das Zeichen «Äpfel» steht; dann sucht er in einer Tabelle das Wort «rot» auf und findet ihm gegenüber ein Farbmuster; nun sagt er die Reihe der Grundzahlwörter – ich nehme an, er weiß sie auswendig – bis zum Worte «fünf» und bei jedem Zahlwort nimmt er einen Apfel aus der Lade, der die Farbe des Musters hat. – So, und ähnlich operiert man mit Worten. (PU § 1)

Wir stellen uns eine Situation vor – einen Ort (einen Laden), zwei Rollen (Kunde und Kaufmann), eine Absicht (einkaufen). Mit dieser Vorstellung ist der Kontext angegeben, in den die Wörter auf dem Zettel eingeführt werden. Es gibt das Spiel des Einkaufens als eine Handlungs- und Bedeutungsstruktur schon, bevor wir das Kind zum Einkaufen schicken; die Beteiligten kennen es bereits. Die Wörter auf dem Zettel sind außerhalb von Sprachspielen unverständlich. Im Rahmen von Sprachspielen können sie ganz Unterschiedliches bedeuten; es kommt auf die jeweilige Spielanordnung an. Der Kunde kann beispielsweise nur solche Gegenstände verlangen, die man in einem Laden kaufen kann. Wenn er sich z. B. nach fünf Zimmern erkundigte, verwechselte er den Laden mit einem Hotel. Die zum Verkauf angebotenen Dinge werden intern differenziert, hier mit Hilfe von Farbwörtern. Äpfel werden danach unterschieden, ob sie rot oder grün sind, Pflaumen nach blau und gelb, das Brot nach hell und dunkel.

Auf Wittgensteins Anregung kann der Leser die Handlung in Gedanken nachvollziehen und dabei darauf achten, welche Rollen die Worte im Sprachspiel erfüllen und nach welchen Regeln diese gespielt werden. Die vom Kind eingekauften Gegenstände können ergriffen werden; man kann auf sie zeigen und jemandem hinreichen; auf ihnen können Etiketten mit ihrem Namen angebracht und ihnen kann eine Rolle im Sprachspiel zugewiesen werden. Bei den Farbbezeichnungen ist dies nicht möglich; man kann eine Farbe nicht in die Hand nehmen wie einen Gegenstand. Die Farbe eines Apfels läßt sich hingegen mit Hilfe einer Farbtabelle exemplifizieren. Wie der Kaufmann, so verwenden alle Sprecher in irgendeiner Weise Farbmuster. Allerdings verlieren diese mit zunehmender Sprachpraxis ihre Konkretheit. Sie werden zu Instrumenten der Sprache und bestehen schließlich nur noch aus den Farbwörtern und ihren Gebrauchsweisen.[14] Noch einmal anders funktioniert das Wort «fünf». Alle Kinder lernen den Gebrauch von Zahlwörtern in Prozessen des Operationalisierens; sie bestimmen die Zahl von Gegenständen durch Abzählen. Sie sagen die Zahlwörter nacheinander auf und begleiten ihr Sprechen mit Gesten des Zählens, während erfahrene Sprecher eine kleine Anzahl mit einem Blick erfassen.[15]

Die Methode des Operationalisierens erscheint auf den ersten Blick umständlich und naiv. Wittgensteins ausführliche Demonstration hat aber einen zweifachen Vorteil: Wenn wir den Akt des Verstehens nicht als geistigen Prozeß, sondern als einen Vorgang auffassen, der wie ein praktisches Handeln funktioniert, erkennen wir die unterschiedlichen Gebrauchsweisen der Ausdrücke und die verschiedenen Weisen, wie mit ihnen Bedeutungen erzeugt werden. Weiterhin wird an diesem Beispiel deutlich, daß in einfachen Sprachspielen praktische körperliche Handlungen von der

Sprache übernommen werden, wie beim Zählen, Hinweisen, bei der Farberkennung, beim Ausdruck von Wünschen, so daß deren Ausführung überflüssig wird.

> Wenn wir solche einfachen Sprachformen untersuchen, dann verschwindet der geistige Nebel, der unsern gewöhnlichen Sprachgebrauch einzuhüllen scheint. Wir sehen Tätigkeiten und Reaktionen, die klar und durchsichtig sind. Andrerseits erkennen wir in diesen einfachen Vorgängen Sprachformen, die von unseren komplizierteren Sprachformen keineswegs durch einen Einschnitt getrennt sind. Wir sehen, daß wir die komplizierten Formen aus den primitiven zusammensetzen können, indem wir nach und nach neue Formen hinzufügen.
> (BlB, S. 37; vgl. auch PU § 5)

Auf diese Weise entsteht ein Minimalismus des Sprachdenkens, der nur das beachtet, was für das jeweils diskutierte Problem von Belang ist. Die minimalistische Sicht der Sprache zeigt, wie die am Sprachspiel Beteiligten in die Verständigung von Sprachspielen eingewoben sind. Dies gilt auch für den Leser; auch er fügt sich wie die anderen Menschen mit seinen Handlungen in Sprachspiele ein. Ihm werden von seiner Umgebung bestimmte Aufgaben zugewiesen, die er zu erledigen hat. Sprachspiele sind zwar künstliche, symbolische Schöpfungen, aber sie *verlangen* etwas, was die Spieler *wirklich* zu leisten haben. Sie integrieren diese in eine Welt, die nicht weniger wirklich ist als die anderen Teile der gesellschaftlichen Praxis.

Jeder Leser der *Philosophischen Untersuchungen* weiß, wie das Sprachspiel des Einkaufens funktioniert, aber wenn wir präzise angeben sollen, *wie dies genau* geschieht, wissen wir es nicht zu sagen. Wenn wir uns fragen, welche Instanz es denn ist, die in uns die Verständigung mit anderen Menschen hervorruft, haben wir schon eine Frage gestellt, die uns auf die falsche Spur bringt. Auf diesen Mechanismus des Mißverstehens hat Augustinus in Buch X der *Confessiones* aufmerksam gemacht: Gewiß weiß er, was «die Zeit» ist – aber wenn er es aussprechen soll, kann er es nicht sagen.

Um eine Antwort zu finden, tut er etwas, worin ihm Wittgenstein folgt: er operationalisiert. Augustinus zeigt, wie beim Singen eines Liedes mit jeder zu singenden Strophe ein Zukünftiges in die Gegenwart eintritt und, nachdem sie gesungen ist, zu Vergangenheit wird. Auch über das Verständnis der Sprache hat er eine schlüssige Vorstellung entwickelt. Wittgenstein teilt sie, allerdings nur bis zu einem Punkt, an dem die Gefahr einsetzt, falschen Vorstellungen aufzusitzen.

Im Zitat der Eröffnungssequenz der *Philosophischen Untersuchungen* spricht Augustinus davon, was beim ersten Lernen der Sprache geschieht: Menschen weisen mit Lauten auf etwas hin; sie richten die Aufmerksamkeit einer anderen Person auf diese Dinge – auf Objekte oder Ereignisse –, und sie teilen ihnen deren Bedeutungen mit; sie sagen, wie sie diese verstehen. Sprache ist ein *Geschehen zwischen Menschen.* Es scheint aus rein geistigen Vorgängen zu bestehen, aber es ist zugleich ganz materiell – Laute, Gebärden, Mienen- und Augenspiel, «Bewegungen der Glieder und der Klang der Stimme, die Empfindungen in der Seele anzeigt, wenn diese etwas begehrt, oder festhält, oder zurückweist, oder flieht» (PU § 1).

Man kann dieses Geschehen von zwei Gesichtspunkten aus betrachten. Augustinus nimmt eine Perspektive im Inneren des lernenden Menschen ein. Dieser beobachtet, begreift, entnimmt dem Geschehen die Absichten der Sprecher und lernt «nach und nach verstehen, welche Dinge die Wörter bezeichneten». Aufgrund seiner Wahrnehmung der äußeren Ereignisse konstruiert er sein *eigenes inneres* Geschehen, das jenem Geschehen gleicht, das in den anderen beteiligten Menschen vor sich geht. Wittgenstein nimmt einen anderen Gesichtspunkt als Augustinus ein; er bleibt als Beobachter in der Sphäre der *äußeren* Ereignisse. Auch er beobachtet und zieht Schlüsse; aber er konstruiert kein inneres Geschehen, sondern faßt dieses unter Begriffe zusammen, die zu einer Beobachtungssprache gehören. Gegen die mentalistische Perspektive und Sprache des Augustinus setzt er eine *naturalistische* Betrachtungsweise. Sein Vorgehen ist ihm sicherlich nicht zuletzt von seinen Diskussionen mit Sraffa nahegelegt worden.

Eine solche Sichtweise ist aber nur dann befriedigend, wenn Wittgenstein mit Hilfe seiner Beschreibungen erfassen kann, wie die beteiligten Menschen Bedeutungen bilden und verstehen. Wenn dies möglich ist, gewinnt er mit seiner *naturalistischen* Betrachtungsweise den beträchtlichen Vorteil, daß er auf die unkontrollierbaren Interpretationen[16] der mentalistischen Sprache verzichten kann. Er kann seine Untersuchung dann auf beobachtbare Sachverhalte einschränken, ohne Einbußen an Verständigung hinnehmen zu müssen. Augustinus hebt in der zitierten Stelle mit Recht den intentionalen Aspekt der Sprache hervor. Ein Kind, so meint er, kann erfassen, daß der Sprecher auf etwas hinweist und daß der Hörer ihm dabei folgt; es kann die Perspektive des Sprechers auf die Dinge verstehen und sie übernehmen. Gerade den intentionalen Aspekt der Sprache begreift Wittgenstein in der Phase seines philosophischen Neuanfangs und rekonstruiert ihn mit Hilfe seiner Methode des Operationalisierens.

Mit dem Zitat zu Beginn der *Philosophischen Untersuchungen* gibt Wittgenstein den Hinweis, daß er ebenso wie Augustinus die Sprache als ein Geschehen zwischen Menschen auffaßt. Mit dieser Konzeption umreißt er ein Unternehmen, das viel mehr umfaßt als eine einfache Beschreibung des Funktionierens von Sprache. Es geht ihm darum zu zeigen, wie die Welt aus Handlungen, Dingen und Bedeutungen gebildet wird, wie daraus eine Ordnung für die Menschen in der Welt und in ihrem Inneren entsteht und wie sie, die in diese Welt hineingeboren sind, an dieser beteiligt werden. Insofern die Welt durch neu hinzukommende Menschen weitergebaut, erhalten und verändert wird, geht es letztlich auch darum, wie die kulturelle Welt immer wieder neu hervorgebracht oder erneuert wird. Wie geschieht dies? Wittgensteins Antwort ist: Nicht durch Denken, sondern durch den Erwerb von Fertigkeiten, von Techniken. Sein Entwurf setzt nicht beim voll entwickelten Menschen an, sondern er betrachtet wie Augustinus den Lernprozeß beim ganz kleinen Kind, das noch nichts weiß und wenig kann. Es versteht die Sprache noch nicht, aber es findet in der menschlichen Welt, in der es aufwächst, Lerngelegenheiten, die die Erwachsenen bereitstellen.

3. Lernen, das Gleiche zu tun

Wittgensteins Sprachauffassung beginnt mit der Annahme einer kulturellen Weitergabe und Übernahme von grundlegenden kulturellen Techniken, die auf der untersten Stufe noch ohne verbale Sprache geschehen. Lernen setzt für ihn dann ein, wenn das Kind etwas begreift, was ihm vorher noch nicht zugänglich gewesen ist. Wie das allererste Lernen überhaupt vorgestellt werden kann, soll uns hier noch nicht beschäftigen. Dies ist eine eher theoretische Frage, die man sich erst dann sinnvoll stellen kann, wenn man bereits eine Konzeption des kulturellen Lernens, um das es Wittgenstein in letzter Hinsicht geht, erarbeitet hat; ich werde weiter unten darauf zurückkommen (in 3.5). Nehmen wir als ersten Ausgangspunkt ein gut beobachtbares Beispiel des Erlernens einer motorischen Technik, das schon andere Techniken voraussetzt: das Schwimmenlernen.

Ein Kind, das schwimmen lernt, kann sich nicht gedanklich vorstellen, wie es ist, wenn es schwimmt. Erklärungen und Verhaltensanweisungen von Erwachsenen sind in der Regel nutzlos; sie machen den Lernvorgang nur noch schwieriger. Aber das Kind kann die Technik von einem Lehrer gezeigt bekommen; es orientiert sich dann am körperlichen Verhalten des Vorbilds und versucht, dessen Bewegungen zu reproduzieren. Im Wasser fühlen sich die Bewegungen allerdings anders an als an Land. Ein guter Lehrer stellt sich im Schwimmbecken neben den Schüler, ergreift dessen Hände und führt sie mit festen Bewegungen durchs Wasser. Der Schüler fühlt die Armführung und Handhaltung; er spürt, wie er seine Bewegungen dem Auftrieb anpassen kann, bis er schließlich den Körpereinsatz im Wasser begriffen hat. An der gemeinsamen Situation mit dem Lehrer sind andere Sinne als der Sehsinn beteiligt. So spürt der Schüler auf seiner Haut und mit seinen Muskelgefühlen den Auftrieb und die Wirkungen der Schwimmbewegungen.

Schwimmenlernen beginnt in der ersten Phase mit der Nachahmung anderer; das Verhaltensmodell wird dann aber mit *eigenen* Bewegungen angeeignet und mit Unterstützung des Lehrers vom

Schüler inkorporiert. In der Lernsituation bringt das Kind eine motorische Übereinstimmung mit dem Lehrer zustande. Für den Vorgang des Lernens ist wesentlich, daß er den entscheidenden Lernschritt – das Begreifen, wie die Technik funktioniert – selbst vollziehen muß. Beim Lernen vieler Techniken spielen sensorische und motorische Tätigkeiten eine wichtige Rolle. Oft sind diese von außen gar nicht einsehbar; das Kind muß die Auswahl der nachzuahmenden Verhaltensmerkmale selbst treffen und mit seiner eigenen Tätigkeit verinnerlichen. Ein eindrucksvolles Beispiel für diese Art Nachahmung ist der Prozeß, in dem erste Techniken des Kommunizierens zwischen Mutter und Kind entstehen, wenn das Kind das Lächeln der Mutter mit einer eigenen mimischen Form erwidert, die wiederum von der Mutter nachgeahmt wird.

Wenn das Kind schließlich einige Techniken gelernt hat, ist es in der Lage, Grundmodelle von Sprachspielen zu erwerben. Wittgenstein beschreibt diesen Vorgang wie eine Art öffentliche Aufführung, ähnlich wie das Erlernen eines Ballspiels. In einer gegebenen Spielsituation wird der Schüler dazu gebracht, sich mit bestimmten Handlungen in das Spielgeschehen zu integrieren. Zuerst ist er Zuschauer von anderen Spielern; er kann dann anhand beispielhafter Situationen einen Sinn dafür entwickeln, wie das Spiel funktioniert. Selbst wenn ein Kind noch keinen einzigen Spielzug wirklich versteht, hat es bereits ein allgemeines Wissen darüber, daß es als Beteiligter irgendetwas tun muß, damit das Spiel weitergeht. In dieser Situation muß es sich selbst erschließen, was es zu tun hat. In anderen Spielen, die es zuvor erlernt hat, konnte es schon einige der Handlungsweisen, die hier möglicherweise auszuführen sind, kennenlernen. Im neuen Spiel probiert der Schüler einige der in Frage kommenden Möglichkeiten aus, bis er den richtigen, für die Situation passenden Spielzug gefunden hat. Denken wir an ein Kind, das Völkerball spielen lernt: Es steht auf einer Linie; man sagt ihm, diese sei nicht zu übertreten; eine solche Anweisung kennt es schon aus anderen Spielen. Es erhält den Ball zugeworfen; schon früher hat es gelernt, wie man einen Gegenstand fängt. Es ist ihm bei der Beobachtung des Spiels klargeworden, daß es den Ball mit der

Hand und nicht mit dem Fuß weiterzuspielen hat; es weiß aber nicht, wohin es ihn werfen soll: Zuerst gibt es ihn einem Mitspieler, der neben ihm steht – das ist falsch. Das nächste Mal wirft es den Ball einem Gegenspieler in die Arme – wieder ist es falsch. Schließlich zielt es auf den Rücken eines weglaufenden Spielers der anderen Mannschaft – diesmal ist es richtig: der Schüler hat «getroffen».

Für Lernvorgänge auf der Grundlage schon erworbener Kenntnisse kann Reflexion eine wichtige Rolle spielen. Aus den Beobachtungen und den empfangenen Erläuterungen kann sich das Kind das Spielgeschehen einsichtig machen, die zu erfüllenden Aufgaben erschließen und neue Bewegungsformen durch Modifikation oder Kombination der früher erworbenen generieren. In solchen Fällen können Denkprozesse und Spielerklärungen Erfahrungen ersetzen und Lernwege abkürzen. *Ohne* diese Voraussetzung kann die Reflexion jedoch nicht eingesetzt werden, weil der Spieler erst einmal praktisch erfassen muß, was er zu tun hat.

Bei der Einübung praktischen Verhaltens gehören die erworbenen Regeln zu den «Techniken des Körpers».[17] Bei gedanklichen Aufgaben hingegen scheint sich die Sache ganz anders zu verhalten. Hier gibt es Regeln, die im Denken wirksam zu sein und richtiges Handeln hervorzurufen scheinen. Entwerfen wir in Wittgensteins Art eine imaginäre Szene: Ein Schüler soll dazu gebracht werden, mit Hilfe von Lineal und Bleistift parallele Linien zu ziehen. Der Lehrer hat ihm gezeigt, wie man diese Aufgabe erledigt. Nun soll der Schüler zeigen, daß er die gezeigte Handlung nachvollziehen, *als seine eigene* noch einmal machen kann. Anhand seines Vorgehens wird man beurteilen, ob er begriffen hat, *welches* Handeln er hervorzubringen hat. Gelingt es ihm, wird man dies als Beweis dafür ansehen, daß er die Regel, die im Handeln des Lehrers involviert ist, verstanden hat. Er zieht zunächst eine erste Linie; dann setzt er neu an und führt den Bleistift wieder sorgfältig am Lineal entlang, drückt dieses dabei aber nach unten:

«Ich habe dasselbe gemacht wie du!» – «Nein, deine Linien sind nicht parallel. Die Linien müssen überall denselben Abstand haben. Du mußt überall gleiche Abstände einhalten.» «Aber was heißt das?» Der Lehrer zeigt ihm, wie er zuerst zwei Punkte markiert, die den gleichen Abstand zu der ersten Linie haben, und wie er mit der einen Hand die zweite Linie ziehen kann, während die andere das Lineal so festhält, daß es sich nicht verschiebt. Bei seinen Bemühungen, die gleiche Technik wie der Lehrer hervorzubringen, orientiert sich der Schüler am körperlichen Verhalten seines Vorbilds; er versucht die Bewegungen zu reproduzieren, die er bei diesem wahrnimmt. Mit seinen Händen handhabt er Lineal und Bleistift in gleicher Weise wie der Lehrer; er sieht dabei den parallelen Verlauf der Linien entstehen und bemerkt, während sein Stift dem Lineal folgt, das Gleichwerden seiner Zeichnung mit jener des Lehrers. Dies begreift er aber erst, wenn er wiederholt die gleiche Handlung hervorbringt. Die Einsicht in die Gleichheit des Handelns stellt sich im praktischen Handeln ein und äußert sich in wiederholter Übereinstimmung des Handelns von Schüler und Lehrer; sie ist also noch kein kognitiver Akt.

Irgendwann ist es klar, daß der Schüler verstanden hat, was es heißt, parallele Linien zu ziehen. «Jetzt weiß ich, wie es gemacht wird!» Er hat nach einigem Üben die Regel insofern verstanden, als er nun zu einem regelgemäßen Handeln in der Lage ist. «[...] was wir ‹messen› nennen, ist auch durch eine gewisse Konstanz der Messungsergebnisse bestimmt.» (PU § 242) Man kann freilich nicht sagen, daß er die Regel explizit anwendet – er könnte diese nicht einmal formulieren. Allerdings läßt sein Verhalten erkennen, daß er sein Ergebnis nicht durch reinen Zufall erreicht hat. Er hat die *Technik* gelernt, ein einfaches Muster nachzuzeichnen. «Die Grammatik des Wortes ‹wissen› ist offenbar eng verwandt der Grammatik der Worte ‹können›, ‹imstande sein›. Aber auch eng verwandt der des Wortes ‹verstehen›. (Eine Technik ‹beherrschen›.)» (PU § 150) Der Schüler kann jetzt die einzelnen methodischen Schritte seines technischen Handelns angeben; seine Regelauffassung drückt ein *praktisches* Verstehen aus.

In der Phase des frühen Lernens orientiert sich der Schüler am Handeln des Lehrers und versucht, gleiche Resultate wie dieser hervorzubringen. Wenn er das Prinzip kennengelernt hat, nach dem man gleiche Linien zieht, kann er bei neuen Anwendungen selbständig handeln, ohne weiterer Anweisungen und Korrekturen zu bedürfen. Er hat in einem langsamen Prozeß mit sorgfältigen Lernschritten ein für allemal eine Bewegung (das Ziehen von Linien) und ihren nachahmenden Gebrauch (das Ziehen paralleler Linien) gelernt. Die außerordentliche Bedeutung der Nachahmung anderer Menschen für den Erwerb kognitiver Fähigkeiten wurde von dem französischen Entwicklungspsychologen Henri Wallon vor längerer Zeit erkannt. Er schreibt über das frühe Stadium der Nachahmung beim Kind (*l'imitation vraiment initiatrice*), daß sie keine Kopie eines Modells ist, dessen Bild vor den Augen oder im Geiste vorhanden ist, sondern daß «sie dem Vorstellungsbild (*représentation*) vorhergeht. Sie ist ein Anpassen (*ajustement*) der Gesten an einen Prototyp», der für das Kind zuerst noch keine Gestalt besitzt. Wenn er von diesem erst einmal erfaßt worden ist, kann es ihn überall anwenden, wo die gleichen Voraussetzungen gegeben sind.[18] Einübende Nachahmung ist Teil der körperlichen Praxis des Kindes und fügt dieses in die Ordnung der Welt ein.

4. Die empirische Bedingung gleichen Handelns

In die Tätigkeiten, die wir für wesentlich geistig halten, sind eine Reihe von Fertigkeiten involviert – Operieren mit Zeichen, Schreiben, Sprechen, bestimmte Techniken. Erst wenn das körperliche Verhalten gleiche Resultate hervorbringt, kann es eine Konstanz der Gebrauchsweisen geben. Der Körper muß überhaupt erst für den Erwerb der notwendigen Fertigkeiten fähig gemacht werden. Menschen durchlaufen einen Prozeß, den Wittgenstein als «das Einstellen des Mechanismus» bezeichnet.[19] Erst wenn dieser vollzogen worden ist, sind sie in der Lage, immer wieder die gleichen Handlungen auszuführen und in unzähligen Wiederholungen gleiche Resultate zu erzeugen, ob sie nun kopfrechnen, Gegenstände bezeichnen oder parallele Linien ziehen. Erst dann ist es beispielsweise möglich, Befehle zu befolgen und zwischen dem Erteilen und dem Befolgen eines Befehls eine Relation herzustellen. Auf dem Grund der gleichen Praxis finden wir das konstante Funktionieren des Körpers, das bei allen Mitgliedern einer Gemeinschaft immer wieder vergleichbare Resultate hervorbringt. Die Fundamente dieser Fertigkeiten werden in einem Prozeß gelegt, der bei gleichen Lebensformen eine Gleichheit des Körpergebrauchs herstellt. Entgegen traditionellen anthropologischen Auffassungen ist diese Konstanz des Körpergebrauchs nicht naturgegeben, sondern wird vom Subjekt hervorgebracht. In der gemeinsam geteilten Praxis einer menschlichen Gemeinschaft wird die Grundlage des regelhaften Verhaltens gelegt, das von den anderen Mitgliedern als solches erfaßt werden kann. Von Natur gegeben, ist der Körper kein Naturding, sondern ein Produkt der Kultur einer Gemeinschaft.

Wie beginnt ein menschliches Lebewesen sich nach gesellschaftlichen Regeln zu verhalten? Dies ist eine Frage nach der Beziehung von Natur und Kultur. Für Wittgenstein spielt sie eine außerordentlich wichtige Rolle. Mit diesem Problem hängen seine Überlegungen darüber zusammen, wie man einen Schüler im ersten Lernen überhaupt dazu bringt, einer Regel gemäß zu handeln. Bisher habe ich mit Wittgenstein den Erwerb von Fertigkeiten oder Techniken betrachtet. Ausgeklammert wurde die Frage, welches die Bedingung der Möglichkeit von regelhaftem Verhalten ist. Aus dem Denken kann diese Voraussetzung nicht hergeleitet werden: Jeder geistige Akt ist selbst schon eine regelgeleitete Tätigkeit, setzt also das zu Erwerbende bereits voraus. Es ist nicht die Vernunft, die die Grundlagen vernünftigen Handelns hervorbringt. Aus der Empirie werden wir auch keine Antwort erhalten, denn jedes menschliche Wesen lebt in einem wenigstens minimal geregelten sozialen Kontext, auf den es mit einem wenigstens minimal geregelten Verhalten reagiert (Essen, Bewegungen, Wahrnehmungen etc.).

Wenn man die Frage überhaupt beantworten will, sollte man sich über ihren Status klar werden. Sie kann nicht darauf zielen, daß man ein *erstes* intelligentes Prinzip oder einen *ersten* Akt des Regelfolgens angibt. Aber man kann einen sozialen Mechanismus finden, mit dem das Kind in die Menschenwelt eingeübt wird. Es ist das Vorgehen, das Menschen immer verwenden, wenn sie etwas, was der Natur angehört, zu einem Teil der Kultur machen. Ein Baum wird gerichtet, ein Tier wird dressiert. Wenn wir diese Ausdrücke «Richten», «Dressur» auf den Menschen übertragen, klingt dies zuerst menschenverachtend. Das ist sicher ein berechtigter Eindruck, wenn es sich um einen schon geformten Menschen handelt. Bei einem Baum oder einem Hund mag ein ähnlicher Effekt entstehen; aber dann aus einem anderen Grund: Richten und Dressieren entfernt den Baum und das Tier von ihrer natürlichen Bestimmung, nämlich sich aufgrund eigener biologischer Bedingungen zu entwickeln. Bei einem neugeborenen Kind ist dies anders; es muß erst in die Kultur seiner menschlichen Gemeinschaft eingeführt werden. Das Mittel dieser Initiation sind Handlungen; bei einem Kind, das schon gewisse primitive Fertigkeiten besitzt, geschieht dies durch Nachahmung anderer Menschen. Ein Kind freilich, das überhaupt noch nicht nachahmen kann, wird von seiner Umgebung auf alle erdenkliche Weise dazu gebracht, etwas zu tun, was andere Menschen tun. Wittgenstein nennt diesen Vorgang mit einem etwas schockierenden Ausdruck «Abrichten» (PU § 5). Trotz des mißlichen Beiklangs ist der menschliche Fall jedoch nicht mit dem Dressieren eines Tieres zu vergleichen: Das Kind wird seiner Bestimmung zugeführt, Teil der menschlichen Kultur zu sein. Es handelt sich ja nicht um ein Konditionieren wie bei Tieren – Tiere werden schließlich nicht von Tieren dressiert. Es geht Wittgenstein um das Einführen des Kindes in die Lebensform, in die es gehört und in der es überlebensfähig ist.[20] Seine Wortwahl macht darauf aufmerksam, daß die Einführung des Kindes in Kultur nicht auf dessen Einsicht oder Wahl beruht, sondern auf willkürlichen Akten seiner Umgebung.

«Abrichten» von Menschen setzt bei «primitiven Reaktionen»[21] an, die für diese typisch sind. Es geht darum, jemanden dazu zu bringen, bestimmte Akte zu vollziehen, die dieser grundsätzlich noch nicht einsehen kann: um ein Hervorbringen *des ersten regelhaften Verhaltens bei totaler Unkenntnis von Regelhaftigkeit.* Allerdings geschieht dies bei Lebewesen, die schon in einer menschlichen Kultur leben und die Eigenschaft besitzen, weitgehend durch diese Kultur formbar zu sein und sich selbst zu formen. Im Unterschied zu Tieren müssen Menschen, insofern sie kaum über genetisch angelegte und dann auch nur minimale Verhaltensprogramme verfügen, ihr Verhalten weitgehend selbst konstruieren. Für das kleine Kind gibt es keine Brücke welcher Art auch immer, um die ersten und einfachsten Gesten zu erfassen, zu begreifen und zu lernen. Es muß auf irgendeine Weise dazu gebracht werden, eine zeigende, auffordernde, abweisende, verbietende Geste zu verstehen, d. h. sein eigenes Verhalten so darauf einzustellen, daß es die verlangten Reaktionen hervorbringt. In diesem Sinn schreibt Wittgenstein: «Befehlen, fragen, erzählen, plauschen gehören zu unserer Naturgeschichte so wie gehen, essen, trinken, spielen.» (PU § 25)

Unter dem Gesichtspunkt der von Wittgenstein angedeuteten menschlichen «Naturgeschichte» muß das neugeborene Kind fast alle Eigenschaften des regelhaft verwendeten physischen Körpers, die man bei älteren Kindern und Erwachsenen vorfindet, im Laufe seiner ersten Lebensjahre, angeleitet von anderen Menschen, erwerben; dazu gehören die elementaren «Techniken des Körpers» (M. Mauss 1973), wie stehen, sitzen, gehen, sowie mimische und gestische Reaktionen. Wenn es die wesentliche Aufgabe des Menschen ist, sich selbst zu gestalten, besteht der erste Schritt darin, daß das kleine Kind seinem von der Natur gegebenen Körper entsprechend den Regeln der Gesellschaft eine Form gibt, die sich beispielsweise in kontrollierten, nachahmenden und der Umwelt angepaßten Bewegungen äußert und sich dem Verhalten anderer Menschen angleicht.[22] Die Gemeinschaft bringt ihrerseits mit ihren

Beiträgen zur Formung des Kindes zum Ausdruck, daß es zu ihr gehört; dies nicht nur biologisch verstanden, sondern im Sinne einer fundamentalen Zugehörigkeit, die sich in der Anerkennung von «Familienähnlichkeit» ausdrückt.

Wittgenstein hat diesen Begriff in einem etwas anderen argumentativen Zusammenhang eingeführt. Im Kontext unserer Diskussion verwendet, weist er darauf hin, daß Ähnlichkeit nicht naturgegeben ist, sondern vom Kind und seiner Umgebung hervorgebracht wird. Das Kind erwirbt wahrnehmbare Eigenschaften, die als gemeinsame Merkmale von Mitgliedern seiner Gemeinschaft gelten: «Wir sehen ein kompliziertes Netz von Ähnlichkeiten, die einander übergreifen und kreuzen. Ähnlichkeiten im Großen und Kleinen.» (PU § 66)

Mit dem Konzept der Familienähnlichkeit entwirft Wittgenstein eine Strategie der Erzeugung und Erfassung von Zugehörigkeit aufgrund von Ähnlichkeit. Wie genau er damit die Besonderheit des Menschen im Vergleich zu Tieren getroffen hat, zeigt die Bemerkung des Entwicklungspsychologen Michael Tomasello, daß «Menschen sich mit ihren Artgenossen tiefer ‹identifizieren› als andere Primaten. Diese Identifikation hat nichts Mysteriöses an sich, sondern ist einfach derjenige Vorgang, durch den das Kind versteht, daß andere Personen im Gegensatz zu unbelebten Gegenständen ihm ähnliche Wesen sind. Deshalb versucht es manchmal, die Dinge aus der Perspektive der anderen zu sehen.» (M. Tomasello 2002, S. 24)

Zugehörigkeit zu einer menschlichen Gruppe entsteht nicht aus dem Besitz von Wesenskennzeichen, sondern wird auf biologischen Grundlagen sowohl von den Eltern als auch von den Kindern im sozialen Gebrauch hergestellt. Aufgrund von Familienähnlichkeit mit anderen Menschen wird das kleine Kind in die Gebrauchs- und Wahrnehmungsweisen einer Gemeinschaft integriert und von ihr als Mitglied behandelt. «Wir sagen nur vom Menschen, und was ihm ähnlich ist, es denke.» (PU § 360) So besitzen Neugeborene wie alle Menschen, im Unterschied zu allen anderen Lebewesen, ein menschliches Gesicht, eine Stimme, ein Händepaar; sie können blicken, hören, greifen. Der Austausch zwischen Eltern und Kind in dessen ersten Lebensmonaten kann als eine immer wiederkehrende Thematisierung der Familienähnlichkeit aufgefaßt werden, als ein Streben nach Übereinstimmung von beiden Seiten. Kennzeichnend für dieses Stadium ist die gegenseitige Nachahmung bei der Sprachproduktion. Die Tatsache, daß Menschen ihre Familienähnlichkeit untereinander erkennen und sie beim Lernen und Lehren von Verhalten einsetzen, zeigt eine tiefgreifende Verschränkung von Natur und Kultur. Hätte der menschliche Körper eine grundsätzlich andere Beschaffenheit, wäre er beispielsweise immateriell oder würde er ständig neue Gestalten annehmen, könnten die spezifisch menschlichen Regelhaftigkeiten nicht hervorgebracht werden.

5. Der Umgangskörper

Familienähnlichkeit wird erkennbar, wenn Menschen sich körperlich verhalten, wenn sie beispielsweise auf andere Menschen reagieren, wenn sie gestikulieren, blicken, lächeln. Ein Neugeborenes exploriert die Regelhaftigkeit seiner Umgebung, die selbst geordnet und nach Zeitrhythmen gegliedert ist. Wenn es damit beginnt, sein Verhalten hervorzubringen, befindet es sich bereits in der Ordnung einer Welt, die es in seinem eigenen Verhalten nachbildet, fortsetzt und modifiziert. Natürliche und menschliche Strukturen überlagern einander. Im Zusammenspiel von Körperbau, Symbolgebrauch und menschlicher Umgebung des Kindes findet man «systematische Beziehungen zwischen unterschiedlichen Phänomenen», die einander ähnlich sind, aber keine «substantiellen Identitäten» aufweisen (C. Geertz 1992, S. 69). Es ist ein Spiel von aktivem Verhalten des Kindes einerseits, das auf Angebote und Anforderungen seiner Umgebung antwortet, und von kontrollierendem Eingreifen der Umgebung andererseits. Kontrolle ist ein wichtiges Merkmal von Kultur; darauf weist Clifford Geertz hin.[23] Im Sinne Wittgensteins können wir hinzufügen: Sie ist ein Merkmal von Lebensformen. Anders als die Tiere ist der Mensch auf «extragenetische, äußerliche Kontrollmechanismen» angewiesen. Mit Hilfe dieser Mechanismen wird «die ganze Bandbreite und Unbestimmtheit seiner angeborenen Vermögen auf das eng begrenzte und hochspezifische Repertoire seiner tatsächlichen Leistung reduziert» (C. Geertz 1992, S. 70).

Wittgenstein bezieht Verhaltenskontrolle im wesentlichen auf die Fähigkeit der Regelbeherrschung. Eine Reihe von Reaktionsweisen werden dem Kind durch Training beigebracht; aber die meisten seiner Haltungen gegenüber der umgebenden materiellen und sozialen Welt bildet es in *eigenen* Aktivitäten aus, so daß es neuartige Situationen eigenständig bewältigen kann. Wittgensteins Konzeption des frühen Lernens beruht auf einem bahnbrechenden Gedanken: Die ersten Ordnungen und Regeln von Verhalten und Denken können nicht gelehrt werden; aber das Kind erwirbt sie im Kontakt mit der geregelten sozialen Welt, sobald es begriffen hat, wie die Regel wirkt. Lernen ohne Lehrinhalte und ohne vorherige Einsicht in die Regeln ist eine andere Vorstellung, als man sie aus den kognitiven Theorien des Lernens und der Sozialisation kennt. Wittgenstein beschreibt auch kein *learning by doing* – in seinen Beispielen gibt es Lehrer und Resultate, die der Schüler erreichen soll. Das Kind wird dazu gebracht, in eigener Tätigkeit adäquate Verhaltensweisen zu erzeugen und diese in zukünftigen Situationen als *Standard*gebräuche einzusetzen. Es erzeugt ohne explizites Lernen in seinem Tun bestimmte Gebräuche, die in seiner Umgebung üblich sind und die alle Mitglieder seiner Gemeinschaft beherrschen.[24] Wittgenstein formuliert diesen Gedanken in einer Reflexion über gestisches Sprechen: «Die Gebärdensprache ist eine *Sprache* und wir haben sie nicht – im gewöhnlichen Sinne – gelernt. Das heißt: sie wurde uns nicht […] geflissentlich gelehrt. Und doch haben wir sie gelernt.»[25] Aus der Vertrautheit mit der Welt bildet das Kind im *eigenen* Gebrauch die Strukturen heraus, die es zum Begreifen, Ordnen, Darstellen und zum gemeinsamen Handeln fähig machen.

Wie dies geschieht, wird von Wittgenstein nur angedeutet; er gibt aber eine Fülle von Hinweisen, aus denen folgende Deutungshypothese gebildet werden kann: Zusammen mit seinem regelhaften Verhalten und seinen Sprachgebräuchen formt das Kind in seiner Auseinandersetzung mit den anderen Menschen und der Welt einen *Umgangskörper*. Ebenso wie die Umgangssprache entsteht dieser in gemeinsamen Handlungen mit der Umgebung des Subjekts und ermöglicht eine grundlegende Übereinstimmung mit der Sprachgemeinschaft. Er bildet die Basis gegenseitiger Verständlichkeit; er ist geregelt, berechenbar und vernünftig im Sinne der Gesellschaft. In unzähligen Akten wird der Körper in die Gebräuche der Welt eingepaßt; er wird fähig gemacht, auf die verschiedenartigen Anforderungen zu antworten. Seine Artikuliertheit wird so weit ausgebildet, daß sie der Differenziertheit der in unserem Leben eintretenden Handlungssituationen entspricht.

Ist denn die Bedeutung wirklich nur Gebrauch des Worts? Ist sie nicht die Art, wie dieser Gebrauch in das Leben eingreift? «Aber ist denn sein Gebrauch nicht Teil unseres Lebens?!» (PG, S. 65)

Mit dem Ausdruck *Umgangskörper* spiele ich auf Wittgensteins Redeweise an, beim Lernen der Sprache werde der «Mechanismus» des Kindes auf das Sprachspiel «eingestellt». Im heutigen Technikjargon würde man diesen Vorgang als ein «Tuning» bezeichnen. Möglich ist ein solches Einstellen, weil der kindliche «Mechanismus» bereits bestimmte Vorformen von Sprachspiel-Ordnungen entwickelt hat. Ein Mensch, der nicht die geringste Regelmäßigkeit besäße, könnte nicht «eingestellt» werden. Aufgrund ihrer weltoffenen Körperlichkeit befinden sich Kinder in einem Raum der Möglichkeiten. Die grundlegenden Ordnungen der Welt sind zum einen im Körper des Kindes vorgeprägt; zum anderen lebt dieses in der Ordnung einer Welt, die seine Praxis strukturiert.[26] Beide Ordnungen befinden sich gewöhnlich in Übereinstimmung: Das Kind bewegt sich schon in die Richtungen seiner Körperachsen (links – rechts; vorn – hinten; oben – unten), es sieht schon die Farbigkeit der Welt, es ergreift die Dinge, deren Bezeichnungen ihm gesagt werden. Im Kind, das bereits in einer geordneten Welt lebt und dessen Körper darauf eingerichtet wird, Ordnungen zu erzeugen, sind strukturelle Möglichkeiten für viele Situationen vorbereitet, die in den Sprachspielen vorkommen können. Als «das *noch nicht festgestellte Thier*» (F. Nietzsche 1988 d, S. 81) wird es auf die spezifischen Strukturen seiner Lebenswelt eingestellt. Das Kind wird auf *eine kleine Anzahl* der vielen ihm prinzipiell zur Verfügung stehenden Möglichkeiten festgelegt, ähnlich, wie ein Mechanismus in bestimmten Stellungen arretiert wird.

Was hat der Ausdruck der Regel – sagen wir, der Wegweiser – mit meinen Handlungen zu tun? Was für eine Verbindung besteht da? – Nun, etwa diese: ich bin zu einem bestimmten Reagieren auf dieses Zeichen abgerichtet worden, und so reagiere ich nun. – Aber damit hast du nur einen kausalen Zusammenhang angegeben, nur erklärt, wie es dazu kam, daß wir uns jetzt nach dem Wegweiser richten; nicht, worin dieses Dem-Zeichen-Folgen eigentlich besteht. – Nein; ich habe auch noch angedeutet, daß sich Einer nur insofern nach einem Wegweiser richtet, als es einen ständigen Gebrauch, eine Gepflogenheit gibt.
(PU § 198)

Der Raum der Möglichkeiten wird auf den distinkten Raum des Gebrauchs im Sprachspiel beschränkt. Auf diese Weise wird das Kind körperlich darauf vorbereitet, genau jenes initiale praktische Wissen zu erzeugen, das es ihm ermöglicht, in seiner Lebenswelt handlungsfähig zu sein. Es wird dazu gebracht und bringt sich selbst dazu, *diese bestimmten* Arretierungen festzuhalten und in seinem eigenen Verhalten zu reproduzieren.

Wenn dies geleistet ist, kann das Sprachspiel der hinweisenden Erklärung beginnen, das Wittgenstein als grundlegend für das Sprechen ansieht. Jetzt kann das Kind auf jeweils einen Aspekt eines Dings, einer Handlung, einer Situation gelenkt werden, so daß es dessen Rolle im Sprachspiel erfaßt. Sein Verhalten wird in die Form eines bestimmten Spiels gebracht und an der «Art, wie wir die Dinge sehen»,[27] beteiligt. Menschen werden dadurch in Sprachspielen situiert, daß sie unter Beteiligung ihrer Umgebung ein grundlegendes praktisches Verständnis des Umgangs mit Dingen, Farben, Zahlwörtern, indexikalischen Ausdrücken, Befehlen ausbilden und dieses als eine Technik beherrschen. Der Umgangskörper wird so eingestellt, daß er nur diejenigen seiner Möglichkeiten anwendet, die vom jeweiligen Sprachspiel verlangt werden.

Im Lernprozeß wird der Körper in strukturelle Übereinstimmung mit der regelhaften Welt der Menschen gebracht. Man kann diesen Vorgang mit einem bildlichen Vergleich so beschreiben, daß der Praxis, also dem Verhalten des Körpers, seinen absichtsvollen Handlungen, Reaktionen, Gesten und Gebärden, eine – imaginäre – Folie unterlegt ist, auf der die von der Sprachgemeinschaft geforderten Regeln eingetragen sind. Die strukturelle Übereinstimmung des Körpers mit den Regeln und Anforderungen des Gebrauchs bildet eine wesentliche Quelle von Sprache. In diesem Zusammenspiel erhält der Körper, insofern er auf ein symbolisches Referenzsystem bezogen wird, *sprachmäßige* Züge.

Wenn das Kind seine Körpertechniken ausbildet, macht es den Körper selbst zu einem technischen Ding: Der Umgangskörper ist das erste technische Artefakt des Menschen; er ist die kulturelle Bedingung der Möglichkeit für den Gebrauch von Techniken und den instrumentellen Umgang mit der Welt.[28] Mit seiner Hilfe beginnt das Kind Geräte zu verwenden und sich in einen komplexen Zusammenhang einzufügen: Werkzeug, Situation und Technik bilden ein strukturelles Ganzes. Kleine Kinder, die den Gebrauch des Löffels gelernt haben,[29] stellen eine bestimmte Verhaltensstruktur des Essens her und passen sich selbst in diese ein. Alle drei Instanzen – Löffel, Situation und Technik des Essens – sind in einer gemeinsamen intentionalen Struktur miteinander verbunden. Sobald man die Grundstruktur des jeweiligen Spiels erkannt hat, kann man die einzelnen Instanzen, den instrumentellen Gebrauch und die Handlungsabsicht erschließen. Auf diese Weise bildet das Kind in seinem Verhalten eine Ordnung heraus, die es mit anderen Menschen teilt – eine *Logik der Praxis* (P. Bourdieu 1979).

Mit seinen Beispielen erfundener Ethnologie demonstriert Wittgenstein, daß die Verständlichkeit des Körpers in einem bedeutenden Ausmaß von kulturellen Voraussetzungen abhängt. Gebrauch ist eine Angelegenheit von Bräuchen, die eine eigene, nicht auf formallogische Gesetze zurückzuführende Systematik haben.[30] In dieser Hinsicht verhält es sich mit dem Körper nicht anders als mit der Umgangssprache. Zwischen beiden gibt es eine enge Beziehung: Die Umgangssprache mit ihren gewöhnlichen Ausdrücken und Praktiken ist im Umgangskörper mit seinen alltäglichen Gebräuchen fundiert, der wiederum in die Praxis seiner Gemeinschaft eingebunden ist. Der Umgangskörper ist der Sitz des *sensus communis*, insofern er bei allen Mitgliedern einer Gemeinschaft gleichartige Verhaltensweisen und Empfindungen hervorruft. «Die Sprache muß als ganze Institution genommen und betrachtet werden.»[31] Mit Émile Durkheim könnte man sagen: Die Sprache ist ein *fait social total*.

Ebenso wie der Körper entsteht die Praxis in gemeinschaftlicher Tätigkeit; sie ist nicht Sache eines isolierten Subjekts. Eine ‹minimalistische Anthropologie› im Sinne Sraffas beschreibt das, was die Mitglieder einer Gesellschaft gewöhnlich tun, beispielsweise an einer Haltestelle warten, sich auf den Weg zur Arbeit machen, einen Feiertag begehen, Verabredungen einhalten, die Uhrzeit ablesen. Dies alles sind Praktiken, deren korrekte Ausübung sich nicht durch Nachdenken überprüfen läßt, sondern nur durch Vergleiche und Nachahmungen anderer Praktiken in der uns umgebenden Gemeinschaft.[32]

Gewiß ist es möglich, sich bei allen diesen Tätigkeiten zu irren, aber solange unser Verhalten von den anderen akzeptiert wird und reibungslos verläuft, nehmen wir stillschweigend seine Korrektheit an. Auch die Richtigkeit von Benennungen prüfen wir am Sprachverhalten oder an der Zustimmung von anderen. Wenn die Kontrolle immer wieder Bestätigung hervorbringt, werde ich in dreifacher Hinsicht sicher: im praktischen Umgang mit Dingen und Menschen, in der Sprachverwendung und in meinem Denken. «Zur Verständigung durch die Sprache gehört nicht nur eine Übereinstimmung in den Definitionen, sondern (so seltsam dies klingen mag) eine Übereinstimmung in den Urteilen.» (PU § 242) Wenn ich mit den anderen übereinstimme, nehme ich mich als ein *normales* Wesen wahr – ich gehöre selbst zum üblichen Umgang mit der Welt. Im Konzept der Normalität ist enthalten, daß ich die an mein Sprechen, Verhalten und Denken gerichteten *normativen Anforderungen* erfülle.

Im Zusammenspiel von Umgangssprache und Umgangskörper werden Instrumente und Kriterien gebildet, mit deren Hilfe wir

Gleichheit und Konformität mit den Regeln herstellen. Die fundamentale Übereinstimmung, die Wittgenstein an den Anfang allen Sprechens und Denkens setzt, wird sehr früh im Leben des Menschen gebildet. Sie dient ihm als Maßstab der Gleichheit, an dem er sein Verhalten orientiert; dieser ist in seinen Körper eingeformt und läßt sich nicht aus diesem herauslösen. Der Umgangskörper ist nicht einfach nur ein Hilfsmittel oder Instrument zur Erzeugung von Gleichheit, sondern spielt eine viel wichtigere, eine unersetzbare Rolle. Er bringt grundlegende Techniken hervor und bewahrt diese auf; sie ermöglichen nicht nur ein materielles Eingreifen in die Welt, sondern auch ihre sprachliche Strukturierung. Selbst der primitivste Gebrauch der Welt und der Sprache setzt technische Fähigkeiten und eine Organisation der Tätigkeiten voraus, die gewöhnlich unerkannt bleiben.

6. Gesten, Grammatik, Praxis

Was hat Sraffas Geste in Wittgensteins Denken bewirkt? Als erstes eine bildliche Betrachtungsweise des Körpers. Die gestische Verwendung des Körpers besitzt den Modus der Bildlichkeit, der anders ist als jener der *Tractatus*-Bilder, aber ebenfalls einen zeigenden Charakter hat. Zeigen geschieht nicht durch die Bilder der Sprache, sondern durch die gestischen Bewegungen in den Sprachgebräuchen. Mit den Gesten halten wir Körperbewegungen als bestimmte geformte Weisen eines Körpergebrauchs fest, die wiedererkannt und wiederholt werden können. Gestische Bildlichkeit ist, im Unterschied zu rein motorischen Schemata, im Rahmen eines Sprachspiels situiert und bezieht sich auf eine ‹unterlegte Folie›, auf der ihre Regeln eingetragen sind. Sie befindet sich in einem intentionalen, von der Sprache organisierten Kontext, der eine andere Logik als der Bereich des Sinnlichen hat.

Gesten kann man erst erwerben und verwenden, wenn man einen Umgangskörper herausgebildet hat. Obwohl sie im weiteren Sinn zur Sprache gehören, setzen sie voraus, daß man die üblichen standardisierten Körpertechniken beherrscht. Im Gebrauch bildet das Subjekt einen Körper heraus, zu dem wesentlich seine materielle Beschaffenheit, seine Konditionierbarkeit, Empfindungsfähigkeit und sein Bewegungskönnen gehören. Wie der von Natur gegebene Körper ursprünglich beschaffen ist, läßt sich schon im ersten Stadium der menschlichen Entwicklung nicht erkennen. Er ist hier schon ein in der Rückschau auf die natürlichen Wurzeln des Menschen gebildetes Konstrukt, das keinen Ausgangspunkt der Entwicklung im Sinne eines Nullpunkts darstellt. Wenn man von einer Gemeinsamkeit der Körper spricht, bezieht man sich auf den im Gebrauch entstandenen Umgangskörper. Die Gemeinsamkeit zeigt sich auch darin, daß der kulturell geschaffene Körper sich über seine materiellen Grenzen hinausdehnt: Mit dem Willen, den Intentionen, Wünschen, Antizipationen, Erinnerungen und mit der Kommunikation reicht er weit über sich hinaus; das Ausgreifen in seine Umgebung hinein gehört zum normalen Umgang der handelnden Person mit anderen Menschen und physischen Objekten.

Im Gebrauch erhält eine Geste, wenn sie in eine zwischen den Teilnehmern hergestellte intentionale Struktur eingepaßt ist, allgemeine Verständlichkeit. Sie selbst ist nicht fähig, die für ihr Verständnis notwendigen Bedingungen selbst zu erzeugen. Ihre Bedeutung bleibt immer an eine gegebene Situation gebunden, insofern sie aus der Geregeltheit der sprachlosen sozialen Praxis hervorgeht. Sie entsteht aus der Praxis, beruht auf der anderen Seite aber auch zu einem gewissen Anteil auf spezifischen *gestuellen* Regelungen, die über die praktische Rationalität hinausgehen.

Man kann sich dieses Verhältnis wie folgt vorstellen: Die Gestensprache nimmt Bezug auf die Praktiken mit ihren sinnlichen Anteilen und erzeugt ihre eigenen Regeln, die nur für Gesten, nicht aber für praktische Vollzüge gelten. Auf einer ‹unterlegten Folie› sind jene Regeln eingetragen, die nur für Gesten gelten und sich von den Regeln der Arbeitshandlungen unterscheiden – künstliche, erfundene Regeln, die für den physischen Vollzug von Handlungen belanglos sind.[33] Stellen wir uns vor, zwei Männer ziehen mit einem Flaschenzug einen schweren Gegenstand hoch. Ihre Zugbewegungen geschehen regelhaft, so daß sie das Gerät sachgemäß und effizient bedienen. Wenn der eine Arbeiter nach einer

Arbeitspause dem anderen mit einer Geste des Ziehens den Einsatz für die gemeinsame Anstrengung gibt, nimmt er Bezug auf das gemeinsame praktische Handeln und deutet etwa mit der Intensität seiner symbolischen Bewegung die Kraft und Schnelligkeit an, mit der er arbeiten will. Trotz großer Ähnlichkeit der Geste mit der Arbeitsbewegung verwirklicht sie ganz andere Regeln als diese. Sie zielt darauf, verstanden zu werden; beim Ziehen kommt es hingegen auf den Einsatz physischer Kraft an. Während die Regeln der Praxis im Arbeitsvollzug selbst involviert sind, gibt es für die Regeln der Gesten ein eigenes ‹Verzeichnis›.

Wenn ein Sprecher beginnt, seinem Handeln eine solche Folie zu unterlegen und darauf Regeln von Gesten einzutragen, vollzieht er einen qualitativen Sprung von der Geregeltheit der Praxis zum Regelsystem der Gesten. Während die Regeln des praktischen Handelns aus den Anforderungen der Aufgabe hervorgehen, lösen sich die Regeln der Gesten von den Zwängen der Praxis. Ebenso wie sprachliche Ausdrücke können Gesten aus einer Gebrauchssituation herausgetrennt und in andere Kontexte versetzt werden. In einer Bemerkung aus Teil II der *Philosophischen Untersuchungen* beschreibt Wittgenstein einen solchen Fall:

> Wenn aber jemand beim Vorstellen oder statt des Vorstellens zeichnete; wenn auch nur mit dem Finger in der Luft. (Man könnte das ‹motorische Vorstellung› nennen.) Da könnte man fragen ‹Wen stellt das vor?› Und seine Antwort entschiede. – Es ist ganz so, als hätte er eine Beschreibung in Worten gegeben, und diese kann eben auch *statt* der Vorstellung stehen.
> (PU II, S. 488)

Zwischen den Regeln von Gesten und denen der verbalen Sprache gibt es allerdings einen bedeutenden Unterschied: Gesten verbrauchen gleichsam die gegebene Situation, um Bedeutungen zu bilden. Anders als Wörter lassen sich Gesten nicht von der gegebenen Situation ablösen. Sie sind nicht fähig, durch ihren Gebrauch neue Situationen zu erzeugen. Anders hingegen die verbale Sprache: Mit ihrer Hilfe kann man ein *neues Thema* angeben, das eine gegebene

Situation in eine andere verwandelt. Jemand kann in einer Diskussion unvermittelt sagen: «Laßt uns statt von Politik darüber reden, was wir heute essen wollen!» Das Thema ist mit einem Schlag gewechselt worden, eine ganz neue Situation ist entstanden.[34] Der Sprecher hat der Situation eine «Grammatik» unterlegt, die den Einsatz anderer Regeln erfordert als die Situation, die zuvor bestand.

Grammatikregeln lassen sich weder begründen noch rechtfertigen. Sie besitzen keine Ähnlichkeit mit Handlungen und nehmen keine sinnlichen Elemente der Praxis auf. «Die Grammatik ist keiner Wirklichkeit Rechenschaft schuldig. Die grammatischen Regeln bestimmen erst die Bedeutung (konstituieren sie) und sind darum keiner Bedeutung verantwortlich und insofern willkürlich.» (PG, S. 184) Der ungeheure Vorteil der verbalen Sprache gegenüber der Geste besteht darin, daß sie gleichsam Wortführerin gegenüber anderen Regelsystemen ist. Grammatikregeln sind nicht wie eine Folie der Praxis unterspannt, sondern existieren unabhängig von dieser. Sie sind fähig, eigene Gebräuche und damit neue Bedeutungen aus sich selbst heraus zu erzeugen.[35] Daher können sie auch andere als konkrete Situationen bilden und beispielsweise fiktive Welten hervorbringen.

Wittgenstein versteht «Grammatik» weiter als im üblichen Sinn. Nach seiner Deutung gibt sie nicht nur Regeln der Sprache an, sondern bezieht auch eine Fülle von Anforderungen mit ein, die der Sprecher bei seinem Sprachgebrauch zu erfüllen hat. Daher können Grammatikregeln das Verhalten von Sprechern steuern; dies gilt insbesondere für jene sprachlichen Ausdrücke, die sich auf das *eigene* Verhalten des Sprechers beziehen. Wenn jemand beispielsweise lernt, was es heißt, einen Willen zu haben, erwirbt er eine umfangreiche grammatische Struktur. Zu dieser gehören die Anforderungen, die sein Verhalten aufgrund der Tatsache zu erfüllen hat, daß ihm ein bestimmter Wille zugesprochen wird. Wittgenstein demonstriert diesen Gedanken am Beispiel der Grammatik von sog. mentalistischen Ausdrücken wie «erwarten», «meinen», «beabsichtigen», «verstehen», «aufmerksam sein» und schließlich auch «denken». In der Grammatik dieser Ausdrücke

sind materielle und immaterielle Bestandteile unauflöslich miteinander verbunden:

> Denken ist kein unkörperlicher Vorgang, der dem Reden Leben und
> Sinn leiht, und den man vom Reden ablösen könnte, gleichsam wie
> der Böse den Schatten Schlemihls vom Boden abnimmt. – Aber wie:
> ‹Kein unkörperlicher Vorgang?› Kenne ich also unkörperliche Vor-
> gänge, das Denken aber ist nicht einer von ihnen? Nein; das Wort
> ‹unkörperlicher Vorgang› nahm ich mir zu Hilfe, in meiner Verle-
> genheit, da ich die Bedeutung des Wortes ‹denken› auf primitive
> Weise erklären wollte.
> (PU § 339)

4. INTENTION UND PERSPEKTIVEN DES SPRACHSPIELS

Es sind immer Spiele worauf ihr Geist aus ist in den Künsten, im Laboratorium wie auf dem Fußballplatz.[1]

Zu Beginn der dreißiger Jahre experimentiert Wittgenstein unermüdlich mit seinen Gedanken und seinem Schreiben. Schon sehr früh hat er viele seiner wichtigsten Überlegungen formuliert. Aber sie passen nicht recht zusammen; ihnen fehlt ein verbindender Gedanke und eine ästhetische Darstellungsform. Wittgenstein ist zwar ein glänzender Formulierer, aber seine eigentliche Stärke liegt im Weglassen, im Ungesagten des Textes, im Andeuten der Tiefe seiner Gedanken. Der *Tractatus* besticht nur scheinbar durch Systematik – in Wahrheit gibt die Dezimalnotation eine strikte Ordnung nur vor; das darin ausgedrückte Denken besitzt eine solche Ordnung gar nicht. In seinen Aufzeichnungen schreibt Wittgenstein seine ästhetische Vorstellung in verschlüsselter Form nieder: «Mein Ideal ist eine gewisse Kühle. Ein Tempel, der Leidenschaften als Umgebung dient, ohne in sie hineinzureden.»[2]

Aus vielen einzelnen Formulierungen der dreißiger Jahre spricht eine ähnliche Intensität, aber es gelingt Wittgenstein lange Zeit nicht, für die Emotionalität seines Denkens eine angemessene Form zu finden. Im *Big Typescript* hatte er die Absicht, seinem Denken eine Systematik zu geben; er wollte damit etwas tun, was seinem Denkstil zuwiderlief. In einigen Momenten seines Schreibens hatte er schon früher die Selbstfesselung aufgegeben und seinen Gedanken freien Lauf gelassen, in den Bemerkungen zu Frazers «Golden Bough», im Vortrag über Ethik, in den Tagebüchern. An diesen Texten läßt sich erkennen, daß sich sein Schreiben entfaltet, wenn er seinem Denken eine szenische Form gibt, wenn er seine Gedanken auf mehrere Stimmen verteilt und wenn er in Gleichnissen spricht.

Diese Form des Schreibens bedeutet, daß er kein abschließendes Resultat seines Denkens ausspricht, sondern offenläßt, was er damit erreicht hat. Hier entstehen wieder die Leerstellen, ein Nicht-Sagen, das in der Schwebe hält, ob er überhaupt zu einem Ergebnis gekommen ist. Er läßt den Leser mit seinen Fragen allein; aber nicht weil er ein besseres Resultat zu haben meint, sondern weil das Denken hier nicht weiter reicht und *diese* Tatsache zu akzeptieren ist. Ein Beispiel:

> Wie würden wir denn jemandem erklären, was ein Spiel ist? Ich glaube, wir werden ihm *Spiele* beschreiben, und wir könnten der Beschreibung hinzufügen: «das, *und Ähnliches,* nennt man ‹Spiele›». Und wissen wir selbst denn mehr? Können wir etwa nur dem Anderen nicht genau sagen, was ein Spiel ist? – Aber das ist nicht Unwissenheit. Wir kennen die Grenzen nicht, weil keine gezogen sind.

Einige Zeilen weiter schließt er die Diskussion, die nicht mehr vorankommt, mit den Worten ab: «Und kein Bild würde ich, in *diesem* Sinne, als das genaue anerkennen.» (PU § 69 f.)

1. Von der Grammatik zum Sprachspiel

Der Gedanke, der seine Überlegungen miteinander zu verbinden fähig ist, kam Wittgenstein schon recht früh: es ist das Sprachspielkonzept. Aber lange Zeit wurde er von den Begriffen der Regel und der Grammatik in den Hintergrund gedrängt.[3] Im vorigen Kapitel haben wir gesehen, wie wichtig die Regeln sind, um das Sprechen vom Gestikulieren zu unterscheiden und die Sprache mit ihrer eigenen Systematik vom Handeln abzulösen. Allerdings hat die Regel, wie Wittgenstein bald erkannte, eine eigene Problematik, die entsteht, wenn sie *gebraucht* wird. Solange sie im Kontext eines Grammatiksystems vorgestellt wird, scheint sie Sprachgebräuche auf unproblematische Weise zu bestimmen; so beispielsweise in der Bemerkung: «Ich will erklären: der Ort eines Worts in der Grammatik ist seine Bedeutung.» (PG, S. 59) Noch um 1930/31 sieht er im Gedanken der Grammatik vor allem den Vorteil, daß diese die Vielfalt der Anwendungsfälle der Sprache systematisch darstellen kann. In ihrer tabellarischen Form steht sie aber außerhalb der Zeit; dies erscheint Wittgenstein allmählich problematisch. Denn die «primäre Regel soll quasi die ‹Verbindung der Zeichen mit dem Leben› herstellen».[4] Und gerade das leistet das Regelkonzept in seinem gewöhnlichen Verständnis nicht.

Wittgenstein gibt zwei Probleme an, die vom Konzept der Grammatikregel hervorgerufen werden: zum einen die Frage des *zukünftigen* Gebrauchs der Regeln, zum anderen die Frage nach deren Anwendung in der Gegenwart. «Das schwierigste Problem scheint der *Gegensatz,* das Verhältnis, zu sein zwischen dem Operieren der Sprache in der Zeit /im Lauf der Zeit/ und dem momentanen Erfassen des Satzes.» (WA IV, S. 91) Beide Schwierigkeiten werden von einer bestimmten Interpretation der Regel hervorgerufen. Nach dieser Auffassung wird die Anwendung der Regel, ob zukünftig oder gegenwärtig, von dieser selbst erfaßt. Die Dynamik ihrer möglichen Verwendungen ist auf irgendeine Weise in ihr enthalten.[5] Was die Regel im Jetzt festlegt, kann ebenso in *diesem* Moment wie auch in der fernen Zukunft verwirklicht werden. Aber «dann kann ich fragen: ‹Wie kann ich dann gleich wissen, was ich mit einem Wort meine, das ich ausspreche; ich kann dann doch nicht die ganze Anwendungsart des Wortes auf einmal im Kopf haben?›» (PG, S. 49). Gleichzeitigkeit und Zukunft erscheinen beide, aus unterschiedlichen Gründen, gleich rätselhaft. Die Anwendung im Jetzt beruht nicht auf einer kausalen Wirkung. «Wir könnten uns freilich eine Art Tabelle denken, die uns dabei [z. B. beim lauten Lesen, G. G.] führen könnte. Aber es führt uns keine; kein Akt des Gedächtnisses, nichts, vermittelt zwischen den geschriebenen Zeichen und dem Laut.» (PG, S. 96) Es ist, als hörte das Geländer, das einen führt, mit einem Mal auf und als sei nun ein weiterer Halt notwendig.

In einer Reihe von Bemerkungen beginnt Wittgenstein ab 1930 das Konzept der Regel mit jenem des Spiels zu verbinden. Zuerst erscheinen die Hinweise auf das Spiel eher in metaphorischer Gebrauchsweise und dienen offensichtlich zur Stützung des Grammatikkonzepts. Im Laufe der Zeit wird der Spielbegriff aber zunehmend im buchstäblichen Sinn verwendet. In einer Bemerkung der *Philosophischen Grammatik* geht Wittgenstein unmittelbar von der Kennzeichnung der Sprache als Kalkül, die mit seinem Grammatikkonzept verwandt ist, zu einer Handlungsauffassung der Sprache über: «Die Sprache ist für uns ein Kalkül; sie ist durch die *Sprachhandlungen* charakterisiert.» (PG, S. 193) Mit der Vorstellung der Sprache als ein Handeln verbindet Wittgenstein immer häufiger den Gedanken des Spiels. Aus «Grammatik» und «Regeltabelle» werden «Spielregeln». Am 30. 10. 1930 notiert Wittgenstein: «Das Verständnis der Sprache – quasi des Spiels – scheint wie ein Hintergrund, auf dem der einzelne Satz erst Bedeutung gewinnt.» (WA III, S. 100) Man kann ein Spiel nach Regeln spielen, ohne daß der Spieler eine Repräsentation von diesen besäße.[6] Ein Spieler kann korrekt spielen, aber möglicherweise die Regeln nicht angeben, nach denen er spielt.

Mit dem Konzept des Sprachspiels entsteht eine andere Regelauffassung als jene, die Wittgenstein mit der Bindung des Sprachgebrauchs an eine Grammatik vorschwebte. Sie hat, anders als die Konzeption der Grammatik, einen deutlichen Zeitbezug, insofern Spiele temporale Einheiten mit einem Anfang und Ende bilden. Sprachspiele sind Episoden im Lebensprozeß,[7] dem sie Struktur, Gestalt und Richtung geben.[8] Mit der Ausarbeitung seines neuen Konzepts nimmt Wittgenstein die sich temporal entfaltende Dynamik der Sprache in sein Denken auf.[9] «Die Worte sind discontinuierlich; die Wortsprache eine Abbildung durch discontinuierliche Zeichen. Das ist einer der wichtigsten Gesichtspunkte, von dem man sie betrachten muß.»[10] Das Diskontinuierliche der Sprache gilt insbesondere für das Sprachspiel; der Beginn eines Spiels unterbricht den Fluß des Lebens und läßt ein Geschehen nach eigenen Regeln entstehen. Das heißt auch, daß die Sprache mit ihrer Grammatik und ihren Spielen nicht die gesamte Praxis regelt, sondern aus dem bewegten Wasserspiegel des Lebens gleichsam Inseln unterschiedlicher Erscheinungsformen hervortreten läßt. Das Auftauchen eines Sprachspiels aus dem Lebensprozeß bedeutet einen Bruch mit der Zeit der Praxis: einen Anfang, ein neues Geschehen und schließlich ein Ende; es ist ein Gebilde mit einer eigenen Zeit.

Mit jedem Sprachspiel beginnt eine geregelte Tätigkeit, die von den Handelnden intendiert und organisiert wird. Sein grundlegendes Merkmal ist der regelhafte Gebrauch von Worten. Sprachspiele werden durch Regeln strukturiert, die im Prozeß selbst entstehen und in die materielle Struktur des Umgangskörpers und der sozialen Umwelt eingelassen sind. «Der Gebrauch des Worts *in der Praxis* ist seine Bedeutung.» (BlB, S. 109) Dieser Deutung paßt Wittgenstein allmählich auch seine Wortwahl an; statt von «Regelanwendung» spricht er von «Übung» (BlB, S. 118). Wenn das, was wir «Spiele» nennen, durch Übungen geprägt wird, leuchtet es ein, daß es sich in der Praxis des Übens verändert. Man kann zwar die zeitlichen Grenzen eines Spiels recht genau bestimmen, wann es beginnt, wann es beendet wird; aber man kann die verschiedenen Spiele nicht scharf voneinander abgrenzen:

> [...] auf die Abgrenzung alles dessen was wir Spiel nennen gegen alles andere kommt es ja nie an. Die Spiele sind für uns *die* Spiele von denen wir gehört haben die wir aufzählen können, und etwa noch einige nach Analogie anderer neu erfundene; [...] Ich nenne daher ‹Spiel› das was auf dieser Liste steht, wie auch, was diesem Spiel bis zu einem gewissen (von mir nicht näher bestimmten) Grade ähnlich ist. Im übrigen behalte ich mir vor in jedem neuen Fall zu entscheiden ob ich etwas zu den Spielen rechnen will oder nicht. Ebenso verhält es sich nun auch mit dem Begriff der Regel. (Sommer 1931, WA IV, S. 40; vgl. auch VOR, S. 248)

2. Offenheit und Produktivität der Sprache

Eine scharfe Begriffsabgrenzung setzt voraus, daß zwischen verschiedenen Sachverhalten in der Welt oder im Denken klar bestimmbare Differenzen existieren. Für Wittgenstein hingegen bestehen keine festen Verhältnisse, weder in der Welt noch im Denken. Spiele entstehen, werden gespielt, beendet, sie vergehen, werden vergessen, neue Spiele entstehen.[11] Sie treten aus einem Untergrund hervor, der allen Erscheinungen gemeinsam ist und den er mit unbestimmten Ausdrücken bezeichnet: «Leben», «Fluß des Lebens», «Lebensteppich». «Wäre es richtig zu sagen, in unsern Begriffen spiegelt sich unser Leben? – Sie stehen mitten in ihm.» (*Bemerkungen über die Farben* III, § 302) Im Verhältnis zum Spiel bildet das Leben das Allgemeine, das Wittgenstein im *Tractatus* als «Substanz der Welt» bezeichnet hatte: «das, was ‹unabhängig› existiert» und was nicht «als eine *species* eines allgemeineren *genus* aufgefaßt werden kann» (E. Stenius 1969, S. 36).

An die Stelle einer Rekonstruktion der gegebenen Ordnung von Begriffen und Sachverhalten setzt Wittgenstein ein anderes Prinzip: die fortlaufende Erzeugung von neuen Strukturen sowohl in der Welt als auch im Denken. Strukturen ordnen Welt und Denken nicht dauerhaft, sondern gelten nur für bestimmte Weltausschnitte und Denkaspekte. Ihre Verbreitung geschieht im Umgang mit der Welt, insbesondere in praktischen Tätigkeiten. Für einen solchen Herstellungsprozeß kann unmöglich ein allgemeines Prinzip angegeben werden; hingegen kann man eine Liste mit Beispielfällen aufstellen.[12] An verschiedenen in der Praxis auftretenden Fällen lassen sich Gemeinsamkeiten erkennen: Spiele haben beispielsweise ein bestimmtes *Thema*, das man angeben kann. In seinen Überlegungen, mit denen er das Sprachspielkonzept einführt (PU § 23), verfährt Wittgenstein auf eben diese Weise: Es gibt «unzählige verschiedene Arten der Verwendung alles dessen, was wir ‹Zeichen›, ‹Worte›, ‹Sätze›, nennen. Und diese Mannigfaltigkeit ist nichts Festes, ein für allemal Gegebenes». Dann folgt eine Liste mit exemplarischen Fällen, die er unter bestimmte Themen stellt: «Befehlen, und nach Befehlen handeln – Beschreiben eines Gegenstandes nach dem Aussehen, oder nach Messungen – Herstellen eines Gegenstandes nach einer Beschreibung (Zeichnung) – Berichten eines Hergangs» etc.

In diesen Überlegungen entsteht ein neues Bild der Sprachspielregeln; zwar leiten Regeln in gewisser Hinsicht die Spieler an, insofern sie angeben, was diese im Spiel zu tun haben, aber erst im Spiel selbst kommt zur Erscheinung, was die Regel *tatsächlich angibt* – in einem Praxisgeschehen, das einen Einfluß auf die Regel hat, auf ihren Inhalt und auf ihre Geltung. «Wenn wir den wirklichen Gebrauch eines Wortes betrachten, so sehen wir etwas Fluktuierendes.» (PG, S. 77) Die Spielregel ist nicht das, was im Regelverzeichnis steht; sondern *was* sie tatsächlich ist, entscheidet sich im Spiel. Es gibt keine Garantie dafür, daß ein jetzt *so* gebrauchtes Wort, wenn es wieder benutzt werden wird, exakt dieselbe Bedeutung haben wird. Eine solche Identitätsannahme erscheint weltfremd. Wir können «die Spielregeln nach Bedarf [...] verändern (make the rules as we go along)».[13]

Wenn man die soziale Praxis und die Sprache unter dem produktiven Aspekt des Spiels betrachtet, erkennt man, daß die Kontrolle der Regelverwendungen viel weniger eng ist, als es unter dem Gesichtspunkt der Grammatik den Anschein hat: Die Handelnden erzeugen von sich aus immer andere Versionen eines Sprachspiels und nutzen die schrittweise errungene Freiheit, in neuartigen Situationen weitere Familienähnlichkeiten hervorzubringen. «Der Strom des Lebens, oder der Strom der Welt, fließt dahin, und unsere Sätze werden, sozusagen, nur in Augenblicken verifiziert. – Sie müssen also so gemacht sein, daß sie von mir verifiziert werden können.»[14] Der Zustand des Fließens gehört grundsätzlich zur Welt und damit auch zum Gebrauch der Sprache: «Daß alles fließt, muß [...] im Wesen der Anwendung der Sprache auf die Wirklichkeit liegen. [...] oder/besser/: daß alles fließt, muß [...] im Wesen der Sprache liegen.»[15]

In der *Philosophischen Grammatik* findet sich ein Abschnitt, der die Veränderbarkeit der Sprache diskutiert;[16] Wittgensteins Ausgangsfrage lautet: «Wie drückt sich die Zeitlichkeit der Tatsachen aus, als grammatisch?» (PG, S. 215) Die Sprache enthält Wörter, die nicht nur Gegenstände und Eigenschaften bezeichnen, sondern sich auch auf Referenzpunkte beziehen, die gemeinsam mit ihnen im Fluß des Lebens treiben: «‹Jetzt›, ‹früher›, ‹hier›, ‹dort›, ‹ich›, ‹du›, ‹diese› sind solche Wörter zur Anknüpfung an die Wirklichkeit.»[17] Mit den sogenannten indexikalischen Ausdrücken erhält die Sprache veränderliche Bezüge zu Raum und Zeit. Sie ist in viele Gesichtspunkte oder Aspekte fragmentiert. Bereits das Prinzip der «Familienähnlichkeit» hat den Zwang der Regeln gelockert und deren Allgemeinheit relativiert. Zusammen mit dem Konzept des Sprachspiels hat es den Gesichtspunkt von Produktivität und Bewegung in Wittgensteins Sprachbetrachtung eingeführt.

Halten wir als Zwischenergebnis fest, daß Wittgenstein schon Anfang der dreißiger Jahre von der Annahme eines, in einem einfachen Sinn verstandenen, Regelfolgens abrückt. Wie das Regelkonzept aussehen könnte, das die Verschränkung der Regel mit der Anwendungspraxis beschreibt, steht zu dieser Zeit für ihn noch nicht fest. Es ist nicht ausgemacht, ob er über die Einsicht in die Schwierigkeiten des herkömmlichen Regelbegriffs hinaus überhaupt ein eigenes Konzept entwickeln wird. Seine Strategie ist eine andere: Indem er die Regeln im Kontext von Sprachspielen betrachtet, hat er das Problem ruhiggestellt. Angesichts eines funktionierenden Sprachspiels ist es völlig unangebracht, die Existenz und Bedeutung von Spielregeln in Frage zu stellen, von Regelskepsis ganz zu schweigen. Es wird sich aber das Problem stellen, auf welche Weise Regeln am Funktionieren eines Sprachspiels beteiligt sind und welche Struktur sie haben. Davon wird später zu handeln sein; zuerst muß genauer verstanden werden, wie Sprachspiele funktionieren.

3. Die Intention des Sprachspiels

In Sprachspielen sind körperliche und sprachliche Elemente miteinander verflochten, wie dies beispielsweise in Kinderspielen oder im Sport der Fall ist. Jedes Spiel erzeugt eine für sich verständliche Welt, die darstellenden Charakter hat und Bezug auf andere Personen nimmt. Es ist in den meisten Fällen als ein bestimmtes Spiel wiedererkennbar, wie man «Schach» oder «Tennis» aus anderen Aktivitäten herausfinden kann. Im Spiel gibt es nur das, was man festsetzt und was man durch Spielaktivität hervorbringt. In die vom Sprachspiel erzeugte Welt fügen sich Menschen mit ihren Handlungen ein. Ihnen werden hier bestimmte Aufgaben zugewiesen, die sie zu erledigen haben. Sprachspiele sind zwar künstliche, symbolische Schöpfungen, aber sie verlangen etwas, was die Spieler *wirklich* zu leisten haben.

Am Begriff des Spiels hebt Wittgenstein mehrere wesentliche Aspekte hervor: die geregelte soziale Handlung; die weite Anwendbarkeit des Spielbegriffs auf sehr viele menschliche Tätigkeiten und die ungeheure Vielzahl von Spielen; die Tatsache, daß

Spiele von den primitivsten Formen bis zu voraussetzungsvollen und komplizierten Formen reichen. Ein Sprachspiel bildet eine Regelstruktur und eine mit dieser verbundene innere Ordnung heraus, die sich dem Betrachter zeigt. In *einem* Merkmal unterscheiden sich Sprachspiele allerdings von den meisten Spielen, wie den Kinderspielen, Sportwettkämpfen und dem Theater. Die üblichen Spiele sind autonome Ereignisse; sie sind von der gewöhnlichen Welt durch einen metakommunikativen Spielrahmen[18] abgetrennt. Innerhalb dieses Rahmens funktionieren sie auf eine spezifische Weise, anders als die sie umgebende Alltagswelt. Metakommunikativ ist der Rahmen, weil er den Teilnehmern bedeutet, daß alle Ereignisse, die in seinem Inneren vorkommen, zu einer eigenen, von der Alltagswelt getrennten Welt gehören. Die Geschehnisse innerhalb des Rahmens können auf vielfältige Weise – das Theater ist dafür das beste Beispiel – auf die gewöhnliche Welt Bezug nehmen; sie gestalten diese mit ihren eigenen Mitteln um.[19] Sprachspiele hingegen sind nicht von der Umgebung, aus der sie hervorgehen, durch einen Rahmen abgetrennt; sie gehören zum Leben. Indem sie sich selbst organisieren, geben sie Lebensprozessen eine Struktur.[20] Sie prägen der sinnlich erfahrbaren Welt eine Ordnung, eine Sprachspielordnung auf. Innerhalb *dieser* Ordnung kann es, anders als in den üblichen Spielen, Wahrheit und Falschheit geben.

Drei ‹Erfindungen› der Sprache muß der Sprecher begriffen haben, wenn er sich an Sprachspielen beteiligt: Mit einem Sprachspiel beginnt eine *neue Situation*; durch die Wahl des Sprachspiels wird eine bestimmte Organisation der Praxis, ein *Thema* angegeben;[21] von den Spielregeln werden bestimmte *Anforderungen* an ihn gestellt. Im Spiel von Befehlen und Gehorchen beispielsweise erhält der Schüler einen Auftrag, den er zu erfüllen hat. Das Sprachspiel der Benennung wird dadurch eingeführt, daß das Kind lernt, auf Dinge hinzuweisen, so daß es diese auch in ihrer Abwesenheit bezeichnen kann. Im Sprachspiel der Farbausdrücke geht es darum, Farben wiederzuerkennen und korrekt zu klassifizieren. Alle diese Strukturen erwerben Kinder in einer gemeinsamen Praxis mit Erwachsenen, aber sie müssen sie selbst erfassen und mit ihrem eigenen Handeln hervorbringen.

Sprachspiele konstituieren eine von Menschen geschaffene Welt, die eine *intentionale* Struktur besitzt. Welche Absicht durch das Spiel erreicht werden soll, stellt sich im Prozeß des Spielens heraus. Im Spiel selbst gibt es keine Instanz, die seine Intention ausdrückt. Entgegen der üblichen Annahme geben seine Regeln nicht explizit an, worum es im Spiel geht. Für erfahrene Spieler entstehen dadurch keine Schwierigkeiten, wohl aber für einen Außenstehenden, der das Spielgeschehen nicht zu ‹lesen› vermag. Die Absichten, die ein Handelnder in einem Spiel verwirklichen will, können sehr unterschiedlich sein. Betrachten wir einen Fußballspieler: Er will sicherlich mit seiner Mannschaft gewinnen, aber für einen professionellen Spieler ist es noch wichtiger, sich individuell auszuzeichnen und, unabhängig vom Erfolg seiner Mannschaft, seinen ‹Marktwert› zu steigern. Wenn er hingegen ein leidenschaftlicher Freizeitspieler ist, will er in erster Linie ein schönes Spiel erleben. Ein anderer sieht im Spiel eine Gelegenheit, sich bei seinen Mitspielern Achtung zu erwerben oder vielleicht auch seiner Freundin zu imponieren.

Dies alles wird durch die Spielregeln nicht ausgedrückt; im Regelverzeichnis steht nur, wie der Sieger des Spiels ermittelt wird. Auf den einzelnen Spieler bezogen heißt dies nichts anderes, als daß er gewinnen oder verlieren *kann*. Aber nicht, daß er Spaß haben, sich in die Mannschaft einfügen und sich auszeichnen *will*. Alle diese Intentionen stellt das Spiel den Beteiligten *als Möglichkeiten* zur Verfügung. Es ist einer Hohlform vergleichbar, in welche die Intentionen der Spieler eingepaßt werden. Ein erfahrener Beobachter kann an der Spielpraxis der einzelnen Beteiligten erkennen, welche Absichten sie mit ihrem Spielen verwirklichen wollen. Aus der Art und Weise, wie sie sich innerhalb der gegebenen Spielstrukturen verhalten, kann er ihre Intentionen und Sichtweisen auf das Spiel erschließen.

Spiele wie Fußball scheinen wenig Gemeinsamkeit mit der Sprache zu haben; aber was ich über die Beziehung zwischen Spielregeln und Intentionen der Spieler gesagt habe, gilt auch für die

Sprachspiele. Ein Sprachspiel erzeugt geordnete Kontexte, in die Elemente unterschiedlicher Beschaffenheit und Herkunft integriert werden können. Alles, was ins Sprachspiel aufgenommen wird, verwandelt sich unabhängig von seiner ursprünglichen Beschaffenheit in Spielelemente. Die Sprachproduktion besteht aus einer Vielzahl von Vorgängen, die eines gemeinsam haben: daß sie innerhalb eines Sprachspiels stattfinden und dort in einen strukturellen Zusammenhang eingefügt werden – Benennen, Hinweisen, Nachsprechen, Befehlen, Vergleichen, Beschreiben, Theater spielen, eine Geschichte erfinden (vgl. PU § 23). Wenn wir einem Ding, Ereignis oder einer Person Bedeutung geben, beziehen wir uns auf diese *als Elemente eines Sprachspiels*. Ein Schrei wird zu einem Ausdruck des Schmerzes dadurch, daß er in den Kontext eines Sprachspiels gestellt wird. Ein Türaufhalten wird im Sprachspiel zu einem Akt der Höflichkeit. Absichten erschließen sich erst mit Bezug auf die Sprachspiele, in denen sie auftreten. Wenn wir eine Bewegungssequenz als einen Akt der Höflichkeit wahrnehmen, müssen wir zuvor das entsprechende Sprachspiel identifiziert haben, dessen Thema «Höflichkeit» ist.

Kompetentes Handeln und die Fähigkeit, die Absichten des Spiels und der an ihm Beteiligten zu verstehen, sind nicht voneinander zu trennen, sondern in den meisten Fällen eng miteinander verbunden: Wenn ein Spieler etwas mitteilt, ausdrückt, kommentiert oder wenn er Befehle gibt, verwirklicht er seine Absichten als Handlungen im Kontext des Spiels. Mit seinen Aktionen erzeugt er bestimmte Strukturen, die seine Mitspieler verstehen können. Und umgekehrt gehört zu den Fähigkeiten, ein Spiel zu beherrschen, daß man die Absichten der anderen Spieler versteht. Meine Beschreibung mag den Eindruck erwecken, die mit Hilfe von Strukturen und Regeln organisierte Interaktion sei ein kompliziertes Geschehen. Tatsächlich handelt es sich um einen ganz einfachen Vorgang, der nur darum komplex erscheint, weil er in Begriffen dargestellt wird, die sich gewöhnlich auf geistige Vorgänge beziehen. Aber soweit Sprachspiele geistige Aspekte haben, sind diese im Handeln der Spieler involviert. Diesen Gedanken illustriert Wittgenstein in § 2 der PU anhand eines Beispiels, das zugleich ein Musterbeispiel seines minimalistischen Schreibens darstellt:

A führt einen Bau auf aus Bausteinen; es sind Würfel, Säulen, Platten und Balken vorhanden. B hat ihm die Bausteine zuzureichen, und zwar der Reihe nach, wie A sie braucht. Zu diesem Zweck bedienen sie sich einer Sprache, bestehend aus den Wörtern: «Würfel», «Säule», «Platte», «Balken». A ruft sie aus; – B bringt den Stein, den er gelernt hat, auf diesen Ruf zu bringen.

Das Spiel der Befehle und des Befolgens verwirklicht eine gemeinsame Intention, in der A und B übereinstimmen: das Errichten eines Hauses in möglichst effizienter Weise. Es gibt ein minimales Set von Regeln, von dem die Handlungsstruktur des Hausbauens reguliert wird.

Die Sprachspielstruktur läßt nicht nur die Intentionen von Spiel und Spielern erkennen, sondern organisiert auch die Perspektiven der Beteiligten und Zuschauer. Ein Spiel hat niemals nur *eine* Perspektive, sondern ist typischerweise mehrperspektivisch. In Wittgensteins Exempeln von Sprachspielen sind die Perspektiven komplementär zueinander angeordnet: Sprecher–Hörer, Befehlender–Gehorchender, Käufer–Verkäufer. Perspektiven sind Teil von Haltungen gegenüber Anderen: Der Befehlende *will*, daß der Kollege ihm die Baumaterialien reicht; der Käufer *erwartet*, daß der Kaufmann ihm die verlangten Güter gibt.[22]

4. Perspektiven

Mit der Beschreibung der Organisation eines bestimmten Spiels erfassen wir die Perspektiven, die die einzelnen Spieler auf das Spiel im allgemeinen und auf eine gegebene Spielsituation im besonderen haben. Diesen Gesichtspunkt hat George Herbert Mead in seinen Vorlesungen herausgestellt, die unter dem Titel *Mind, Self, and Society* (1934, dt.: *Geist, Identität und Gesellschaft*, 1968) veröffentlicht wurden. Ein erfahrener Spieler kennt die Perspektiven aller seiner Mitspieler, auch die seiner Gegner. Er hat ihnen gegenüber bestimmte Erwartungen und kann ihre Absichten und Interessen antizipieren. Ohne auf mentale Begriffe und Beschreibungen zurückgreifen zu müssen, kann man mit Hilfe des Spielkonzepts die in einer bestimmten Situation erzeugten Bedeutungen sowie die Absichten des Handelnden erfassen und die unmittelbare Zukunft antizipieren. Von einem naturalistischen Standpunkt aus kann eine kulturelle Welt erschlossen werden, die aus subjektiven Beteiligungen entsteht, insbesondere ihre Bedeutungen, Motive, Wünsche, Erwartungen und Perspektiven. Wittgenstein interessiert sich bei seiner Diskussion des Sprachspiels und seiner Regeln insbesondere dafür, wie sich diese Welt konstituiert und wie ihr Funktionieren beschrieben werden kann.

In der von Wittgenstein (in PU § 1) zitierten Passage aus den *Confessiones* setzt Augustinus umstandslos voraus, daß es eine Art natürlicher Perspektive gibt, die den relevanten Aspekt einer Sprechsituation zu erfassen erlaubt. Dies könnte der Verstehende nur leisten, wenn er bereits in das Sprachspiel der Benennungen eingeführt worden ist. Wittgenstein kommt dem von ihm verehrten Kirchenvater gleichsam zu Hilfe, indem er dessen unterkomplexes Modell mit einem minimalistischen Sprachspiel umgibt, das wie eine Art Filter wirkt. Ein Kind, das noch nicht über einen solchen Filter verfügt, würde seine Aufmerksamkeit auf alle möglichen Aspekte der gegebenen Situation richten. Aber die korrekte Teilnahme am Sprachspiel hat zur Bedingung, daß man seine Aufmerksamkeit auf genau das fokussiert, worum es im Sprachspiel geht.

Augustinus hat diesen Gesichtspunkt übersehen, aber er hat eine wesentliche Eigenschaft menschlichen Denkens und Handelns hervorgehoben: Kinder haben die Fähigkeit, ihre Aufmerksamkeit auf die Handlungen anderer Menschen zu richten. Sie besitzen nicht nur diese Möglichkeit, sondern sie üben sich geradezu darin, die Perspektiven der Erwachsenen zu erfassen. Sobald sie in ein Spiel initiiert sind, können sie die für das Mitspielen relevante Perspektive einnehmen, die in zwei Hinsichten ihre Stellung zum Spiel bestimmt. Zum einen erfassen sie dessen Intention, also was sein Ziel ist; zum anderen begreifen sie, was es von ihnen verlangt, was sie zu tun haben. Mit dieser Zweiteilung von allgemeiner

Intention des Spiels und eigener, individueller Beteiligung ist die Möglichkeit gegeben, eine und dieselbe Absicht auf *verschiedenen* Wegen zu erreichen. Sie enthält also eine Dissoziation von Ziel und Mitteln. Wenn das Subjekt ein Sprachspiel gelernt hat, wählt es zwischen den verfügbaren Mitteln aus und zeigt durch seine Wahl an, daß es Ziel und Mittel eines Sprachspiels voneinander unterscheiden und damit unterschiedliche Möglichkeiten einsetzen kann, um dessen Intention zu verwirklichen.

Nicht nur im eigenen sprachlichen Handeln, sondern auch bei der Beobachtung des Verhaltens anderer Personen ist diese Differenzierung von Bedeutung. Nach Tomasellos Annahme ist es ein grundlegendes Merkmal von Kindern, daß sie bei einer beobachteten Person, die einen Werkzeuggebrauch vorführt, Ziel und Mittel voneinander trennen können. Diese kognitive Leistung unterscheidet sie von Schimpansen, die «sehr intelligent und kreativ beim Gebrauch von Werkzeugen und dem Verstehen von Veränderungen in der Umgebung sind» (M. Tomasello 2002, S. 42). «Für Menschen ist das Ziel oder die Intention des Vorführenden ein zentraler Teil dessen, was sie wahrnehmen, und tatsächlich wird das Ziel als etwas aufgefaßt, das von den verschiedenen Verhaltensmitteln getrennt ist, die bei der Zielerreichung eingesetzt werden.» (ebd.) Hingegen richteten Schimpansen ihre Aufmerksamkeit auf das Resultat ihrer Handlungen, unabhängig von der Methode, die der Vorführer angewandt hatte.

Während sich Kinder an anderen Menschen als Vorbildern orientieren und menschliches Handeln nachahmen, scheinen die Affen «das instrumentelle Verhalten von Artgenossen nicht in derselben Weise wie Menschen zu verstehen» (ebd.). Obwohl sie bei einfachen Handlungen oft erfolgreicher sind als Kinder, ist es ihnen aufgrund des Fehlens der Dissoziation von Handlungsziel und den verschiedenen Wegen, dieses zu erreichen, nicht möglich, sich die Intention des Vorführers zu erschließen. Nach Tomasellos Beobachtungen ist das Nachahmungshandeln kleiner Kinder der erste Zugang zu den Intentionen anderer Menschen.[23] Was für die Reproduktion beobachteten Verhaltens von Bedeutung ist, gilt um so mehr für die Nachahmung eines Spiels.

Wittgensteins Sprachspielkonzept fügt der Nachahmungstätigkeit des Menschen einen *zweiten* Aspekt hinzu: Die nachahmenden symbolischen Handlungen sind Züge innerhalb der sozialen Organisation eines Sprachspiels, das die gesellschaftliche Praxis der Handelnden und deren Beziehung zu den Mitspielern strukturiert. Wer in das Spiel eintritt, wird von diesem verändert; er oder sie wird zu einer Spielperson: Das *Ich* des Sprechers ist eine Position im Spiel; es gibt kein *Ich* außerhalb des Sprachspiels. Zugleich mit dem *Ich* werden in dieser Struktur auch ein *Du* und ein *Er* gebildet. Das *Du* gibt die Position der Mitspieler an, während das *Er* auf eine sprachlich konstituierte Instanz verweist, auf die die Spieler Bezug nehmen, die aber nicht zu den Mitspielern gehört.[24] Die soziale Konzeption des Sprachspiels hat weitreichende Konsequenzen: Wesentliche Eigenschaften, die die Subjektivität des *Ichs* ausmachen – Gefühle, Absichten, Wünsche, Bewußtsein, Identität, Kenntnisse, Wissen –, werden *innerhalb* von Sprachspielen erzeugt. Als Subjekt gilt jede Instanz, die im Sprachspiel die Position des *Ichs* einnehmen kann.[25]

5. Wiedererkennen und Wahrnehmungsentscheidung

In der Wahl eines Sprachspiels ist eine Entscheidung darüber involviert, welche Bedeutung eine Handlung in einer Interaktion erhalten soll. In den meisten Fällen sind uns die Entscheidungen, die wir über zukünftige Sprachspiele treffen, nicht bewußt. Es ist so, als würden wir, ohne darüber nachzudenken, einen Schalter umlegen. Dies geschieht eben nicht in Akten des Abwägens von Für und Wider, sondern entsteht aus der Intention des Spiels, die in den Handlungsabsichten der Beteiligten verwirklicht wird. Es ist ein Entscheidungsvorgang, der im Spiel selbst angelegt ist: ein im Handeln geschehendes Denken, das zur Selbstverständlichkeit unserer Erfahrungs- und Vorstellungswelt gehört. Meine Wahrnehmung der Spielsituationen hängt davon ab, wie ich mich entschieden habe.

Wittgenstein hat sich lange Zeit mit der Frage des Wiedererkennens beschäftigt. Wenn Bedeutung durch Gebrauch konstituiert wird, wie können wir dann bedeutungsvollen Worten, Gegenständen und Handlungen ihre komplexen und in der Zeit verstreuten Gebrauchsweisen mit einem Blick ansehen? Eine Lösung, wie ein solches momenthaftes Wiedererkennen vorgestellt werden kann, findet er im Rückgriff auf das Konzept des Bildes, das er in den *Philosophischen Untersuchungen* anders verwendet als im *Tractatus*. Von einem Bild können die unterschiedlichen, zusammenhangslos gegebenen Aspekte und Gebrauchsweisen von Wörtern, Dingen und Handlungen als strukturierte Ganzheit dargestellt werden. Beispielsweise sehen wir oft nicht mehr als *einen* Aspekt einer Sache, z. B. die Seitenansicht eines Sessels, können daraus aber das Ganze erschließen. Die verstreuten Handlungen der Person A, ihr Umhergehen, Stöbern, wiederholtes Nachsehen an unübersichtlichen Orten fügen wir zusammen, ergänzen sie um weitere Facetten und machen uns so ein Bild von A's komplexem, über die Zeit verstreuten Handeln: A sucht seine Geldbörse.

Aus Erfahrung wissen wir, zu welchem Schema sich diese scheinbar inkohärenten Einzelakte zusammenfügen. Wir ergänzen die wahrgenommenen Bewegungen, so daß wir das Gesamtbild eines absichtsvollen Handelns erhalten. Von dem französischen Wahrnehmungstheoretiker Alain Berthoz[26] wird dieser Vorgang als *remplissage,* Ausfüllung, bezeichnet. Erstaunlich an diesem Verfahren ist die Breite des Spektrums, das es abzudecken vermag. Es ist uns ohne weiteres möglich, eine große Fülle unterschiedlicher Verhaltensweisen als Geldbörsensuche zu erkennen – von hektischem Herumjagen bis zu konzentriertem Dasitzen, dem ein plötzliches Aufspringen folgt. Bei diesem Vorgang fügen wir dem wahrgenommenen Bewegungsbild etwas hinzu, was es in gewissem Sinn schon enthält; freilich ist es in ihm nicht vorhanden wie in einem Speicher. Wir sind es, die es ausfüllen – wir erzeugen mit unserer Einbildungskraft virtuelle Gebrauchsweisen: «Percevoir un objet, c'est imaginer les actions qu'impliquent son usage.» (Ein Objekt wahrnehmen heißt: sich die Aktionen vorstellen, die seinen Gebrauch ausmachen.)[27]

Der praktische Sinn und das Ausfüllen, *remplissage,* ergänzen einander: Wir erzeugen «des actes possibles», mögliche Akte des Wahrgenommenen (A. Berthoz 1997, S. 26), die mehrere Sinneskanäle miteinander verbinden.[28] Daher ist es möglich, wahrgenommenen Dingen ihre Eigenschaften anzusehen; Gehlen spricht von einem «*vorweggenommenen Antwortverhalten* der Umgangsdinge».[29] Berthoz bezeichnet diesen Zusammenhang von Sehen und Tasten als «équivalence fonctionnelle entre le visible et le tangible», als funktionale Äquivalenz zwischen dem Sichtbaren und dem Fühlbaren (ebd., S. 93). Gehlens Beobachtung, daß uns der Anblick von Dingen deren «Umgangsqualitäten» zeigt, wird von diesen Forschungen grundsätzlich bestätigt.[30] Wir geben den Bildern gleichsam ein Leben, wenn wir beim Lokalisieren von Gegenständen, wie Poincaré gezeigt hat, virtuelle Bewegungen hervorbringen: «Localiser un objet, cela veut dire simplement se représenter les mouvements qu'il faudrait faire pour l'atteindre.» (Ein Objekt lokalisieren heißt einfach: sich die Bewegungen vorstellen, die man machen muß, um es zu erreichen.)[31]

In den *Philosophischen Untersuchungen* wird die Einbildungskraft nicht ausdrücklich erwähnt. Sie spielt jedoch der Sache nach eine beträchtliche Rolle. So macht Wittgenstein mit dem Konzept der «Familienähnlichkeit» darauf aufmerksam, daß jedes Wiedererkennen eines Sprachspiels besonderer Vorstellungsleistungen des Betrachters bedarf; zu diesen gehört, wie wir annehmen können, das Ausfüllen, *remplissage,* als eine wesentliche Fähigkeit. Das Prinzip der Familienähnlichkeit ist, wie wir oben gesehen haben, die Weiterführung einer Liste, die auf der Grundlage von Ähnlichkeiten erstellt wird – ein Prinzip, das nicht definiert, sondern produktive Entdeckungen ermöglicht. Neue Verwirklichungen eines Sprachspiels, die vom Standardgebrauch abweichen, erzeugen neue Ähnlichkeiten, mit denen die ‹Familie› vergrößert wird.[32] Jeder Sprachgebrauch ist Mitglied einer Familie; er gehört immer auch zu anderen Gebräuchen, die die Sprache ausmachen.

Wenn wir nach ähnlich aussehenden Merkmalen von Mitgliedern einer Familie suchen, ergänzt unsere Einbildungskraft das nur Angedeutete zu einem organisierten Bild. In dieser Ergänzung des in der Wahrnehmung Gegebenen liegt ein voluntaristischer Akt; Berthoz nennt ihn eine «décision perceptive», eine «Wahrnehmungsentscheidung» (A. Berthoz 2003, S. 189). Man kann sich diesen Vorgang wie eine Dehnung vorstellen, die eine zunehmende Spannung erzeugt, bis es zum Reißen der Ähnlichkeit kommt. Es gibt keine von vornherein festgelegten Grenzen, an denen die Ähnlichkeit endet. Nach Wittgensteins Annahme kann der Sprecher die Grenzen so weit ausdehnen, wie es die Sprachgemeinschaft zuläßt: «Daß etwas ein Portrait des A ist besteht ja nicht darin daß es ähnlich ist sondern darin daß es ähnlich sein soll. Also nicht darin daß eine bestimmte Übersetzungsregel aus der Betrachtung von Bild und Gegenstand abzulesen ist, sondern daß zu dem Bild eine Regel gegeben ist nach der es zu kontrollieren ist.» (WA III, S. 41)

Erkennen von Ähnlichkeiten gehört konstitutiv zum gewöhnlichen Spielverhalten. In Spielen gleicht keine Bewegung einer anderen; es muß ständig entschieden werden, welcher Spielzug in der gegenwärtigen Situation vorliegt, welche Regel dieser verwirklicht oder verletzt etc. Dieser *Zwang zur Deutung* des Wahrgenommenen räumt den Beteiligten einen gewissen Spielraum ein, in dem sich ihre imaginative Tätigkeit des Ausfüllens entfalten kann. Auch in unserer alltäglichen Wahrnehmung sind wir ständig damit beschäftigt, was wir in der Welt vorfinden, auf Wiedererkennbarkeit zu prüfen und zu ergänzen.[33] Wenn alles, was der Fall ist, in Sprachspielen erscheint und dort als ein Bestimmtes wiedererkannt wird, hat jedes eine Ähnlichkeit mit etwas anderem. Wovon es keine Ähnlichkeit gibt, das fällt aus der Welt des Erkennbaren heraus. Mit diesem Gedanken wird nicht das Einzigartige geleugnet, sondern es wird immer in einen Kontext mit anderen Dingen, Personen, Ereignissen gestellt. Der Wittgenstein der letzten Lebensjahre sieht alles, was es in einer bestimmten Lebensform gibt, in einen «Lebensteppich» eingewoben.

5.
DAS ZUSAMMENSPIEL VON REGELN UND HABITUS

Alle Fähigkeiten, die Menschen für die Sprache benötigen, müssen sie lernen. Diesen Grundsatz setzt Wittgenstein der Auffassung des Augustinus von der natürlichen Gabe des Verstehens entgegen. In der Diskussion der ersten Paragraphen der *Philosophischen Untersuchungen* stellt sich sehr schnell das grundlegende Problem des Wittgensteinschen Prinzips heraus: Kinder können, obwohl sie dafür biologisch vorbereitet sind, ihr erstes kulturelles Lernen nicht selbst initiieren. Auch die einfachsten Lernakte setzen eine Fähigkeit voraus, die sie überhaupt *lernfähig* macht. Es gibt kein naturhaftes Lernen, das kulturelle Fähigkeiten, Sprache und Wissen erschließt. Das Erlernen von Kultur gehört selbst schon zur kulturellen Welt. Kinder müssen also Zugang zu dieser Welt erhalten, indem sie dazu gebracht werden, Dinge zu tun, die bereits Teil der Kultur sind. Sie können den Weg nicht mit eigenen Mitteln finden, sondern sind auf die Mitwirkung anderer Menschen angewiesen.

Bisher habe ich zwei der Voraussetzungen des kulturellen Lernens diskutiert: die Technik, *gleiche* Handlungen zu produzieren; und die Fähigkeit zu erfassen, worauf es in einer Handlungssituation ankommt. Wenn das Kind diese Voraussetzungen erworben hat, die ich mit den Begriffen Umgangskörper, Gleichheit der Resultate, Intention und Perspektive des Sprachspiels gekennzeichnet habe, kann es sich an einfachen Sprachspielen beteiligen. Es kann an Spielen mitwirken, in denen es auf die Nachahmung anderer Personen ankommt. Es kann etwas tun, was andere Spieler vormachen; es kann auch deren Position im Spiel einnehmen, also eine fremde Perspektive übernehmen und einen Rollentausch vollziehen. Es kann mimetisch in die Rolle der Mutter schlüpfen und diese wie ihr eigenes Kind behandeln. Es kann sich in Interaktionen verständig benehmen und in ihnen einen eigenen Beitrag leisten, beispielsweise in Frage- und Antwortspielen, in Konversationen, beim Austausch von Zärtlichkeiten, bei Reaktionen auf Bitten etc. Von der Forschung werden komplexe Situationen beobachtet, in die sich schon ganz kleine Kinder einpassen und in denen sie kompetent interagieren.

Bei mimetischen Handlungen, die für die ersten Lebensjahre charakteristisch sind, nimmt das Kind Bezug auf andere Personen, die ihm als Vorbilder dienen. In den Handlungskontext eingefügt, erfaßt es die Intentionen seiner Bezugspersonen. Über körperliche Handlungen können Erwachsene auch unmittelbar sinnlich auf Kinder einwirken; dies hatte ich am Beispiel des Schwimmenlernens gezeigt, bei dem der Lehrer die neuen Bewegungen dem Kind direkt mitteilt, indem er dessen Arme im Wasser führt. Mit einem solchen Beispiel setzt Wittgenstein ein, um einen Fall zu diskutieren, bei dem die mimetische Bezugnahme für das Lernen nicht mehr ausreicht. Hier beginnt Wittgensteins Diskussion des Regelfolgens:

> Betrachten wir nun diese Art von Sprachspiel: B soll auf den Befehl des A Reihen von Zeichen niederschreiben nach einem bestimmten Bildungsgesetz.
> Die erste dieser Reihen soll die sein der natürlichen Zahlen im Dezimalsystem. – Wie lernt er dieses System verstehen? – Zunächst werden ihm Zahlenreihen vorgeschrieben und er wird angehalten, sie nachzuschreiben. [...] Und schon hier gibt es eine normale und eine abnormale Reaktion des Lernenden. – Wir führen ihm etwa zuerst beim Nachschreiben der Reihe 0 bis 9 die Hand; dann aber wird die *Möglichkeit der Verständigung* daran hängen, daß er nun selbständig weiterschreibt.
> (PU § 143)

In diesem Fall tritt eine weitere Schwierigkeit auf, die das Kind auf seinem Weg zu eigenständigem Sprechen und Denken bewältigen muß: Es geht nicht mehr darum, auf Personen und ihr konkretes Handeln Bezug zu nehmen, sondern das Kind muß eine Regel erfassen und sein Handeln an ihr ausrichten. Bei dieser neuen Aufgabe kommt es darauf an, daß es seine eigenen Handlungen von den Handlungen *anderer Subjekte* ablösen kann. Wir haben schon gesehen, daß es seine Handlungen von der gegebenen *Situation* abtrennt, wenn es beginnt, Sprachspiele zu spielen. Wie kann es die neue Aufgabe bewältigen? Geht es darum, das *soziale* Verhältnis zu anderen Personen durch den Bezug zu einer von Personen unabhängigen Regel zu ersetzen? Tatsächlich wird regelhaftes Handeln gewöhnlich mit solchen Worten beschrieben: Die Regel ist eine objektiv gegebene Entität, die dem Kind wie ein Gesetz gegenübersteht und die es auf irgendeine Weise verinnerlichen muß. Wenn es sich die Regel geistig zu eigen gemacht hat, besitzt es ein unabhängiges inneres Prinzip, das sein Handeln leiten kann. Genau dies ist die Vorstellung, die Wittgenstein kritisiert.

Wittgenstein kommt es nicht in erster Linie darauf an, eine neue Vorstellung von der Bedeutung der Regel und vom Regelfolgen zu entwickeln, sondern es scheint ihm vielmehr um die Frage zu gehen, wie die Zirkulation von Sprache und Wissen zwischen Subjekt und Gemeinschaft beschaffen ist. Der Begriff der Regel kann, so wird er zeigen, viele unterschiedliche Funktionen haben. In allen Beispielfällen, die Wittgenstein diskutiert, läßt sich die unabhängige Stellung der Regel gegenüber dem Sprachgebrauch anzweifeln;[1] bereits am Anfang der *Philosophischen Untersuchungen* macht er darauf aufmerksam:

> Denken wir doch daran, in was für Fällen wir sagen, ein Spiel werde nach einer bestimmten Regel gespielt!
> Die Regel kann ein Behelf des Unterrichts im Spiel sein. Sie wird dem Lernenden mitgeteilt und ihre Anwendung eingeübt. – Oder sie ist ein Werkzeug des Spieles selbst. – Oder: Eine Regel findet weder im Unterricht noch im Spiel selbst Verwendung; noch ist sie in einem Regelverzeichnis niedergelegt. Man lernt das Spiel, indem man zusieht, wie Andere es spielen. Aber wir sagen, es werde nach den und den Regeln gespielt, weil ein Beobachter diese Regeln aus der Praxis des Spiels ablesen kann, – wie ein Naturgesetz, dem die Spielhandlungen folgen.
> (PU § 54)

Wittgensteins Frage ist nicht: Wie wirken die Regeln auf das Spiel? Sein Problem ist ein anderes; es lautet: Welchen Status hat die Regel im Verhältnis zur Sprachproduktion, zum Sprachgebrauch und zum sprechenden Subjekt?

1. Das Problem des Regelfolgens

In der Wittgensteinliteratur findet sich eine Fülle von Abhandlungen zum Regelbegriff. Unter den Interpreten herrschte lange Zeit weitgehend Einigkeit darüber, daß Wittgenstein in seiner kritischen Diskussion des Regelfolgens ein anti-mentalistisches Regelkonzept dazu verwendet, das Funktionieren von Sprache und Denken zu erläutern. Mit dieser Übereinstimmung war es vorbei, als Saul Kripke 1982[2] mit einer aufsehenerregenden Argumentation eine ganz andere Auffassung vertrat: In den Paragraphen über das Regelfolgen und die Privatsprache werde gerade nicht ein neues Regelkonzept dargestellt, sondern die Fähigkeit der Regel, Verhalten zu leiten, generell bezweifelt. Mit seiner skeptischen Deutung – ob man mit dieser einverstanden ist oder nicht – hat Kripke die Forschung vor die Frage gestellt, ob die Diskussion des Regelfolgens in den *Philosophischen Untersuchungen* eine destruktive Funktion hat und zu einer skeptischen Position führt oder ob Wittgenstein nicht vielmehr einen Gedankenkontext herstellt, der Skepsis von vornherein ausschließt.

Mit Kripkes Deutung von Wittgensteins Regelskepsis werde ich mich nicht detailliert auseinandersetzen; dies ist in der Literatur ausführlich geschehen. Tatsächlich scheint sie eine überzogene Interpretation zu sein. Aber in *einem* Punkt kann man ihre Berechtigung nicht bestreiten: Für das praktische Handeln, das in einem bestimmten Sprachspiel verwirklicht wird, spielt explizite Regelbeachtung keine Rolle. Dieses Ergebnis von Wittgensteins Diskussion gilt, so paradox es auch erscheinen mag, sowohl für die Produktion als auch für das Verstehen regelgemäßen Handelns. In dieser Einschätzung folge ich Kripke; aber ich werde dieses Ergebnis durch zwei ergänzende Überlegungen deutlich verändern:

(1) Wenn auch die Produktion regelgemäßen Handelns nicht durch Regeln geleitet wird, so orientiert sich der Handelnde doch

daran, daß er ein bestimmtes *geregeltes* Spiel spielt. Die Kenntnis dieses Spiels *und* die Einsicht, daß er gerade *dieses* bestimmte Spiel verwirklicht, ist für das regelhafte Handeln unverzichtbar. Würde man dies nicht annehmen, wären seine als richtig bewerteten Spielzüge nur zufällig. Diese Kenntnis und Einsicht setzt aber kein explizites Wissen, auch kein die Handlungen begleitendes Bewußtsein *über* das voraus, was der Handelnde gerade tut. Regelfolgen gehört in die Domäne des praktischen Wissens, das sich *im Vollzug* als richtig oder falsch erweist.

(2) Über die Produktion und das Verstehen von Handlungen hinaus kann es wichtig sein, die in einem Sprachspiel involvierte Regel R hervorzuheben und die entsprechende Tätigkeit unter dem Aspekt zu betrachten, ob sie fähig ist, R zu verwirklichen. Dieser Aspekt kann wichtig sein, wenn man z. B. im Zweifel darüber ist, ob man ein gegebenes Versprechen mit einem bestimmten Verhalten erfüllen kann. Oder wenn man ein Kind beim Lernen einer Regel beobachtet und sich fragt, ob sein Handeln diese tatsächlich verwirklicht.

In meiner Diskussion werde ich zeigen, daß die Auseinandersetzung mit dem Regelbegriff bei Wittgenstein immer in den Kontext des Sprachspiels gestellt wird. Ich werde also nicht fragen: Was leistet die Regel und was leistet sie nicht? Sondern: Wie ist es möglich, daß die Beteiligten *in Sprachspielen* regelhafte Handlungen hervorbringen und verstehen? Und inwiefern ist das Sprachspiel wesentlich daran beteiligt, daß dies möglich ist? Um *diese* Problemwendung Wittgensteins zu zeigen, werde ich zuerst auf seine Diskussion des Regelbegriffs eingehen, also eine Wegstrecke lang der großen Straße der Wittgensteininterpretation folgen, um an geeigneter Stelle von ihr abzuzweigen.

Nach der üblichen Auffassung stellt man sich die Wirkungen von Regeln auf das Spiel so vor, daß die Spieler bei ihren Handlungen den Regeln des Spiels *folgen*. In mentalistischer Interpretation verfügen die Handelnden über jene Regeln, genauer: über Repräsentationen von den Regeln, mit deren Hilfe sie ihre Tätigkeit planen, ausführen und auf ihre Richtigkeit hin prüfen. Nach dieser Vorstellung ist die Ordnung der Praxis in einer Ordnung des Denkens begründet. Die richtige Verwendung der Sprache gilt als exemplarischer Fall für regelgeleitetes Handeln überhaupt. Die Regeln sind der Grund oder, bei einer kausalen Deutung, die Ursache dafür, daß ein Spiel richtig gespielt wird. Bei der Einübung in ein Spiel wird das Kind dazu gebracht, sich die Spielregeln anzueignen, so daß es eine innere Regelrepräsentation anlegt. Bei seinen Regelanwendungen muß es ebenso wie seine Lehrer darauf achten, daß sein Handeln der jeweiligen Regel entspricht.

In seiner Regeldiskussion verfolgt Wittgenstein die Strategie, eine – von ihm für problematisch gehaltene – Annahme scheinbar mit größtem Ernst konsequent weiterzudenken, um sie dann in einer absurden Situation enden zu lassen. Er greift die übliche Regelauffassung auf folgende Weise an: Zuerst zeigt er, daß ein Beobachter nicht erkennen kann, ob ein Handelnder einer *bestimmten* Regel oder nicht doch einer *anderen* gefolgt ist. Wenn man dies feststellen wollte, müßte man den tatsächlichen Vorgang der Regelanwendung beim Sprecher beobachten. Genau dies ist aber unmöglich, insofern ein inneres Geschehen prinzipiell nicht kontrollierbar ist und daher die Beobachtungsergebnisse grundsätzlich beliebig sind. Wittgenstein stellt diese Unmöglichkeit am Beispiel des Sprechens über Empfindungen dar und zeigt, daß es eine «Privatsprache» über innere Ereignisse, die ausschließlich dem Sprecher zugänglich sind, nicht geben kann (siehe 5.2).

Betrachten wir als erstes, wie Wittgenstein das Problem des Beobachters darstellt. Bereits im ersten Paragraphen der *Philosophischen Untersuchungen*, der dem Problem des Regelfolgens gewidmet ist (PU § 143), stellt er die verbreitete Auffassung in Frage, Regeln seien Naturgesetzen vergleichbar. Anders als in natürlichen Abläufen treten in Handlungen von Menschen Fehler auf. Auch Fehler können eine bestimmte Regelhaftigkeit annehmen und zu *systematischen* Fehlern werden. In Wittgensteins Beispiel soll ein Schüler dazu gebracht werden, die Reihe der Zahlen von 0 bis 10 niederzuschreiben; er macht dabei aber alle möglichen Fehler.

[...] Oder er macht einen systematischen Fehler, er schreibt z.B. immer nur jede zweite Zahl nach; oder er kopiert die Reihe 0, 1, 2, 3, 4,

5, ... so: 1, 0, 3, 2, 5, 4, ... Hier werden wir beinahe versucht sein zu sagen, er habe uns *falsch* verstanden.
Aber merke: Es gibt keine scharfe Grenze zwischen einem regellosen und einem systematischen Fehler. D. h., zwischen dem, was du einen ‹regellosen›, und dem, was du einen ‹systematischen Fehler› zu nennen geneigt bist.
(PU § 143)

Ein systematischer Fehler zeigt, daß der Schüler etwas anderes verstanden hat als das, was der Lehrer wollte. Hier stehen zwei Absichten gegeneinander: die Absicht des Schülers, der die Regel auf *seine* Weise interpretiert, und die Absicht des Lehrers, die mit der Intention des Sprachspiels übereinstimmt. Es ist nicht möglich, die Beteiligung des Subjekts an der Verwirklichung der Regel einfach zu beseitigen, insofern eine Regel nur durch ein Subjekt verwirklicht wird, das diese schon auf irgendeine Weise – ob richtig oder falsch – verstanden hat. Das Verständnis von Regeln hat eine unaufhebbare subjektive Seite, die sich in der Sprachproduktion niederschlägt. Es scheint also so zu sein, daß nie *endgültig* festgestellt werden kann, ob der Schüler die Regel verstanden, also die Intention des Sprachspiels der Reihenbildung erfaßt hat.

Und nun setzt er einmal die Reihe selbständig fort, – oder er tut es nicht. – Aber warum sagst du das; *das* ist selbstverständlich! – Freilich; ich wollte nur sagen: die Wirkung jeder weiteren *Erklärung* hänge von seiner *Reaktion* ab.
Aber nehmen wir nun an, er setzt, nach einigen Bemühungen des Lehrers, die Reihe richtig fort, d. h. so, wie wir es tun. Nun können wir also sagen: er beherrscht das System. – Aber wie weit muß er die Reihe richtig fortsetzen, damit wir das mit Recht sagen können? Es ist klar: du kannst hier keine Begrenzung angeben.
(PU § 145)

Wenn man das Regelkonzept so einsetzt wie Wittgensteins Sprecher in diesem Zitat, hängt es in der Luft – es erklärt nichts. «Was soll der Ausdruck ‹Regel, nach welcher er vorgeht› hier noch besagen?» (PU § 82)

Kripke setzt mit seiner skeptischen Argumentation das hier diskutierte Problem fort: Die beobachtete Regelkonformität einer Handlung liefert keinen Beweis dafür, daß bei ihrem Zustandekommen die entsprechende Regel *wirklich* angewendet worden ist. In Jacques Bouveresses Worten[3] geht er von folgender Feststellung aus:

> Bei einer endlichen Folge von Anwendungen irgendeiner Regel gibt es immer verschiedene Arten, die Anwendung fortzusetzen, die mit dem bis dahin zum Ausdruck gebrachten Verständnis vereinbar sind. Nehmen wir an, um ein Beispiel von Wittgenstein aufzugreifen, ich lehre jemanden die Regel: ‹Addiere 2›. Er schreibt also: ‹0, 2, 4, 6, 8, …›. Aber ab 1000 schreibt er: ‹1004, 1008, 1012, …›. Ich werde natürlich einwenden, er mache nun nicht mehr dasselbe wie vorher. Aber er könnte sehr wohl erwidern, er habe von Anfang an verstanden, daß er bis 1000 2 addieren solle, ab 1000 4, ab 2000 8 usw. Mit anderen Worten: Was berechtigt mich, aus irgendeiner endlichen Zahl der von ihm ausgeführten richtigen Anwendungen zu schließen, daß die Regel, die er verstanden hat, auch diejenige ist, die mir vorschwebte, und nicht eine andere, die mit der ersten lediglich in einem endlichen Anfangssegment der Folge ihrer Anwendungen übereinstimmt?

Bei einem systematischen Irrtum ist die regelgemäße Handlung des Schülers das Resultat eines Nicht-Standardgebrauchs. Nach Kripkes Interpretation bezweifelt Wittgenstein, daß, in den Worten Wolfgang Stegmüllers, «irgendeiner unter uns mit seinem *endlichen* Bewußtsein Regeln begreifen kann, die auf unendlich viele Fälle anwendbar sein sollen».[4]

2. Kritik an der Annahme einer privaten Zirkulation der Sprache

Für das Dilemma, das von der skeptischen Position gekennzeichnet wird, macht Wittgenstein die gewöhnliche Auffassung des Regelfolgens als eines geistigen Prozesses verantwortlich: Der Urteilende vergleicht seine Regelvorstellung in einem inneren Vorgang mit jener «Handlungsweise», mit der diese «in Übereinstimmung zu bringen sei» (PU § 201). So verstanden bedeutet «Regelfolgen», daß man sich auf eine Instanz beruft, die dem – äußeren – Sprachspielgeschehen entzogen ist. Auf den ersten Blick erscheint die Annahme einer geistigen Instanz, die das Handeln eines Subjekts aus einer Position unabhängig von Sprachspielen in Übereinstimmung mit den Regeln bringt, vollkommen vernünftig zu sein. Wittgenstein kritisiert sie in seiner umfangreichen Diskussion der von ihm zu argumentativen Zwecken eingeführten «Privatsprache». Mit diesem Ausdruck bezieht er sich nicht auf eine schon bekannte philosophische Terminologie, sondern schlägt einen neuen Gedanken vor: Wenn man annimmt, daß die Sprache mit ihren Sprachspielen eine öffentliche Zirkulation der Wörter, Regeln, Wortgebräuche und Bedeutungen bildet, würde der innere Gebrauch von Regelrepräsentationen eine Art privater Zirkulation darstellen, ein in das Denken des einzelnen Menschen verlegter Kreislauf.

Zu den Merkmalen einer «Privatsprache» gehört nach Wittgensteins Angaben, daß sie nur von einer Person verwendet werden kann. Zusätzlich nimmt er an, daß kein anderer als ihr Benutzer sie verstehen könnte.[5] Mit dieser Definition wird ausgeschlossen, daß sich die Privatsprache auf objektiv beobachtbare Gegenstände bezieht. Sie bezeichnet Objekte, die nur einer «unmittelbaren Erkenntnis», einer Art von «innerem Sinn» oder «innerer Erfahrung» zugänglich, also selbst privat sind. In der Privatsprache funktioniert die innere Regelrepräsentation rein subjektiv, also ohne Bezug auf ein beobachtbares Geschehen. Das Subjekt bildet im Unterschied zu den im normalen Gebrauch verwendeten Regeln vollkommen eigene Konstrukte, die prinzipiell der öffentlichen Zirkulation entzogen sind.

Kann es eine solche in der subjektiven Sphäre stattfindende private Zirkulation von Regeln, Regelvorstellungen und -anwendungen geben? Auf den ersten Blick scheint dies möglich zu sein. Wenn das Subjekt beispielsweise seine Aufmerksamkeit auf eine Empfindung in seinem Inneren richtet und diese mit einem bestimmten Ausdruck bezeichnet, ist es die einzige Person, die diesen Akt einsehen kann. «Inwiefern sind meine Empfindungen privat?

– Nun, nur ich kann wissen, ob ich wirklich Schmerzen habe; der Andere kann es nur vermuten.» (PU § 246)

Nur der Sprecher wäre also in der Lage, seine speziellen Empfindungen mit dem von ihm gewählten Wort zu bezeichnen, insofern allen anderen der Bereich der Regelanwendung prinzipiell nicht einsichtig ist. Aus diesem Grund sind nicht nur die Sprache, ihre Regeln und ihre Bedeutungen privat, sondern auch der Zugang zu dem, was von ihr erfaßt wird, gehört zum Privaten. «Das Wesentliche am privaten Erlebnis ist eigentlich nicht, daß Jeder sein eigenes Exemplar besitzt, sondern daß keiner weiß, ob der Andere auch dies hat, oder etwas anderes.» (PU § 272)

So exzentrisch die Konzeption der Privatsprache auch klingen mag, so wird die grundsätzliche mentalistische Annahme, die sie enthält, doch von vielen philosophischen Theorien als Voraussetzung angenommen:[6] Das Subjekt und nur dieses selbst kann sich bei Empfindungen, Denk- und Bewußtseinsakten beobachten und sie aus der unmittelbaren Anschauung beurteilen. Den Regeln der Privatsprache sollen nach dieser Annahme zwei Funktionen zukommen: Sie bringen regelgemäße Sprachgebräuche hervor *und* üben während dieser Produktionstätigkeit zugleich eine richterliche Funktion aus, die über richtig und falsch der Regelanwendung entscheidet. Auch diese Beurteilung geschieht in einem geistigen Innenraum, insofern mit dem Hervorbringen der Handlung zugleich die Übereinstimmung mit der Regel geprüft wird. Aber kann ein isoliertes Individuum eine Regel festlegen, ihr Objekt bestimmen und allein für sich anwenden? Wie würde eine solche Verwendung vor sich gehen? Mit der Annahme einer Privatsprache wird implizit behauptet, daß es möglich ist, Objekte, Ereignisse und Zustände, die sich außerhalb von Sprachspielen befinden, gedanklich zu erfassen und sprachlich zu bezeichnen.[7] Es geht hier also um die Verlegung eines Vorgangs, der gewöhnlich in Sprachspielen stattfindet, in einen Raum außerhalb von Sprachspielen. Die Frage ist nun, ob ein solcher Raum überhaupt existiert.

Wenn es die behaupteten inneren Akte des Vergleichens und Beurteilens unmöglich geben kann, muß die Anwendung und Rechtfertigung von Regeln anders aufgefaßt werden als bisher angenommen. Von der Kritik an der Privatsprache wird also, wenn sie ihr Ziel erreicht und die Unmöglichkeit privater Akte generell nachweist, das Konzept der Regel als einer privaten Repräsentation gleich in zweierlei Hinsicht getroffen: Zum einen könnte der Anwendungsbereich von Regeln nicht über das Sprachspiel hinaus ausgedehnt werden, so daß weder ein Erfassen von privaten Ereignissen und Gegenständen noch eine Sprache darüber möglich wäre. Zum anderen könnte diese Kritik auf das Konzept der Regel selbst angewendet werden: Auch die Sprachregel könnte nicht als eine Repräsentation verstanden werden, die sich in einem Raum außerhalb von Sprachspielen befindet, sondern wäre als Teil des Sprachspielgeschehens selbst aufzufassen.

Nehmen wir einmal an, es gäbe solche privaten Objekte wie von Wittgensteins Argument postuliert. Wir könnten eine Art inneres Ereignis spüren und würden versuchen, dieses sprachlich zu erfassen, indem wir ihm ein Zeichen zuordnen. Wir würden es mit «E» bezeichnen und bei jedem neuen Auftreten der «gewissen Empfindung» das Zeichen «E» in unser Tagebuch eintragen. Nur ich allein habe Zugang zu dieser Empfindung, das Zeichen «E» bezeichnet einen nur mir zugänglichen Gegenstand. Die Definition von «E» hat privaten Charakter:

Ich will zuerst bemerken, daß sich eine Definition des Zeichens nicht aussprechen läßt. – Aber ich kann sie doch mir selbst als eine Art hinweisende Definition geben! – Wie? kann ich auf die Empfindung zeigen? – Nicht im gewöhnlichen Sinne. Aber ich spreche, oder schreibe das Zeichen, und dabei konzentriere ich meine Aufmerksamkeit auf die Empfindung – zeige also gleichsam im Inneren auf sie […] dadurch präge ich mir die Verbindung des Zeichens mit der Empfindung ein. – «Ich präge sie mir ein» kann doch nur heißen: dieser Vorgang bewirkt, daß ich mich in Zukunft *richtig* an die Verbindung erinnere. Aber in unserm Falle habe ich ja kein Kriterium für die Richtigkeit. Man möchte hier sagen: richtig ist, was immer mir als richtig erscheinen wird. Und das heißt nur, daß hier von ‹richtig› nicht geredet werden kann.
(PU § 258)

Bei einem mentalen Vergleich kann es kein Kriterium für die Richtigkeit geben. Ein solches Kriterium muß öffentlich einsehbar sein, so daß seine Anwendung von anderen kontrolliert werden kann. Bei einem ausschließlich im Inneren stattfindenden Vergleich wäre alles richtig, was dem Urteilenden richtig zu sein scheint. Ein innerer Vergleich kann keine Kontrolle ausüben, die die Richtigkeit der Regelanwendung garantierte. Ich würde «kein Kriterium dafür haben, ob ich mich richtig erinnere, was ich mit dem Zeichen ‹E› gemeint habe».[8] Das Ergebnis der Wittgensteinschen Argumentation ist, daß die Konzeption der Regel als einer gedanklichen Instanz außerhalb des Sprachspiels offenkundig falsch ist: «[...] ‹der Regel folgen› [ist] eine Praxis» (PU § 202), die wir als «eine Technik beherrschen» (PU § 199).

Wittgenstein dreht die herkömmliche Betrachtung genau um. Nicht Regelvorstellungen machen Handeln regelgemäß; sie bleiben bedeutungslos für die Praxis. Wenn wir das Funktionieren von Regeln verstehen wollen, müssen wir Spiele nicht von den Regelvorstellungen her, sondern als eine strukturierte Handlungspraxis betrachten, die ihre Regeln im Handeln selbst hervorbringt; dies soll im folgenden gezeigt werden. Wittgensteins Diskussion der Privatsprache liefert das entscheidende Argument zugunsten der Annahme, daß alles, was der Fall ist, sich im Inneren des Sprachspiels befinden muß. Empfindungsausdrücke haben ihren Platz in der sozialen Praxis einer Sprachgemeinschaft. Entsprechend muß für den Ausdruck «E» der Ort in der Sprache schon vorbereitet sein, wenn dieser in das Sprechen eingeführt wird.

Führen wir uns noch einmal die Struktur von Wittgensteins komplexem Argument vor Augen. Dieses organisiert eine Auseinandersetzung zwischen zwei Positionen: Die mentalistische Philosophie wird mit Hilfe von Regelskepsis angegriffen und in Frage gestellt. Der Skeptiker erhält erst einmal Recht – allerdings ist sein Triumph nicht von Dauer, denn er zieht sich selbst den Boden unter den Füßen weg: Wenn es, wie er behauptet, unmöglich sein sollte, einer Regel zu folgen, fehlte ihm jegliches Fundament, um zwischen einem regelmäßigen Verhalten und einem Handeln zu unterscheiden, das soziale Normen erfüllt. Das skeptische Argument vernichtet nicht nur die Grundüberzeugung der mentalistischen Philosophie, sondern auch die Annahme, daß die gesellschaftliche Welt eine Ordnung besitzt, die, ursprünglich von Menschen gemacht und symbolisch kodiert, den einzelnen Personen als eine objektive Wirklichkeit gegenübertritt. Diese Konsequenz ist zumindest kontraintuitiv, denn in diese Ordnung werden die Mitglieder einer Gesellschaft nicht nur eingeführt, sondern sie stellt an sie eine Fülle von Anforderungen. Insbesondere verlangt sie von ihnen, sie selbst als jene Ordnung anzuerkennen, die Sprachspiele strukturiert, in Handlungen verwirklicht wird und von den Mitgliedern selbst gerechtfertigt werden kann. Dies gehört zur menschlichen Lebensform, von der die Ordnung in letzter Instanz hervorgebracht wird. Auf den Zusammenhang von Lebensform, Ordnung und Sprachspielen werde ich in den folgenden Kapiteln näher eingehen.

Der Begriff der Regel wird von Wittgenstein nicht fallengelassen. Im Gegenteil wird er in den Zusammenhang einer umfassenden Ordnung gestellt. Allerdings erweist es sich als notwendig, eine Regelkonzeption zu entwickeln, die *nicht* auf innere Vorgänge rekurriert. Nach der kritisierten Auffassung gilt die innere Repräsentation der Regel als Garantie dafür, daß die Handelnden wirklich der Regel entsprechend handeln und daß ihre regelgemäßen Handlungen nicht zufällig zustande gekommen sind. Wie lassen sich der Aspekt des Sollens und die von den Regeln erhobenen Anforderungen auf eine andere, unproblematische Weise beschreiben?

Wittgensteins Argument ist erst vollständig, wenn die skeptische Kritik an der Privatsprache mit seinem zweiten, *konstruktiven* Schritt verbunden wird, den er mit dem Hinweis ausspricht, daß es *öffentliche* Kriterien dafür gibt, ob ein Handelnder einer Regel folgt oder nicht. In vielen Fällen besteht das Kriterium allerdings in nichts anderem als darin, daß der Handelnde die «Technik» anwendet, die Menschen beherrschen, wenn sie «eine Sprache verstehen» (PU § 199). Wenn wir eine mathematische Reihe bilden, ein Versprechen geben, eine Absicht verfolgen, sind es nicht die Regeln, die eine Regelhaftigkeit unserer Handlungen herstellen.

Tatsächlich handeln wir entsprechend einer Regel, ohne ausdrücklich Bezug auf sie zu nehmen: «Wenn ich der Regel folge, wähle ich nicht. Ich folge der Regel *blind*.» (PU § 219) Blind bin ich in meiner Innensicht, wenn ich hier den Grund meines regelhaften Handelns suche. Öffentlichkeit und sinnliche Anschauung sind die Prinzipien, auf die es beim regelgemäßen Handeln ankommt. Mehr ist über das, was im Subjekt beim Regelfolgen geschieht, nicht zu sagen. Tatsächlich handeln wir im Sprachspiel mit selbstverständlicher Gewißheit.

> «Wie kann ich einer Regel folgen?» – wenn das nicht eine Frage nach den Ursachen ist, so ist es eine nach der Rechtfertigung dafür, daß ich *so* nach ihr handle.
> Habe ich die Begründungen erschöpft, so bin ich nun auf dem harten Felsen angelangt, und mein Spaten biegt sich zurück. Ich bin dann geneigt zu sagen: «So handle ich eben.»
> (PU § 217)

Wittgenstein hat mit der Annahme des «blinden» Regelfolgens eine Art ‹Stopstellung› gefunden, die ein Ende aller Argumentationen über das Warum des regelhaften Gebrauchs herbeiführt.[9] Die behaupteten Akte des Regelfolgens, der Einsicht und der Rechtfertigung fügen der *Tatsache, daß* wir in unserem Handeln bestimmte Regeln erfüllen, nichts hinzu. Sie bewirken nichts gegenüber dem geschehenden Sprachspiel und können dieses nicht rechtfertigen.

Zu einem normal handelnden Menschen gehört die Fähigkeit zum Regelfolgen. Sie ist eine Voraussetzung nicht nur unseres Sprechens, sondern unseres praktischen Handelns überhaupt; sie ist Teil des menschlichen In-der-Welt-Seins. Es ist schon eine wesentliche Gemeinsamkeit, eine grundsätzliche Gleichheit hergestellt worden, wenn ein Sprecher die Sprache regelhaft verwendet, ein Versprechen gibt oder eine mathematische Reihe bildet. In einer langen Geschichte der Herstellung von Gleichheit ist die *menschliche* Voraussetzung der Sprache hergestellt worden: durch die Festlegung gleicher Urteile, die Regelhaftigkeit der Praxis und des Körpers. Jeder normale Handelnde ist fähig, die üblichen Anforderungen, die an sein Sprachspielhandeln gestellt werden, zu erfüllen.

Wittgenstein geht es mit der Diskussion des Regelfolgens um etwas anderes als um eine Auseinandersetzung mit der Regelskepsis. Seine Überlegungen geben eine grundsätzliche Neubeschreibung der sozialen Praxis, in der die Produktion und das Verstehen von Sprache und geistigen Akten (später werden auch die Empfindungen hinzukommen) anders aufgefaßt werden als bisher üblich: Zum einen zeigt er, daß scheinbar objektive geistige Konstrukte, wie Regeln, an die Praxis handelnder Subjekte gebunden sind; insofern haben sie immer auch körperliche und subjektive Anteile. Zum anderen zeigt er, daß alles, was der Innensicht von Subjekten zugeschrieben wird, ebenfalls zu einer sozialen Praxis gehört und damit einen objektiven Aspekt hat. Dies führt zu einer neuen Konzeption des Verhältnisses von Geistigem und Praktischem, von Subjektivem und Öffentlichem sowie von Individuellem und Gesellschaftlichem.

Für viele Leser Wittgensteins mag es irritierend sein, daß er keine klare Grenze zwischen motorischen Leistungen und Akten des Bewußtseins zieht, ja daß er diese Abgrenzung einreißt, die als konstitutiv für philosophisches Denken gilt. Mit dem Konzept des Sprachspiels wird tatsächlich die alte Demarkationslinie zwischen Denken und Handlungspraxis aufgehoben: Regelfolgen ist kein geistiger Vollzug, sondern praktisches Handeln. Dieses bringt einen großen Teil jener intelligenten Leistungen hervor, die üblicherweise dem Geist zugeschrieben werden. Die Fähigkeit, Handlungskönnen zu erwerben, regelgemäß zu handeln, Bedeutungen zu bilden und auf diese Weise der Welt eine durch die Sprache geprägte Struktur zu geben, ist grundlegend für alles Denken, auch für intelligente Produktionen höherer Stufen. Geistige Fähigkeiten werden nicht im reinen Denken begründet, sondern sie sind in der Regelhaftigkeit praktischen Handelns und der sozialen Welt verankert.

Einige der in diesem Kapitel beschriebenen Überlegungen sind zweifellos von Sraffa beeinflußt worden. Dazu gehören insbesondere der Primat der sozialen Praxis, der Gedanke der öffentlichen

Zirkulation sprachlicher Bedeutungen und die Suche nach allgemeinen Strukturen des Verhaltens. Sraffa selbst hat sie in der Auseinandersetzung mit den Schriften von Karl Marx entwickelt, wobei ein Text eine besondere Rolle gespielt haben mag, auf den im folgenden Exkurs eingegangen wird.[10]

Exkurs über einen Text von Marx und seine Rezeption
bei Wittgenstein
An jener Stelle der *Philosophischen Untersuchungen*, wo Wittgenstein das Problem des Regelfolgens mit der Frage einführt, wie sich erkennen läßt, daß der Schüler eine Handlung des Lehrers selbständig weiterführen kann (PU § 143), macht er eine aufschlußreiche Bemerkung, die er als eine Art Kommentar unten auf der Seite anbringt: «Was wir zur Erklärung der Bedeutung, ich meine der Wichtigkeit, eines Begriffs sagen müssen, sind oft außerordentlich allgemeine Naturtatsachen. Solche, die wegen ihrer großen Allgemeinheit kaum je erwähnt werden.»

Aufschlußreich sind diese Worte, insofern sie indirekt auf einen kleinen Text von Karl Marx verweisen, den Wittgenstein in den dreißiger Jahren vermutlich mit seinen Gesprächspartnern, insbesondere mit Sraffa, diskutiert hat:[11] «Einleitung zur Kritik der politischen Ökonomie» von 1857. Es handelt sich um eine unveröffentlicht gebliebene Skizze, in der Marx seine Grundgedanken zur gesellschaftlichen Produktion, Konsumtion und Zirkulation als Skizze niedergeschrieben hat.[12] Sraffa, Gramsci und übrigens auch Wygotsky haben diesen Text für ihr eigenes Denken verwendet. In Wittgensteins Aufzeichnungen deuten einige Begriffe und Formulierungen, die bei ihm ungewöhnlich sind, darauf hin, daß er den Text wenigstens zur Kenntnis genommen hat, sei es durch eigene Lektüre, sei es durch die Darstellung Sraffas.

An den ökonomischen Überlegungen dieses Textes war Wittgenstein offensichtlich nicht interessiert, vermutlich aber am anthropologischen Aspekt, der von Marx in seinen grundlegenden Gedanken über die Zirkulation von Gütern und Werten zwischen den «in Gesellschaft produzierenden Individuen» entwickelt wird. Ähnlich wie in Wittgensteins eigener Beschreibung des Funk-

tionierens der Sprache geht es in Marx' Darstellung der Waren-
zirkulation um Produktion und Gebrauch von Dingen, denen ein
bestimmter Wert beigemessen wird. In seinen Überlegungen über
das Funktionieren der Sprache richtet Wittgenstein sein Augenmerk auf das Allgemeine, das «Naturgeschichtliche», was bei ihm
eine Ausdrucksweise für anthropologische Tatsachen ist.[13] Wenn
man eine Annäherung von ökonomischer und sprachlicher Zirkulation versucht, kann man als erstes feststellen, daß es in der Sprache wie in der Ökonomie einen Kreislauf zwischen zwei Instanzen
gibt, die man analog zur Produktion und Konsumtion von Waren
betrachten könnte. In dieser Sichtweise vollzieht sich der Sprachgebrauch, durch den Bedeutungen gebildet werden, in Form einer
Zirkulation, die sowohl produktive als auch konsumtive Elemente
umfaßt.[14] Die Sprach*produktion* geschieht in einer geregelten
Praxis, in der Wörter, Sätze, Gesten und andere sprachähnliche
Symbole hervorgebracht werden. Als Entsprechung der Konsumtion von Waren kann das *Verstehen* von Sprachproduktionen gelten. Marx skizziert, wie sich Produktion und Konsumtion von
Gütern in ihrem Zusammenspiel gegenseitig regeln und wie deren
ökonomischer Wert erzeugt wird. Aber nicht nur dies; Marx zeigt
auch, daß Produktion und Konsumtion in diesem Prozeß auch die
vermeintliche Steuerungsinstanz der Zirkulation erschaffen: den
Konsumenten.

Der zweite bahnbrechende Gedanke von Marx ist, daß man die
Produktion nicht unabhängig von der Konsumtion betrachten
kann. Auf die Sprachproduktion übertragen, kann man diese nicht
gegenüber dem Verstehen isolieren, das heißt: gegenüber dem
Gebrauch, den die anderen am Sprachspiel Beteiligten von dieser
machen. Was in der Produktion hergestellt wird, wird «wirkliches
Produkt» erst dadurch, daß es konsumiert wird. Beispielsweise
wird «ein Kleid […] erst wirklich Kleid durch den Akt des Tra-
gens; ein Haus, das nicht bewohnt wird, ist in fact kein wirkliches
Haus; also als Produkt, im Unterschied vom bloßen Naturgegen-
stand, bewährt sich, *wird* das Produkt erst in der Konsumtion.»
(K. Marx 1974, S. 623)[15] Für die Produktion ist die Konsumtion
auch insofern wichtig, als diese nach dem verlangt, was sie für

ihren Gebrauch benötigt – die gewünschten Waren in der Ökonomie, die entsprechenden Wörter in der Sprache.

Der zukünftige Gebrauch in der Konsumtion ist der «innerlich treibende[...] Grund der Produktion» von Waren (K. Marx 1974, S. 623). Die Sprache ist in analoger Weise intentional auf das zukünftige Verstehen der Sprachproduktion gerichtet.[16] Schon *in der Produktion* der Sprache sind Bezüge auf mögliche zukünftige Gebrauchsweisen enthalten: Die Produktion gibt den zukünftigen Gebräuchen «ihre Bestimmtheit». Auch die *Sprachproduktion* bestimmt zu einem gewissen Grad vorher, wie sie von den Teilnehmern am Sprachspiel verstanden werden wird.

Im Prozeß der vom Sprachspiel organisierten Zirkulation werden Ereignisse und Dinge zu sprachlich konstituierten Tatsachen gemacht. Marx gibt dafür ein prägnantes Beispiel, das bei Wittgenstein eine Resonanz findet:

[D]er Gegenstand [ist] kein Gegenstand überhaupt, sondern ein bestimmter Gegenstand, der in einer bestimmten, durch die Produktion selbst wieder [zu] vermittelnden Art konsumiert werden muß. Hunger ist Hunger, aber Hunger, der sich durch gekochtes, mit Gabel und Messer gegessenes Fleisch befriedigt, ist ein anderer Hunger, als der rohes Fleisch mit Hilfe von Hand, Nagel und Zahn verschlingt. Nicht nur der Gegenstand der Konsumtion, sondern auch die Weise der Konsumtion wird daher durch die Produktion produziert, nicht nur objektiv, sondern auch subjektiv. Die Produktion schafft also den Konsumenten.
(K. Marx 1974, S. 624)

Bei Wittgenstein heißt es: «Wenn ich Hunger habe, öffne ich meinen Mund, und der offene Mund ist nun (*quasi*) ein Symbol der Unbefriedigung. [...] Der offene Mund ist nur als Teil einer Sprache unbefriedigt.»[17]

Neben der Produktion und Konsumtion gehört, wie oben erwähnt, noch eine *dritte* Instanz zu diesem Kreislauf, der Konsument selbst: Er wird in dieser Zirkulation dergestalt geformt, daß er den Anforderungen von Produktion und Konsumtion entspricht. Das bedeutet, daß er die Anforderungen verinnerlicht und eine diesen entsprechende Formung erhält. Der entscheidende Entwicklungsschritt in diesem Prozeß ist, wie ich dargestellt habe, die Herausbildung des Umgangskörpers. In einer Bemerkung Wittgensteins aus dieser Zeit heißt es: «Das Subject tritt in das Verstehen im primären Sinn so wenig ein, wie in das Sehen des Zeichens.»[18] Nehmen wir eine Situation, in der jemand auf eine plötzliche Bedrohung reagiert. Ein Fremder zückt ein Messer; der Bedrohte nimmt die Bedeutung dieser Aktion unmittelbar wahr. Er begreift spontan die Absicht des Angreifers, nicht nur weil er über natürliche Instinkte verfügte, sondern weil er, ebenso wie der Angreifer, den Akt der Bedrohung in die motorischen Schemata seines Umgangskörpers übernommen hat. Im Angreifer wie im Bedrohten ist die Intention dieses Sprachspiels körperlich präsent.

3. Hintergrund und Habitus

Wie geschieht es, daß man einer Regel «blind» folgt und dabei das richtige Resultat hervorbringt? Und wie ist es möglich, daß man die Regel verstehen kann, wenn Regelfolgen nur eine «Technik» ist? Wir müssen die Betrachtungsweise drehen: Spiele sind nicht von den niedergelegten Regeln, sondern von der strukturierten Handlungspraxis und vom Hintergrund der Handelnden aus zu verstehen. Nicht die Regeln machen das Handeln regelgemäß, sondern die geregelte Praxis. Wittgensteins Betrachtung beginnt eine Stufe tiefer als die Geistphilosophie: auf dem Boden, wo die Sprache arbeitet und wo Handeln, Bedeutungsbildung und Denken noch nicht voneinander geschieden sind. Auf dieser Ebene entsteht die Regelhaftigkeit des menschlichen Lebens. Sie bildet sich, wie er später sagen wird, aus Mustern des «Lebensteppichs». Die Anforderungen der Regeln einer Sprachgemeinschaft werden in einer geregelten Handlungspraxis zur Geltung gebracht. Wer sich an dieser Praxis beteiligt, wird danach beurteilt, ob er die Anforderungen der Regeln erfüllt; ein Sprachgebrauch wird nach seiner Richtigkeit beurteilt; ein Versprechen wird daraufhin geprüft, ob es gehalten wird; ein Beabsichtigen wird unter dem Aspekt betrachtet, ob eine Verwirklichung des Intendierten ernsthaft betrieben wird. An diesen Beispielen kann man erkennen, daß der Spieler nicht nur «technisch» korrekt handelt, wie es ein Mechaniker tut, wenn er eine Schraubenverbindung festzieht. Sondern mit seinem richtigen Handeln antwortet er auf die Anforderungen, die in der jeweiligen Situation an ihn als Spieler gerichtet werden.

Als Teil der Lebensformen unserer Sprachgemeinschaft gehören die Anforderungen, die Sprachspiele an uns richten, zum System der Praktiken, die wir mit den anderen teilen. Mit einer Formulierung Wittgensteins aus *Über Gewißheit* ausgedrückt, bildet dieses den «überkommenen Hintergrund» unseres Handelns (ÜG § 94).[19] Vor diesem Hintergrund handle ich in den meisten Fällen ganz selbstverständlich:

> Wie weiß ich, daß die Farbe dieses Papiers, die ich ‹weiß› nenne, dieselbe ist wie die, die ich gestern hier gesehen habe? Dadurch, daß ich sie wiedererkenne; und dieses Wiedererkennen ist meine einzige Quelle für dieses Wissen. Dann bedeutet, ‹daß sie dieselbe ist›, daß ich sie wiedererkenne.
> (PB, S. 60)

In eins mit den Techniken des Handelns habe ich einen Hintergrund erworben, den ich mit der Sprachgemeinschaft teile; dieser setzt mich imstande, eine Zuordnung der gesehenen Farbe vorzunehmen, ohne nachzudenken, ohne inneres Vergleichen.

Beim regelgemäßen Handeln wird die Praxis des Subjekts von seinem Hintergrund bestimmt, ohne daß dabei eine kausale Beziehung entsteht. Wittgenstein stellt dieses nicht-kausale Zusammenwirken am Beispiel eines Wegweisers dar, dem man folgt:

> Eine Regel steht da wie ein Wegweiser. – Läßt er keinen Zweifel offen über den Weg, den ich zu gehen habe? Zeigt er, in welche Richtung ich gehen soll, wenn ich an ihm vorbei bin; ob der Straße nach, oder dem Feldweg, oder querfeldein? Aber wo steht, in welchem Sinne ich ihm zu folgen habe; ob in der Richtung der Hand, oder (z. B.) in der entgegengesetzten? – Und wenn statt eines Weg-

weisers eine geschlossene Kette von Wegweisern stünde, oder Krei-
destriche auf dem Boden liefen, – gibt es für sie nur eine Deutung?
(PU § 85)

An dieser Stelle läßt Wittgenstein seine Position noch so aussehen,
als sei am Regelfolgen eine Deutung beteiligt. Weiter unten in den
Philosophischen Untersuchungen kommt er auf die Frage nach der
Beteiligung der Deutung zurück:

> «Aber wie kann mich eine Regel lehren, was ich an dieser Stelle zu
> tun habe? Was immer ich tue, ist doch durch irgendeine Deutung
> mit der Regel zu vereinbaren.» – Nein, so sollte es nicht heißen.
> Sondern so: Jede Deutung hängt, mitsamt dem Gedeuteten, in der
> Luft; sie kann ihm nicht als Stütze dienen. Die Deutungen allein be-
> stimmen die Bedeutung nicht.
> (PU § 198)

Wittgenstein beendet die verwickelte Diskussion mit zwei Fest-
stellungen. Die erste betrifft das «Einstellen des Mechanismus»,
die allem Regelfolgen vorgängige Hervorbringung des Umgangskörpers: «[...] ich bin zu einem bestimmten Reagieren auf dieses
Zeichen abgerichtet worden, und so reagiere ich nun.» (ebd.) Als
zweites konstatiert er: «[...] ich habe auch noch angedeutet, daß
sich Einer nur insofern nach einem Wegweiser richtet, als es einen
ständigen Gebrauch, eine Gepflogenheit, gibt.» (ebd.) Es gibt also
ein Zusammenspiel eines «Einstellens» mit den «Gepflogenheiten», die die soziale Praxis strukturieren.

Regelfolgen läßt sich als ein Vorgang entwerfen, bei dem von
zwei Seiten aus zwei verschiedenartige Glieder ineinandergefügt
werden: Auf der einen Seite befindet sich die soziale Regel, die Anforderungen an das Handeln des Subjekts angibt; beispielsweise
besagt der Wegweiser «Geh nach links!». Auf der anderen Seite
bringt das Subjekt, ohne explizit Bezug auf die Regel selbst zu nehmen, eine Handlung hervor, die genau die von der Regel geforderten Merkmale aufweist. Die beiden Seiten gehören zu zwei unterschiedlichen Registern; zwischen ihnen gibt es keine direkte
Beziehung. Wenn jemand beispielsweise Fußball spielt, richtet er

sein Handeln so ein, daß er kein «Handspiel» macht. Er muß sich dabei nicht ständig an die entsprechende Regel erinnern, sondern hat die Anforderungen des Spiels in sein Handeln übernommen. Er hat sie beim Erlernen von Fußball als Hintergrund des Spiels verinnerlicht. Jeder einzelne Handelnde bildet in seiner Tätigkeit den von allen Spielern geteilten Hintergrund als unausgesprochene *Voraussetzung* seines Spielhandelns nach. Ein großer Teil unseres regelhaften Handelns in der Welt beruht auf nicht ausgedrückten und in den meisten Fällen nicht ausdrückbaren Voraussetzungen des Hintergrunds.

Mit dem Begriff des Hintergrunds lassen sich die Überlegungen weiterführen, mit denen ich Wittgensteins Konzepte des «Einstellens des Mechanismus» und des «blinden Regelfolgens» erläutert habe. Bei der Geburt besitzen Menschen noch keinen irgendwie gearteten Hintergrund für ein Spiel. Beim ersten Lernen regelhaften Handelns, insbesondere der Sprache, werden kleine Kinder dazu veranlaßt, überhaupt erst einen Hintergrund zu bilden. Was dieses Lernen schwierig macht, ist die Tatsache, daß dieser nicht starr und unveränderlich ist. Vielmehr ist er so beschaffen, daß der Handelnde auf das jeweilige Sprachspiel und die spezifischen Spielsituationen antworten, also sich ständig wechselnden und oft neuen Gegebenheiten anpassen muß. Mit einem technischen Bild gesprochen, besitzt der Hintergrund einen Empfangs- und einen Produktionsteil: Einerseits empfängt er die von der Welt ausgehenden Anforderungen und stellt sich in einer Weise ein, daß er eine «funktionale Äquivalenz»[20] der Anforderungen bildet, die das Spiel an den Handelnden richtet. Andererseits produziert er Handlungen, an denen sich erkennen läßt, daß er sich entsprechend diesen Anforderungen tatsächlich richtig eingestellt hat.

In Searles Darstellung des Hintergrunds hat dieser eine funktionale und eine kausale Wirkung. Funktional wirkt er dadurch, daß er den «Mechanismus» des Handelnden so beeinflußt, daß dieser *«sich genauso entwickelt [hat], daß er auf die Regeln reagiert»* (J. Searle 1997, S. 156). Seine kausale Wirkung besteht darin, daß die Person sich so verhält, «wie sie es tut, weil sie eine Struktur hat, die sie dazu disponiert, sich so zu verhalten» (ebd., S. 154).[21] Die handelnde Person «braucht die Regeln der Institution nicht zu kennen und zu befolgen, um sich den Regeln zu fügen; sie ist vielmehr einfach dazu disponiert, sich in einer bestimmten Weise zu verhalten, aber sie hat diese unbewußten Dispositionen und Fähigkeiten in einer Weise erworben, die auf die Regelstruktur der Institution reagiert» (ebd., S. 154). Daher kann ein Subjekt bestimmten Regeln gemäß handeln und dabei diesen Regeln «blind» folgen.

Die gesellschaftlichen und subjektiven Aspekte des Hintergrunds können mit dem Konzept des *Habitus* von Pierre Bourdieu detailliert beschrieben werden. Auf die weitgehende Entsprechung beider Begriffe hat Searle selbst hingewiesen und beide explizit auf Wittgensteins Spätphilosophie bezogen.[22] Der Habitus entsteht in Prozessen der Verinnerlichung und Inkorporierung von Strukturen der sozialen Welt. In seinem Handeln bildet das Subjekt ein generatives System heraus, das die Ordnung der sozialen Praxis strukturell nachbildet und den Handelnden fähig macht, sich an dieser zu beteiligen.[23] Der Habitus ist das dispositionelle Produktionssystem eines Subjekts, das aus individuell erfaßten objektiven Strukturen der Welt gebildet wird und das Handlungsweisen, Wahrnehmungsschemata und Bewertungsformen hervorbringt. Jedes handelnde Subjekt besitzt seinen eigenen Habitus; dieser ist zugleich mit den Habitus von anderen Handelnden verwandt, deren Herkunft und Lebensbedingungen vergleichbar sind. Übereinstimmung wird auch dadurch erzeugt, daß die Hervorbringungen von individuellen Habitus der Kontrolle und Korrektur der jeweiligen sozialen Gemeinschaft unterliegen.

Wenn man Searles Konzept des Regelfolgens auf das Habituskonzept anwendet (und es auf diese Weise erweitert), lassen sich drei Aspekte des Habitus unterscheiden: Erstens die Ausbildung des Habitus durch das soziale Subjekt, das für die regelhafte Struktur der Gesellschaft «empfindlich» ist und auf diese reagiert; zweitens die funktionale Äquivalenz des Habitus mit der sozialen Regelstruktur; drittens die Wirkung des Habitus auf das Verhalten des Subjekts. Die Brücke, die von der sozialen Regelstruktur über den Habitus zum Handeln der Person führt, stellt eine zweiteilige Konstruktion dar, die vom Habitus aus in zwei verschiedene Richtungen aufgeschlagen wird: einerseits vom Habitus zur sozialen Regelstruktur und andererseits vom Habitus zum Handeln. Der Habitus wird also nicht direkt durch soziale Regeln strukturiert, sondern ist diesen funktional äquivalent. Er bildet *nicht innere Repräsentationen* von Regeln aus, sondern erzeugt seine *eigene* Struktur.

Regelhaftes Handeln entsteht nach dem Habituskonzept aus dem produktiven Verhältnis von sozialer Praxis und handelndem Individuum. Jeder Handelnde prägt ein praktisches Verstehen für das aus, worum es im Sprachspiel geht, wie es zu spielen ist und was er zu tun hat. Mit dem Ausdruck *Sinn für das Spiel* (*sens du jeu*) kennzeichnet Bourdieu die Sensitivität des Habitus für das in der jeweiligen Situation geforderte Handeln. Neben der rezeptiven Seite besitzt dieser auch eine produktive Fähigkeit, die Bourdieu *praktischen Sinn* nennt. Durch den Habitus wird der Spieler in Übereinstimmung nicht nur mit der sozialen Praxis gebracht, in die er involviert ist, sondern auch *mit sich selbst*, insofern er seiner Beteiligung am Spiel Kontinuität gibt. Aufgrund seiner Sensitivität ist der Habitus freilich nicht als statisch aufzufassen, sondern als ein ständig auf die Praxis reagierendes Produktionssystem, das an den gesellschaftlichen Prozessen mitwirkt, in denen die Regeln angewendet werden.[24] Einen wesentlichen aktiven Part spielt dabei der Umgangskörper; er macht den Handelnden fähig, im praktischen Verstehen eine Situation mit den Sinnen zu erfassen. Seine Beiträge zum sozialen Handeln entstehen aus seinem Sinn für Differenzen und Übereinstimmungen mit anderen Handelnden, aus seiner Gelehrigkeit gegenüber neuartigen Situationen und Anforderungen sowie aus seiner Fähigkeit, regelhaftes Verhalten und Ordnungen herzustellen.

Wittgensteins Redeweise vom «Einstellen des Mechanismus» suggeriert eine passive Haltung des Handelnden. Von Bourdieu hingegen wird dem Subjekt ein Freiraum der Produktivität bei der Konstruktion seines Habitus zugesprochen. Auch Wittgenstein nimmt an, daß sich die Sprachgebräuche in der Lebensgeschichte des Subjekts verändern, erweitern und verfeinern. Die Tatsache, daß wir Sprechweisen über Inneres sicher anwenden, daß wir Kriterien erkennen und Empfindungen zutreffend bezeichnen können, zeigt, wie sensibel unser Empfangsapparat auf Eingaben reagiert. Wir können annehmen, daß sich die Empfindlichkeit des Habitus und seine Fähigkeit, differenzierte Handlungen hervorzubringen, im Lauf des Lebens eines Subjekts entwickeln. Damit gewinnt der Handelnde zugleich einen gewissen Spielraum, der ihm von seiner Umgebung zugestanden wird. Für die Sprache über Empfindungen spielt dieser Freiraum, wie wir noch sehen werden, eine wichtige Rolle.

4. Der normative Aspekt der Regeln

Eine wichtige Frage bleibt von Wittgensteins Annahme des Regelfolgens ohne direkten Regelbezug ungeklärt: das Problem der Normativität von Regeln. *Normative Geltung* einer Regel kommt nicht aufgrund der Tatsache zustande, daß sich die Beteiligten im Sprachspiel *mehrheitlich* entsprechend der Regel verhalten. Über die faktische Konformität von Spielern hinaus gibt es eine «Übereinstimmung in den Urteilen», die eine andere Qualität als ein mehr oder weniger zufälliges Zusammenfallen von Meinungen hat. Sie erzeugt eine von der Sprachgemeinschaft geforderte Anerkennung der Regeln und ihrer Gebräuche. In dem Prozeß, in dem der Schüler lernt, sich regelgemäß zu verhalten, lernt er auch den normativen Aspekt dieses Verhaltens, insofern er von seiner Umgebung zu einer Anerkennung der normativen Geltung der gelernten Regeln gebracht wird. Auch sie wird im Gebrauch der Regeln hergestellt.[25]

Viele Handlungen des «menschlichen Sozialverhaltens sind ‹regelhaft› (*regular*) in dem Sinn, daß sie nicht einfach nur wiederholte Muster vorführen, sondern auch auf Anforderungen (*demands*) antworten, die eine generalisierbare Form haben».[26] So besagt das Sprachspiel des Versprechens, daß man, wenn man etwas verspricht, dies halten *soll*. Auch beim Lehren der Reihenbildung wird etwas verlangt, nämlich daß man die Zahlenreihe so fortsetzen *soll*, wie der Lehrer dies fordert. Unter diesem Aspekt gesehen, hebt Wittgenstein die normative Geltung von Regeln hervor und fragt nach den Bedingungen, die ein Handelnder zu erfüllen hat, damit er sich an den Sprachspielen seiner Gesellschaft beteiligen und deren *normative* Anforderungen anerkennen kann.

Wittgenstein hat gezeigt, daß Kinder bei ihrem ersten Lernen dazu gebracht werden, gleiche Resultate wie ihre Lehrer zu erzielen. Wenn sie die erwarteten Ergebnisse immer wieder von neuem produzieren, kann ihr Handeln als Erfüllung der Regel gelten. Bei wiederholt richtigen Resultaten kann angenommen werden, daß sie den entsprechenden Habitus ausgebildet haben. Aber mehr als einen praktischen Schluß kann man aus dem beobachteten regelhaften Handeln nicht ziehen. Jede Forderung, einen bestimmten Akt auszuzeichnen, der für dieses verantwortlich sein soll, würde zu einem Rekurs auf mentale Akte führen und damit in die oben diskutierten Probleme münden. Allerdings kann man die Frage stellen: Ist die Übereinstimmung des Handelns mit der Regel zufällig oder wird sie *vom Handelnden selbst* als ein den Regeln entsprechendes Verhalten begriffen? Aber dann stellt sich die weitere Frage: Für wen kann diese Differenz eine Rolle spielen?

Einer Sprachgemeinschaft, die von ihren Mitgliedern ein bestimmtes Handeln verlangt, kann dieser Unterschied egal sein, wenn dieses tatsächlich hervorgebracht wird. Etwas anderes ist es für die an bestimmten Sprachspielen unmittelbar Beteiligten, auf die sich das Handeln bezieht. Nehmen wir an, A gibt sein Wort, daß er sich an eine Abmachung halten werde. Für die Einschätzung seines Wortgebens durch die Handlungspartner kann es wichtig werden, ob A gemäß den Regeln des Wortgebens handelt. In diesem Fall läßt sich entscheiden, ob A die Anforderungen erfüllt, die an jemanden gestellt werden, der sein Wort gegeben hat: «Es gibt dafür Merkmale im Benehmen der Spieler. Denke an das charakteristische Benehmen dessen, der ein Versprechen korrigiert.» (PU § 54) Zwar ist ein Versprecher meistens nur eine motorische Fehlleistung, aber schon in diesem einfachen Fall, der kein Vergehen ist wie ein Wortbruch, bringen die Sprecher zum Ausdruck, daß sie die Normativität der Sprachregeln anzuerkennen gelernt haben. An ihrer Korrektur läßt sich ihre Orientierung an den Regeln erkennen.[27]

In unserer Diskussion geht es um den Unterschied zwischen einer Regelmäßigkeit des Verhaltens in einem Spiel, die man «wie ein Naturgesetz» (PU § 54) mit Hilfe von Beobachtung erfassen kann, und einer *richtigen* Spielhandlung, die die Normativität des Spiels erfüllt. Ich will versuchen, diesen Unterschied an einem weiteren Beispiel zu erläutern. Nehmen wir an, ein Ethnologe aus einer fremden Kultur auf Besuch in Europa würde das ihm unbekannte Fußballspiel in einem Feldprotokoll aufzeichnen. Seine Beschreibung würde tatsächlich, neben vielen anderen Beobachtungen, das regelhafte Verhalten der Spieler und die Sanktionen des Schiedsrichters bei Regelverletzungen darstellen. Aber sie würde die *richtigen* Aktionen im Spiel als *regelmäßiges* Verhalten, nicht als Erfüllung der Anforderungen des Spiels beschreiben und die Interventionen des Schiedsrichters (z. B. gelbe und rote Karten) nicht als Bestrafung von Regelverstößen darstellen. Er würde in seinem Feldprotokoll grundsätzlich nicht zwischen dem unterscheiden, was zu den für das Spiel konstitutiven Regeln gehört, und den eher zufälligen Regelmäßigkeiten, die sich im Rahmen des Fußballs ereignen können. So singen viele Nationalmannschaften vor Beginn eines Matchs die Hymne ihres Landes mit, was nicht von den Spielregeln verlangt wird – niemand erhält eine Sanktion vom Schiedsrichter, wenn er nicht mitsingt. Auf der anderen Seite werden heute von den Schiedsrichtern viele echte Regelverstöße im Kampf um den Ball nicht sanktioniert. In der Beschreibung des Ethnologen würden sie als korrekte Handlungen aufgeführt, während sie unter dem Gesichtspunkt des richtigen Handelns als Regelverstöße anzusehen sind. Von einem korrekten strengen Schiedsrichter würden sie bestraft werden, insofern sie die Anforderungen verletzen, die die Spielregeln an die Fußballer stellen.[28]

Für die Spieler selbst macht die Differenz zwischen einfacher Beschreibung und Beurteilung der Richtigkeit einen entscheidenden Unterschied aus: Was die Spielregeln festsetzen, kann im Spiel grundsätzlich *verlangt* werden. Ihre Normativität bildet die Richtschnur des Verhaltens im Spiel. Dies gilt selbst bei Regelverstößen: Ein Spieler, der eine Regel absichtlich verletzt, tut dies meistens in voller Kenntnis seiner Übertretung – er nutzt die Unaufmerksamkeit oder Unentschlossenheit des Schiedsrichters aus, um einen unerlaubten Freiraum zu gewinnen, der ihm erhebliche Vorteile verschaffen kann. Die Spielregeln, insbesondere bestimmte Verbote (wie das des Handspiels), sind in einem historischen Prozeß entstanden und haben das Fußballspiel in seiner heutigen Form herausgebildet.[29] In dieser Entwicklung wurde die Regelstruktur so konstruiert, daß dem Fußball bestimmte konstitutive Absichten unterlegt wurden, die sich in den Regeln ausdrücken.[30] Eine solche Konstruktion findet Rückhalt in der Tatsache, daß die Handelnden sich am Spiel beteiligen, *weil sie dessen Absichten verwirklichen wollen*. In ihrer Übereinstimmung mit den Intentionen des Spiels liegt gerade der Grund ihres Engagements. Dieses Prinzip gilt auch für die meisten Sprachspiele: Wer ein bestimmtes Sprachspiel spielt – ein Rätsel löst, ein Versprechen gibt, Befehle erteilt, einen Kommentar gibt –, stimmt grundsätzlich mit dessen konstitutiver Absicht überein. Würde jemand diese Übereinstimmung aus Prinzip verweigern, hätte er ernste Probleme, sich am Spiel zu beteiligen.

Die konstitutiven Absichten eines Spiels werden von seiner Regelstruktur *und* der Spielpraxis ausgedrückt. In dem Moment, in dem man sie versteht, begreift man auch, was man im Spiel zu tun hat. Wittgenstein beschreibt diese Einsicht am Beispiel des Erfassens einer Rechenregel. Dabei geht es ihm um die «Technik», die man erwerben muß, um einer Regel folgen zu können. Ich will einen ähnlichen Moment des Begreifens unter dem Aspekt betrachten, was geschieht, wenn jemand die Absicht eines Spiels versteht. Nehmen wir an, ein Kind habe allein durch Zusehen und Mitmachen mehr oder weniger korrekt Fußballspielen gelernt, ohne den Habitus ausgebildet zu haben, den das Spiel verlangt. Eines Tages begreift es etwas, was es vorher noch nicht genau erfaßt hat: daß man seinen Gegenspieler, anders als im Rugby, nicht wegstoßen darf. In diesem Augenblick versteht es eine wichtige strukturell angelegte Intention des Fußballspiels, die dieses von anderen Spielen unterscheidet. Es entwickelt ein praktisches Verständnis dafür, daß die Fußballregeln so konstruiert worden sind, daß man sich den Ball allein mit dem Fuß, ohne Hilfe von Armen und Schultern erobern soll. Bisher war das Kind mit dieser Spielintention rein aus Zufall noch nicht kollidiert. Wenn ihm klar geworden ist, was es im Spiel tun und unterlassen soll, hat es den entsprechenden Habitus ausgebildet. Solange es diesen nicht besitzt, kennt es noch nicht die *Anforderungen*, die es durch seine Spielhandlungen erfüllen soll. In dem Moment, in dem das Kind diese begreift, ist es fähig, sein Verhältnis zur Intentionalität des Spiels zu erfassen: Es kann jetzt verstehen, daß seine eigenen Absichten mit jenen des Spiels übereinstimmen. Für das Problem des Regelfolgens bedeutet dies: Jeder einzelne Spieler hat einen Habitus ausgeprägt, der strukturell mit der Intention des Spiels übereinstimmt.

Das Beispiel des Fußballs kann zur Klärung des Prozesses dienen, in dem die normative Struktur des gesellschaftlichen Lebens schrittweise begriffen wird. Wenn ein Kind ein Versprechen zu geben lernt, erwirbt es unter Einfluß seiner Umgebung die Technik, die Versprechenshandlungen richtig zu vollziehen, ohne die entsprechende Regel explizit zu kennen. Irgendwann begreift es, daß es nicht nur eine bestimmte Handlung ausführt, sondern mit seinem Handeln ein komplexes Sprachspiel *erfüllt*, das besondere Anforderungen an sein Verhalten stellt und weit mehr enthält als nur diese eine Handlung. In diesem Stadium wird man noch nicht unterstellen, daß das Kind *moralisch urteilt*. Vielmehr hat es ein *praktisches Verstehen* des eigenen Verhaltens und von sich selber als handelnder Person erworben: Das Kind begreift, warum es bestimmte Handlungen hervorbringt, die ihm nicht befohlen oder vorgeschrieben wurden, sondern die es aus freien Stücken vollzieht. Es sagt beispielsweise: «Ich habe *dies* doch versprochen», und meint damit, daß es sich verpflichtet fühlt, das Zugesagte auch einzuhalten. In der Selbstdeutung, die in seinem praktischen Verstehen involviert ist, ist es jetzt zu einer Person geworden, die die Regeln des Versprechens erfüllt. Und es weiß, daß es dies von jeder anderen Person verlangen kann, die etwas versprochen hat.

Mit der Annahme eines Habitus, der den Anforderungen sozialer Regeln funktional äquivalent ist, kann das Regelfolgen unter dem Gesichtspunkt von Normativität beschrieben werden. Zu diesem Aspekt gehört auch, daß der Handelnde seine Tätigkeit als

Erfüllung von Regeln rechtfertigen kann. So ist ein kundiger Sprecher nicht nur fähig, korrekt zu handeln, sondern auch die Korrektheit seines Sprechens zu beurteilen und gegenüber den anderen Sprechern zu rechtfertigen: Er handelt *so, weil* er eine Norm beachten will.[31] Sein Handeln kann als ein Muster dieser Norm verwendet werden. Allerdings gibt der Sprecher keine *epistemischen* Gründe für die Richtigkeit seines Handelns an. Seine Rechtfertigung besteht einzig darin, daß er sich selbst als kundigen Sprecher darstellt. Damit weist er implizit darauf hin, daß er ohne jeden Zweifel die Technik und den Hintergrund des richtigen Handelns besitzt, ebenso wie er lesen, schreiben und rechnen kann.

Das Handlungskönnen des kundigen Sprechers zeigt sich im Handeln selbst. Wenn man allerdings an ihn die Forderung richtet, seine Handlungen *explizit* zu rechtfertigen, verlangt man von ihm ein besonderes Sprachspiel, das nicht zum Folgen der Handlungsregel selbst gehört. In vielen Fällen, die wir ganz selbstverständlich als Akte des Regelfolgens ansehen, wird diese Forderung vom Handelnden nicht erfüllt; beispielsweise kann ein Sprecher die Regeln, nach denen in seiner Muttersprache Sätze geformt werden, in vielen Fällen nicht angeben. Die Reflexion über Handlungsregeln und deren Rechtfertigung setzen ein besonderes Sprachspiel und explizite Kenntnisse voraus, die sich von jenen des praktischen Verstehens unterscheiden und die man in spezifischen Kontexten, z. B. grammatischen, ethischen, juristischen, wissenschaftlichen und pädagogischen, erwerben muß. Sie gehören in den durch einen epistemologischen Bruch von der Praxis getrennten Bereich des scholastischen Denkens.

Die Fähigkeit des Regelfolgens ist eine Voraussetzung für den Status der Person. Obwohl Wittgenstein dies nicht ausdrücklich erwähnt, finden sich in den *Philosophischen Untersuchungen,* in den Abschnitten über das Regelfolgen, die Sprache über Empfindungen und die Privatsprache, wichtige Angaben zu den Bedingungen der Personalität. Zunächst zwei negative Argumente: Eine Person ist man nicht aufgrund des Besitzes einer Privatsprache. Auch eine explizite Regelkenntnis scheint dafür nicht notwendig zu sein. Hingegen wird jemandem Personalität zugesprochen, der als Teilnehmer von Sprachspielen anerkannt wird. Ein Teilnehmer ist man, wenn man einen Habitus ausgeprägt hat und sein Handeln implizit rechtfertigen kann: indem man sich als kundiger Sprecher erweist.

Am besten kann man diesen Gedanken am Beispiel der Empfindungen darstellen; ohne der späteren Erläuterung (in Kapitel 7) vorgreifen zu wollen, werde ich Wittgensteins Vorgehen hier kurz skizzieren: In die Erfahrung des Handelnden treten Empfindungen als «primitive Reaktionen» ein. Wenn sich der Sprecher statt auf diese vielmehr auf die in seinem Sprachspiel hervorgebrachten Kriterien bezieht, wird er ein Anderer seiner selbst. Wenn er nun von den Kriterien auf die «primitiven Reaktionen» zurückgeht, eignet er sich diesen Anderen als sein Selbst an. Mit Hilfe der Kriterien erhält er eine Position in den Sprachspielen seiner Gesellschaft. Durch den Rückgang zu seinen «primitiven Reaktionen» macht er sich diese Position zu eigen.

Das Sprecher-Ich ist durch diese Möglichkeit des Hin- und Hergehens zwischen Kriterien und «primitiven Reaktionen» gekennzeichnet. Diese Bewegung kann man als eine Subjektivierung von objektiv gegebenen Kriterien verstehen, als eine Bewegung, die gleichsam hinter die Objektivität des Sprachspiels zurückgeht. Darin liegen die Möglichkeiten, aber auch die Beschränktheiten der Perspektive, die in Sätzen der ersten Person ausgedrückt wird.[32] Die Subjektivierung eines Symbolsystems ist zunächst einmal ein Erkenntnisvorteil: Sie bedeutet die Gewinnung einer neuen Perspektive. Bei genauerem Zusehen bringt sie aber auch die Gefahr einer Fiktionalisierung der eigenen Person mit sich. Der Rückgang von Kriterien zu «primitiven Reaktionen» ist ein Schritt, der von der Sprachgemeinschaft nur schwach kontrolliert werden kann. Wie wir noch sehen werden, liegt in der Perspektive der ersten Person eine Weiterentwicklung, aber auch eine mögliche Gefährdung der Übereinstimmung im Sprachspiel.

6.
MATERIALISMUS UND GLAUBEN

In Teil I der *Philosophischen Untersuchungen* werden die Sprachspiele als «Teil des Lebens» (PU § 23) aufgefaßt. Aus der Textur des
Lebens werden die konstitutiven Bedingungen des Sprachspiels
geformt; dazu gehören auch die Werkzeuge unserer Erfassung der
Welt, die Maßstäbe, Paradigmen und Kriterien. Dies ist aber nicht
Wittgensteins letztes Wort; in der Phase seines Philosophierens,
die man auf die Zeit ab 1945 datieren und als «Wittgenstein III»
bezeichnen kann,[1] geht er noch einen Schritt weiter: Das Leben
drängt selbst in die Sprachspiele und wird zu einem Teil von ihnen.
Es ist weniger ein Austausch als ein Aufnehmen von etwas, was
sich dem Subjekt aufdrängt. Empfindlichkeit für das Leben besitzen zwei Instanzen, die für ein solches Erfassen in Frage kommen. Zum einen ist der Hintergrund sensitiv für regelgemäßes
Geschehen; dies gilt auch für neue Arten von Regelmäßigkeiten,
die bis dahin noch nicht erfaßt und sprachlich bezeichnet worden
sind. Zum zweiten ist der menschliche Körper nicht nur Ergebnis
von kulturellen Formungsprozessen, sondern er ist auch Beteiligter am Sprachspiel *und* gehört zu dessen Möglichkeitsbedingun-
gen. Seine erste welterzeugende Funktion habe ich in Kapitel 4 untersucht; in diesem Abschnitt soll seine zweite Funktion diskutiert
werden. Ähnlich wie für das *Ich* des *Tractatus* gibt es auch in Wittgensteins Spätphilosophie eine Grenze der Sprache; zu dieser gehört in der letzten Phase seines Denkens der Körper: Als kulturell
geformter Umgangskörper ist er Teil der Sprache; als ein Naturding ragt er aus der Sprache heraus.[2]

In seiner letzten philosophischen Phase bringt Wittgenstein eine
Überzeugung zum Ausdruck, die man in dem Satz wiedergeben
könnte: Die Welt ist mehr, als wir in den Sprachspielen sagen können. Man könnte diesen Satz auf eine Reihe von Bemerkungen
über die Rolle der Lebensformen stützen. Allerdings kann man,

was in diesem Satz gesagt wird, nicht *wissen*. Vielmehr drückt er eine Sicht *sub specie aeterni* aus, ähnlich wie die mystische Betrachtung im *Tractatus*, die die Welt als Ganzes betrachtet. *Daß* es die Welt *gibt*, ist keine Frage für die Menschen, die in dieser leben. Wir können uns eine solche Frage nicht einmal stellen; sie ist unsinnig. Man kann aber versuchen, auf eine andere Weise mit ihr umzugehen als mit all jenen Sprachgebräuchen, in denen wir *über* die Welt sprechen. Wir können versuchen, die *Tatsache dieser Frage* zu einem Gegenstand der Reflexion zu machen. Die Existenz der Welt, die Wittgenstein als «ein Wunder» auffaßt, kann man unmöglich diskutieren – sie ist in ihrem Gegebensein hinzunehmen. Man kann den selbstverständlichen Umgang mit der Welt nicht begründen – er gehört zu unserem In-der-Welt-Sein.

1. Was wir nicht anders denken können

Die meisten Menschen teilen das Gefühl der Selbstverständlichkeit der Welt; es drückt eine nicht-theoretische Einstellung zur Welt aus. Wenn man versucht, diese Haltung erkenntnistheoretisch zu verwerten, erzeugt man jedoch neue Probleme. Bei dieser Haltung geht es nicht um Fragen der Erkenntnis, insofern sie gar kein Wissen konstituiert. Wittgenstein diskutiert in Auseinandersetzung mit G. E. Moore die problematische Umformung dieser Einstellung in ein philosophisches Argument. In einem Aufsatz, der Wittgenstein zu seinen Überlegungen anregte, zeichnet Moore eine Klasse von Sätzen aus, die er «Erfahrungssätze» nennt und von denen er mit Sicherheit zu wissen meint, daß sie wahr seien.[3] Aber spricht Moores Beispielsatz: «Dies ist eine Hand, dies ist eine andere» ein Common-sense-Wissen aus, wie Moore meinte? «Wie wäre es, jetzt daran zu zweifeln, daß ich zwei Hände habe? Warum kann ich's mir gar nicht vorstellen? Was würde ich glauben, wenn ich das nicht glaubte? Ich habe noch gar kein System, worin es diesen Zweifel geben könnte.» (ÜG § 247)

Der Zweifel an der Existenz der eigenen Hände ist für Wittgenstein gar keine Instanz eines möglichen Erkenntniszweifels. Daß der Sprecher im Sprachspiel einen Körper hat, gehört zu den Voraussetzungen, daß man dieses überhaupt spielen kann. Die notwendige physische Beteiligung des Körpers an Sprechen und Denken bildet den materialistischen Aspekt von Wittgensteins späterer Philosophie. Die Gewißheit des Körpers, die vom Sprachspiel geschaffen wird, ist die Bedingung dafür, daß ich die Sprache gebrauchen kann.

Der Körper ist keine fundamentalanthropologische Bedingung, die sich außerhalb der Sprachspiele befindet, sondern er ist, als Umgangskörper, selbst Teil ihrer symbolischen Welt.[4] Daher können wir Sätze *über* ihn formulieren; die meisten von diesen drücken ein *Wissen* aus, beispielsweise über sein sich wandelndes Aussehen und seine augenblickliche Beschaffenheit. Eine Reihe von Sätzen, die man sich ausdenken kann und zu denen Moores Beispiele gehören, enthalten aber kein *Wissen* über den Körper. Zu den selbstverständlichen Tatsachen unseren Körperbau betreffend haben wir kein epistemisches Verhältnis.[5] Daß wir Hände haben und ihre Anzahl zwei ist, gehört nicht zum Bestand unseres Wissens. Niemand käme jemals auf die Idee, danach zu fragen oder diesen Sachverhalt in Zweifel zu ziehen – niemand außer einem akademischen Philosophen würde diesen wie eine Tatsache feststellen. Wir können uns nicht einmal vorstellen, daß wir ihn *nicht wissen*. «What makes a language-game possible is not ‹certain facts›, but *our never calling in question* certain facts.» (R. Rhees 2003, S. 91)

Nach Wittgensteins Argumentation in *Über Gewißheit* spricht ein Satz, den man unmöglich bezweifeln kann, kein Wissen aus, sondern er befindet sich «auf dem Boden meiner Überzeugungen» (ÜG § 248). Mit seiner Verteidigung des Common Sense hat Moore in Wittgensteins Augen einen falschen Weg eingeschlagen;[6] der radikale cartesianische Zweifel läßt sich nicht mit Hilfe von Sätzen zurückzuweisen, die wir mit Sicherheit für wahr halten. Was Moore ausdrücken will, ist eine Gewißheit, die grundsätzlich nicht mit Hilfe von Sätzen ausgedrückt werden kann. Was diese Sätze für Wittgenstein interessant macht, ist die Tatsache, daß sie die Form von Erfahrungssätzen haben, aber keine empirische Erfahrung ausdrücken, sondern ein anderes Verhältnis zur Welt: kein Wissen *über* die Welt, sondern einen *Glauben an* die Welt. Der Glauben ist eine Haltung zur Welt, die wir selbst bilden.

Hier hat Wittgenstein eine Möglichkeit gefunden, aus einer nicht-epistemischen Einstellung zur Welt eine *philosophische Haltung* zu gewinnen: «Ich will sagen: Sätze von der Form der Erfahrungssätze und nicht nur Sätze der Logik gehören zum Fundament alles Operierens mit Gedanken (mit der Sprache).» (ÜG § 401)

Wittgenstein sucht nach Sätzen mit der Form von Erfahrungssätzen, die aber die Voraussetzung von Sprachspielen und des Wissens angeben, das wir aus diesen gewinnen. Solche Sätze findet man *innerhalb* von Sprachspielen. Sie zeigen uns Bedingungen an, unter denen wir in der Welt leben. «Du mußt bedenken, daß das Sprachspiel sozusagen etwas Unvorhersehbares ist. Ich meine: Es ist nicht begründet. Nicht vernünftig (oder unvernünftig).

Es steht da – wie unser Leben.» (ÜG § 559) Diese Sätze können, umgekehrt, auch Hinweise darauf geben, in welcher Art von Welt wir *nicht* leben, beispielsweise auf eine Welt mit Lebensformen, die ganz anders beschaffen sind als die uns vertrauten. Sprachspiele ruhen nicht auf einem rationalen Fundament. Aber dies hat nicht zur Folge, daß alles, was in Sprachspielen vorkommt, bezweifelt werden kann. Genau das Gegenteil ist der Fall: Weil wir einen Glauben an das Sprachspiel haben und dieses unsere Praxis festlegt, können wir uns nicht täuschen, solange wir das Spiel korrekt spielen.

Wenn Einer Zweifel in mir immer aufrufen wollte und spräche: da täuscht dich dein Gedächtnis, dort bist du betrogen worden, dort wieder hast du dich nicht gründlich genug überzeugt, etc., und ich ließe mich nicht erschüttern und bliebe bei meiner Gewißheit – dann kann das schon darum nicht falsch sein, weil es erst ein Spiel definiert.
(ÜG § 494)

Wittgensteins Wortwahl ist in diesem Kontext mit aller Vorsicht zu verstehen. Er spricht wohl vom «Fundament alles Operierens mit Gedanken (mit der Sprache)» (ÜG § 401), von einer «Grund-

mauer» (ÜG § 248), davon daß «das Spiel des Zweifelns selbst [...]
schon Gewißheit» voraussetzt (ÜG § 115). Aber das Eigentümliche dieser Gewißheiten ist, daß sie in die Sprachspiele selbst eingewoben sind wie Muster in eine Textur. Sie mischen sich unter die
Erfahrungssätze des Sprachspiels, ohne sich an der Oberfläche von
diesen zu unterscheiden. Aber sie sagen nichts *über* Erfahrenes,
sondern *zeigen* Gewißheiten; ohne diese würde das Sprechen nicht
funktionieren. «We can't think in other ways – not that we aren't
willing to – we can't. So Wittgenstein is not speaking of taking a
physical environment for granted.»[7] In einem traditionellen Denken würde man sie einem die Sprache begründenden Fundament
zurechnen. Wenn wir nach Begründungen suchen, wollen wir eine
solche Basis finden. Wittgenstein schreibt ironisch über diese Annahme: «Und von dieser Grundmauer könnte man beinahe sagen,
sie werde vom ganzen Haus getragen.» (ÜG § 278) Wittgenstein
ordnet sein Denken jedoch nicht in logischen Stufen an. Seine
Unterscheidung von Sprachspielen und Hintergrund ist nicht
kategorial. Der Hintergrund begründet nicht die Sprachspiele. In
ihnen wird vielmehr das hervorgebracht, was den Hintergrund
ausmacht. Was in einem Sprachspiel ein Erfahrungssatz ist, kann in
einem anderen zum Hintergrund gehören.

Dieser Gedanke läßt sich am Beispiel der im Sprachspiel handelnden Subjekte exemplifizieren: Ein Handelnder erwirbt sein
Person-Sein im Sprachspiel. Wenn der Sprecher einen Namen erhalten hat und *Ich* sagen kann, werden diese Hervorbringungen zu
einem Teil des Hintergrunds. «Es gehört zu dem Sprachspiel mit
den Personennamen, daß jeder seinen Namen mit der größten
Sicherheit weiß.» (ÜG § 579) *Ich*-Sagen ist kein Akt, der in der
Intimität des Subjekts entstünde, sondern in der Öffentlichkeit
des Sprachspiels. Unseren Namen haben wir von anderen erhalten;
wir haben ihn in unseren Gebrauch übernommen und verwenden
ihn, ebenso wie das Personalpronomen *Ich,* im Kontext des erworbenen Sprachspiels.[8] Er ist ein wesentlicher Bestandteil unseres auf
uns selbst bezogenen Handelns. «Wenn mein Name *nicht* L. W. ist,
wie kann ich mich darauf verlassen, was unter ‹wahr› und ‹falsch›
zu verstehen ist?» (ÜG § 515)

2. Grundlose Sicherheit

Die Sicherheit, mit der wir uns am Sprachspiel beteiligen, erscheint uns nur dann grundlos (ÜG § 166), wenn wir sie im Denken suchen:

> Warum bin ich denn so sicher, daß das meine Hand ist? [...] Ist in dem Sprachspiel diese ‹Sicherheit› nicht (schon) vorausgesetzt? Dadurch nämlich, daß *der* es nicht spielt, oder falsch spielt, der Gegenstände nicht mit Sicherheit erkennt.
> (ÜG § 446)

Zu unseren Gewißheiten gehört wesentlich, daß wir uns unseres Körpers sicher sind – in einem «unumstößlichen Glauben» an die Beschaffenheit unseres Körpers und der Spiele, in denen er verwendet wird.[9] Die Skepsis gegenüber der körperlichen Existenz des Subjekts würde auch die Kategorie des Gebrauchs in Zweifel ziehen. Gebrauch ist aber die Bedingung der Möglichkeit von Sprechen und Erkennen; mit seiner Hilfe bringen wir Sprachspiele, handelnde Personen und Bedeutungen von Handlungen, Dingen und Worten hervor. Insofern wir im Gebrauch die bedeutungsvolle Welt erzeugen, ist die Gewißheit des Körpers (wenn auch nicht der Körper selbst) an allen Produktionsakten beteiligt.

Über unsere grundsätzliche körperliche Beschaffenheit können wir uns nicht täuschen.[10] «Wenn Einer mir sagte, er zweifle daran, ob er einen Körper habe, würde ich ihn für einen Halbnarren halten. Ich wüßte aber nicht, was es hieße, ihn davon zu überzeugen, daß er einen habe. Und hätte ich etwas gesagt und das hätte nun den Zweifel behoben, so wüßte ich nicht wie und warum.» (ÜG § 257) Wenn aber jemand darauf hinwiese, daß er einen Körper hat, würde er der Tatsache, daß er spricht, nichts hinzufügen. Wer spricht, verwendet seinen Körper; wenn er beim Sprechen an dessen Existenz zweifelte, wäre der Sinn seiner Worte vollkommen unverständlich. Wenn er damit aber doch eine Erfahrung mitzuteilen meint, begeht er einen Irrtum; er würde nur auf die Bedingung seines Sprechens hinweisen: «Wenn Einer sagt ‹Ich habe einen Körper›, so kann man ihn fragen ‹Wer spricht mit diesem Munde?›.» (ÜG § 244)

Zum Umgangskörper gehört wesentlich der menschliche Körperbau und sein Gebrauch.[11] Insbesondere von der Hand wird ein selbstverständlicher Umgang mit der Welt ermöglicht. Im Handgebrauch treffen die Form des Körpers und die menschlichen Handlungsweisen mit der Organisation der Sprachspiele zusammen. Wie die Arbeiten A. Leroi-Gourhans und F. R. Wilsons[12] zeigen, gibt es eine enge Verbindung der phylogenetischen Entstehung der Sprache mit der Evolution der menschlichen Hand. Gewiß ist es etwas anderes, ob man die Hand oder ein Wort gebraucht. Aber auf dem Grund beider Gebrauchsweisen gibt es eine strukturelle Analogie, die von der im Gebrauch hergestellten Gewißheit konstituiert wird.

> Wenn ich sage «Natürlich weiß ich, daß das ein Handtuch ist», so mache ich eine *Äußerung*. Ich denke nicht an eine Verifikation. Es ist für mich eine unmittelbare Äußerung. – Ich denke nicht an Vergangenheit oder Zukunft [...] – Ganz so wie ein unmittelbares Zugreifen; wie ich ohne zu zweifeln nach dem Handtuch greife. Aber dieses unmittelbare Zugreifen entspricht doch einer *Sicherheit*, keinem Wissen. – Aber greife ich nicht auch zum Namen eines Dinges?
> (ÜG § 510f.)

Es ist kein Zufall, daß Wittgenstein in den *Philosophischen Untersuchungen* seine Grundannahme, die Bedeutung sei der Gebrauch von Wörtern, immer wieder an Beispielen des Handgebrauchs exemplifiziert: am Zugreifen, Herreichen, Anpassen, Hinweisen. Die variable Funktionsweise sprachlicher Ausdrücke wird mit jener von Gegenständen verglichen, die mit der Hand bewegt werden und deren Funktionen wir mit Handgriffen und Werkzeugen fortsetzen und erweitern.[13]

Auf den frühen Stufen der ontogenetischen Entwicklung vollzieht sich der Spracherwerb wie ein Erlernen des Umgangs mit Gegenständen, mit dem Unterschied, daß hier symbolische Objekte verwendet werden. Daher sind Sprachgebräuche viel tiefer verankert als nur in Konventionen. Wenn ein Kind beginnt, Wörter zu gebrauchen, hat es *vorher* im Umgang mit Gegenständen schon die Gewißheit erworben, die für ihren Gebrauch nötig ist. In vielen Fällen ist der Wortgebrauch eine Art Greifen zu Namen für Dinge. Schon beim Greifen werden Vorformen von Bedeutungen praktisch erzeugt. «Eine Bedeutung eines Wortes ist eine Art seiner Verwendung. – Denn sie ist das, was wir erlernen, wenn das Wort zuerst unserer Sprache einverleibt wird.» (ÜG § 61) Greifen und Einverleiben, zwei Aspekte des Handgebrauchs, werden in ständig fortschreitender Tätigkeit zu immer abstrakteren Formen weitergebildet. Auf höheren Stufen des Sprechens und Denkens können sie durch andere Gebräuche weitergeführt werden; aber die Tatsache des Gebrauchs selbst kann nicht in Frage gestellt werden.

Zu den Gewißheiten des Körpers und seines Gebrauchs im praktischen Handeln gehört die geschlechtliche Zugehörigkeit. Wir sprechen unsere Zugehörigkeit zum männlichen oder weiblichen Geschlecht selten aus, aber wir haben eine permanente Gewißheit davon, nicht als eine uns ständig begleitende Einsicht, sondern als eine sich in unseren Tätigkeiten auswirkende Tatsache. «Daß ich ein Mann und keine Frau bin, kann verifiziert werden, aber wenn ich sagte, ich sei eine Frau, und den Irrtum damit erklären wollte, daß ich die Aussage nicht geprüft habe, würde man die Erklärung nicht gelten lassen.» (ÜG § 79) Die Zugehörigkeit zum männlichen oder weiblichen Geschlecht gehört, jedenfalls für die meisten Menschen, zu den unerschütterlichen Grundtatsachen des Lebens, die im körperlichen gesellschaftlichen Sein von Menschen tief verankert sind. «Der Körper [...] existiert von vornherein als männlicher *oder* weiblicher Körper [...] Die Unterscheidung in männlich und weiblich ist ein zentrales Unterscheidungsprinzip aller uns bekannten Gesellschaften, auch der modernen Gesellschaft, in der wir leben.» (B. Krais 2003, S. 164) Für die große Mehrheit der Menschen gilt diese Überzeugung ohne jeden Zweifel; aber es gibt auch die Möglichkeit, diese gerade nicht zu teilen, sondern sie in Frage zu stellen und durch eine andere Gewißheit zu ersetzen. Geschlechtszugehörigkeit ist nach Wittgensteins Gewißheitskonzeption keine unveränderliche, ewige biologische Tatsache. Was in unseren Sprachspielen Gewißheiten sind, gehört möglicherweise in anderen Gesellschaften mit unterschiedlichen sozialen Praxen *nicht* zu den unbezweifelbaren Sätzen.

Gewißheiten entstehen im Zusammenwirken von Lebensform, Umgangskörper und Hintergrund in der menschlichen Praxis. Es kommt darauf an zu begreifen, daß dieser Zusammenhang an die Stelle einer Fundierung tritt. «Die Begründung aber, die Rechtfertigung der Evidenz kommt zu einem Ende; – das Ende aber ist nicht, daß uns gewisse Sätze unmittelbar als wahr einleuchten, also eine Art *Sehen* unsrerseits, sondern unser *Handeln*, welches am Grunde des Sprachspiels liegt. Wenn das Wahre das Begründete ist, dann ist der Grund nicht *wahr*, noch falsch.» (ÜG § 204 f.) Gewißheiten können nicht in einem expliziten Unterricht vermittelt werden, sondern werden vom Kind in seiner Handlungspraxis aufgenommen. «Das Kind lernt eine Menge Dinge glauben. D. h. es lernt z. B. nach diesem Glauben handeln. Es bildet sich nach und nach ein System von Geglaubtem heraus, und darin steht manches unverrückbar fest, manches ist mehr oder weniger beweglich. Was feststeht, tut dies nicht, weil es an sich offenbar oder einleuchtend ist, sondern es wird von dem, was darum herumliegt, festgehalten.» (ÜG § 144)

Eine Praxis kann sich unmerklich für die Subjekte verändern. In dem Maße, wie sich die Praxis wandelt, kann sich auch der Hintergrund umformen.[14] Unsere Gewißheiten bilden also keine ein für allemal feststehende, scharf abgegrenzte Klasse von Sätzen; sie existieren immer nur relativ zu der Ausprägung des Hintergrunds zu einem gegebenen Zeitpunkt.

Man könnte sich vorstellen, daß gewisse Sätze von der Form der Erfahrungssätze erstarrt wären und als Leitung für die nicht erstarrten, flüssigen Erfahrungssätze funktionierten; und daß sich dies Verhältnis mit der Zeit änderte, indem flüssige Sätze erstarrten und feste flüssig würden.
(ÜG § 96)

Die «erstarrten Erfahrungssätze» erinnern an Nietzsches Kennzeichnung der «Wahrheit» als ein «Heer von Metaphern»,[15] die durch «Hart- und Starr-Werden einer ursprünglich in hitziger Flüssigkeit aus dem Urvermögen menschlicher Phantasie hervorströmenden Bildermasse» entstanden sind.[16] In Wittgensteins Konzeption gewinnen die Erfahrungssätze aufgrund ihrer Rigidität eine besondere Leitfähigkeit. Sie schaffen Verbindungen untereinander und verbinden sich zu einem «Weltbild». «Die Sätze, die dies Weltbild beschreiben, könnten zu einer Art Mythologie gehören. Und ihre Rolle ist ähnlich der von Spielregeln, und das Spiel kann man auch rein praktisch, ohne ausgesprochene Regeln, lernen.» (ÜG § 95) Starre Sätze können sich wieder verflüssigen und mit der so entstandenen Bewegung kann sich auch das «Weltbild» verändern.

> Die Mythologie kann wieder in Fluß geraten, das Flußbett der Gedanken sich verschieben. Aber ich unterscheide zwischen der Bewegung des Wassers im Flußbett und der Verschiebung dieses; obwohl es eine scharfe Trennung der beiden nicht gibt.
> (ÜG § 97)

> Ja, das Ufer jenes Flusses besteht zum Teil aus hartem Gestein, das keiner oder einer unmerkbaren Änderung unterliegt, und teils aus Sand, der bald hier bald dort weg- und angeschwemmt wird.
> (ÜG § 99)

Unser Weltbild, unsere «Mythologie» verändert sich im Laufe der Zeit, wie sich Gebräuche allmählich wandeln können. Von der Fließbewegung werden Teile unseres Glaubens und was in unserem Denken mit diesen zusammenhängt, verändert. Für die Beteiligten geschehen die Veränderungsprozesse unmerklich, weil alle Mitglieder der Gemeinschaft die Veränderungen mitvollziehen. Es gibt keinen identischen Kern, der grundsätzlich von Veränderung ausgenommen ist, sondern nur Bewegungen, die Weiterentwicklungen hervorbringen und sich mit Hilfe von Familienähnlichkeit an den früheren Gebräuchen orientieren. Die Gleichheit der Gebräuche wird nicht von ihnen selbst garantiert, sondern entsteht im Zusammenstimmen der Beteiligten in der Praxis.[17]

So sagst Du also, daß die Übereinstimmung der Menschen entscheide, was richtig und falsch ist? – Richtig und falsch ist, was Menschen *sagen*; in der *Sprache* stimmen die Menschen überein. Dies ist keine Übereinstimmung der Meinungen, sondern der Lebensform. (PU § 241)

3. Begreifen und Enthalten-Sein

In unseren Überlegungen zur «Übereinstimmung der Menschen» in Urteilen und Definitionen stellt sich eine Frage, die sich an Wittgensteins spätere Philosophie insgesamt richten läßt: Worin bestehen bei der Erzeugung von Gemeinsamkeit die Beiträge des handelnden Subjekts? Dieses ist nicht passiv, sondern es ist diejenige Instanz, die das Sprachspiel *spielt*. Es will etwas in der Welt erledigen, es wendet die Regeln an, es hat Empfindungen etc. In Wittgensteins Überlegungen wird die Beteiligung des Subjekts bei der Herstellung von Übereinstimmung in der Praxis wenig beachtet. Es scheint mir angebracht, das Wittgensteinsche Denken an dieser Stelle um ein *Zwischenglied* zu ergänzen, mit dem sich die Aktivität des Sprechers hervorheben läßt. Mit Pierre Bourdieus Konzeption der Übereinstimmung von subjektiven und objektiven Strukturen kann die Beteiligung der Subjekte an einem gegebenen Spiel in einer Weise beschrieben werden, die gut in den von Wittgenstein aufgespannten Kontext paßt. Auf den ersten Blick mag die etwas andere Begrifflichkeit befremden, aber es wird sich schnell herausstellen, daß mit ihrer Hilfe das gleiche Problem diskutiert wird. Bourdieu spricht grundsätzlich nicht von «dem Leben», sondern von gesellschaftlicher Praxis; gewiß haben beide Begriffe unterschiedliche Umfänge und Konnotationen, aber in dem Bereich, der uns hier interessiert, überschneiden sie sich weitgehend.

Bourdieu setzt mit seinen Überlegungen an dem Punkt an, der bei Wittgenstein in unserer bisherigen Diskussion noch nicht klar geworden ist: Worin genau besteht die Übereinstimmung des Handelnden mit der Praxis der Sprachgemeinschaft und wie macht sich das Subjekt das Sprachspiel zu eigen? In den *Méditations pascaliennes* (dt. *Meditationen*) nimmt Bourdieu den Gedanken auf, daß sich die intentionale Haltung eines Handelnden in den Strukturen seines Sprachspiels ausdrückt. Dies ist nach seiner weiterführenden Überlegung nur die *eine* Seite des Verhältnisses zwischen Subjekt und Spiel; Bourdieu fügt den Gedanken hinzu, daß auch das Spiel im Handelnden enthalten ist: Ebenso wie der Spieler in den strukturierten Kontext des Sprachspiels eintritt, nimmt der Handelnde das Spiel in sich auf. Beide Akte sind ineinander verschränkt: Der Spieler inkorporiert die Strukturen des Sprachspiels, das seinerseits den Spieler in sich aufnimmt. Der Chiasmus, der dabei entsteht, soll im folgenden beleuchtet werden.

Wenn wir das *Subjekt im Spiel* betrachten, können wir bemerken, daß seine Konstitution eine andere ist als die eines isolierten, von anderen Menschen und seiner Umgebung abgetrennten Individuums. Es steht mit den Mitspielern und den Dingen in Verbindung; es lebt in einer Situation der Übereinstimmung mit dem Spiel. So gibt es zwischen einem Fußballspieler und seinen Mannschaftskameraden einerseits und mit seinen Gegnern andererseits eine Fülle von Beziehungen, die durch Blicke, Körperkontakte, Bewegungen, Absichten, Antizipationen hergestellt werden. Es sind Bezugnahmen, die im Handeln zwischen den verschiedenen Positionen der Spieler entstehen. Alle diese Beziehungen zusammen bilden ein Kraftfeld, in dem die unterschiedlichen Positionen durch ein Netz von Relationen miteinander verbunden sind. Innerhalb dieses Beziehungsnetzes entstehen die relationalen Bedeutungen, die den Positionen im Spiel zukommen.

Eine ganz ähnliche Beobachtung beschreibt Maurice Merleau-Ponty in *Le visible et l'invisible* (dt. *Das Sichtbare und das Unsichtbare*).[18] In diesem nachgelassenen Text wird die Übereinstimmung des Wahrnehmenden mit anderen Menschen und den Dingen, die in einer Situation präsent sind, als *coincidence* beschrieben, als ein Zusammenstimmen des Menschen mit der Welt, die sich auf der Grundlage körperlichen Empfindens bildet. Zwischen der Welt und dem Subjekt bildet sich ein Gewebe, eine Textur der *entre-lacs*, ein Überkreuzen der Bezüge und Bindungen, das ein gemeinsames *chair*, Fleisch, bildet, in dem alle an einer Situation Beteiligten, einschließlich der Dinge, miteinander verbunden sind. Es ist so, als vergrößere der Spieler mit dem *chair* seine sinnliche Oberfläche und als entstünde so eine gemeinsame empfindende Körperlichkeit (*inter-corporéité*), die ihn mit den anderen Individuen und den Dingen verbindet. Mit diesen Metaphern versucht Merleau-Ponty eine unreflektierte Grundschicht der Welt zu beschreiben.

Von der phänomenologischen Sichtweise dieser Darstellung setzt sich Bourdieu ab; er deutet die Übereinstimmung des Spielers mit dem Spiel nicht als eine besondere Weltstruktur, in die sich die Menschen einfügen, sondern als einen dynamischen, sich ständig verändernden Austausch zwischen Handelndem und Spiel. Beide, der Spieler und das Feld entwickeln sich in gegenseitiger Bezugnahme und Abhängigkeit. Die in langer Übung entstandenen Fertigkeiten, Fähigkeiten und gemeinsame Aufmerksamkeit werden vom Spieler in seinen Körper übernommen. Spieler mit großer Erfahrung im Feld können *sehen, daß* jemand eine Regel übertritt, wenn dieser beispielsweise eine Grenzlinie verletzt und in eine verbotene Zone eintritt; sie erkennen unmittelbar, daß hier etwas Regelwidriges geschieht. Mit ihrem praktischen Sinn erfassen die Spieler ohne Nachdenken, was gerade geschieht; sie antizipieren, was in der nächsten Zukunft geschehen wird, und bereiten ihre eigenen Handlungen vor.

Bourdieu beschreibt das Verbundensein mit der Welt, das uns zu einer Übereinstimmung[19] oder «Solidarität mit der Welt» fähig macht, mit einem Zitat von Pascal:

[...] par l'espace, l'univers me comprend et m'engloutie comme un point; par la pensée, je le comprends.[20]
[...] durch den Raum erfaßt und verschlingt das Universum mich wie einen Punkt: durch das Denken erfasse ich es.[21]

In Bourdieus Interpretation kommt der doppelte Sinn von *comprendre* als Enthalten-Sein und verstehendes Erfassen dadurch zustande, daß Menschen nicht nur denkende Wesen, sondern auch Dinge in der Welt sind: «Die Welt erfaßt mich, schließt mich als Ding unter Dingen ein, aber als Ding, für das es Dinge gibt, ja eine Welt, erfasse ich diese Welt; und dies, wie man hinzufügen muß, gerade *weil* sie mich umfängt und erfaßt.»²² Als in der Welt enthaltenes Ding enthalte auch ich die Welt, aber *dieses* Enthalten-Sein im zweiten Teil des Zitats ist nicht mehr materieller Art, sondern ein praktisches Verstehen.

Bourdieu entwirft das Verhältnis von Subjekt und Welt in Form einer Doppelstruktur, die in der einen Richtung von der Welt zum Subjekt läuft und in der anderen vom Subjekt zur Welt zurück. Bei diesem *zweiseitigen* Durchlauf entsteht aus dem materiellen Umgreifen ein verstehendes Erfassen. Wie kann diese Veränderung des Weltverhältnisses des Subjekts, die aus dem Enthalten-Sein ein Verstehen macht, erklärt werden? Was geschieht dabei? Betrachten wir die beiden Bewegungen genauer.

Die *erste* Bewegung: Ich bin *materiell* in der Welt enthalten; die Welt ergreift mich in meiner körperlich-materiellen Existenz – sie bringt mich in bestimmte räumliche Positionen und Verhältnisse; sie erlegt mir diese auf und hält mich darin fest. Als ein von der Welt ergriffener Teil bewege ich mich mit und in der Bewegung der Welt, werde von dieser geformt, geprägt, nehme ihre Einwirkungen auf, bilde meinen eigenen Raum, der zum umfassenden Raum der Welt gehört. Was sich da bewegt und bewegt wird, das bin durchaus ich: mein Ich als Teil der Welt.²³

Die *zweite* Bewegung: Auch ich behandle die Welt, ergreife sie; ich verleibe mir ihre Reaktionen ein. Sie wird mit ihrem Verhalten, ihren Reaktionen, Anforderungen, ihrer Ordnung Teil von mir. Ich bilde meine eigenen Reaktionen so aus, daß ich sie in mein Verhalten einbeziehe; ich verhalte mich in bezug auf *ihr* Verhalten. Ich erwerbe im Laufe meiner Erfahrungen, durch mein Erfassen der Welt, eine *compréhension pratique*,²⁴ ein praktisches Verständnis von ihr. Im Umgang mit der Welt wird sie mir vertraut. Ich verstehe aus der Situation heraus, was an ihr bedeutungsvoll ist, und bin fähig, angemessen darauf zu reagieren. Praktisches Verstehen ist unmittelbar mit antwortendem Verhalten verbunden;

es kennzeichnet die aufnehmende Fähigkeit des praktischen Sinns.

Die entscheidende Instanz, die diese Doppelbewegung zustande bringt, ist der Umgangskörper. Was ihn dazu befähigt, ist seine *Zweiseitigkeit*, seine Ausrichtung sowohl nach außen als auch nach innen; er ist einerseits auf die Welt, andererseits auf das Subjekt selbst gerichtet. Dabei bleibt er ein und derselbe Körper, der von außen als Objekt wahrgenommen und behandelt, dabei gleichzeitig vom Subjekt erfahren und gespürt wird. In dieser Behandlung der Welt erhält der Körper Einprägungen und Merkzeichen; ihm werden Erinnerungen eingekerbt oder, wie Nietzsche sagt: es wird ihm ein Gedächtnis gemacht.[25] Die Möglichkeit des gegenseitigen Enthalten-Seins entsteht aus der biologischen Eigenschaft des Menschen, «der Welt gegenüber offen, also ihr ausgesetzt und somit von ihr formbar zu sein. Er ist modellierbar durch die materiellen und kulturellen Lebensbedingungen, in die er von Anfang an gestellt ist, und unterliegt einem Sozialisierungsprozeß.» (P. Bourdieu 2000, S. 172)[26]

Aber der Körper ist mehr als nur behandelte und fühlende Materie; er ist gleichzeitig ein Mitspieler. Er stellt «als realer Akteur, d. h. als Habitus mit seiner eigenen Geschichte […] und den von ihm verkörperten Eigenschaften ein, wie Hegel sagt, Prinzip der *Vergesellschaftung* dar» (ebd., S. 171 f.). Der Körper ist, insofern er die Grundlage der Vergesellschaftung des Menschen bildet, auch das Prinzip der Objektivierung und Verräumlichung: In körperlichen Tätigkeiten wird ein strukturierter und zeitlich gegliederter *gesellschaftlicher Raum* geschaffen, in dem sich das Subjekt zur Erscheinung bringt und mit anderen Subjekten und ihren Tätigkeiten zusammentrifft.[27] Alle Handelnden zusammen erzeugen im physischen Raum einen strukturierten und zeitlich gegliederten *sozialen* Raum. Es ist der *Raum der Gebräuche*, des gebräuchlichen, alltäglichen Handelns und der Sprachgebräuche.

4. Übereinstimmung

Gebrauch von Dingen und Sprache ist nichts Immaterielles, sondern vollzieht sich in sinnlichen sozialen Akten.[28] Er ist überpersönlich wie ein Brauch. In einem Brauch vereinigt sich eine soziale Gruppe und schließt andere aus, die ihn nicht beherrschen oder nicht zugelassen sind. In ihn werden all jene aufgenommen, die auf seine Anforderungen antworten, z. B. zurückgeben, zurückblicken, zurücksprechen können. Ein Brauch bezeichnet nicht Elemente der Welt, sondern bringt eine eigene Wirklichkeit hervor; daher repräsentiert er nicht die Welt, selbst wenn er darstellerische Elemente besitzt.

Zu einem Brauch gehört, daß er als ein bestimmter Gebrauch erkannt wird – er hat einen öffentlichen, zeigenden Aspekt, insofern er sich als ein bestimmter Umgang mit Dingen, Verhalten und Worten präsentiert.[29] Im sozialen Raum vollzieht der Brauch eine geregelte Praxis; sie wird von Subjekten hervorgebracht und anderen Subjekten dargeboten, die in demselben Raum präsent und fähig sind, eine ähnliche Praxis zu verwirklichen. Gebräuche entstehen durch familienähnliche Reproduktion bestimmter Handlungen; sie haben einen *mimetischen* Aspekt, der von der Wiederkehr gleichartiger Züge und Verankerung des Handelns im Habitus der Subjekte gekennzeichnet ist. Durch den Sprachgebrauch werden nicht nur Worte bedeutungsvoll gemacht, sondern der ganze gemeinschaftliche Raum wird mit Bedeutung aufgeladen. So sind in einem Spiel alle Positionen und alle Züge bedeutungsvoll, die in ihm ausgeführt werden. Die Fähigkeit, einen solchen Raum gemeinsam mit anderen hervorzubringen und die neu Eintretenden in diesen einzugliedern, ihnen darin einen Platz zuzuweisen, unterscheidet den Menschen von allen anderen Lebewesen. Alles, was in diesem Raum enthalten ist, kann prinzipiell von Menschen verstanden werden. Umgekehrt entzieht sich alles der Verständlichkeit, was sich in *keinem* Raum befindet.

Auch das Subjekt ist immer Teil eines sozialen Raums: Ich bin in die Welt eingespannt; ich gehöre zu ihr. Mit meinem Handeln setze

ich die Welt fort, aber auf meine Weise. Ich nehme die mir gegebene Situation in mich hinein und mache sie in meiner Behandlung zu meiner eigenen. Im Sprachspiel geschieht eine subjektive
Aneignung der mir vorgegebenen Strukturen. «Wie wenn man
beim Schreiben eine bestimmte Grundform lernt und diese später
dann variiert, so lernt man zuerst die Beständigkeit der Dinge
als Norm, die dann Änderungen unterliegt.» (ÜG § 473) Meine
Weltaneignung ist eine ursprünglich an anderen orientierte mimetische Hervorbringung von eigenen Konstruktionen im sozialen
Raum.

Neben dieser mimetisch erzeugten Gemeinsamkeit im Spiel gibt
es eines zweite Seite der Übereinstimmung mit der Welt, die Wittgenstein erst in der letzten Phase seines Denkens deutlicher kennzeichnet: Die einfachen Sprachspiele entstehen aus verhaltens-
mäßigen Reaktionen: «Der Ursprung und die primitive Form des
Sprachspiels ist eine Reaktion; erst auf dieser können die komplizierteren Formen wachsen. Die Sprache – will ich sagen – ist eine
Verfeinerung, ‹im Anfang war die Tat›.» (VB, S. 493)[30]

Zu den «primitiven Reaktionen» gehören die Empfindungsausdrücke, die ich im nächsten Kapitel gesondert betrachten werde.
In diesem Kontext interessieren die *praktischen Reaktionen* auf
die Welt. An ihnen zeigt sich die «Art, wie wir die Dinge sehen»:[31]
In der Welt erkennen wir, wie die Dinge angeordnet sind, ihre Regelmäßigkeit, ihre Ordnung; wir sehen sie als bestimmte Muster.
Auch diese komplexen Zusammenhänge erfassen wir in unmittelbarer Wahrnehmung. Wir können eine Handlungssituation ohne
dazwischengeschaltete Bewußtseinsakte beurteilen und in die Welt
eingreifen.[32] Alles dies sind Fähigkeiten, die ihre Grundlage nicht
im Denken haben, sondern in der Übereinstimmung von wahrgenommenen, inkorporierten und von Menschen produzierten
Strukturen. Dieses Zusammenstimmen zeigt sich insbesondere in
der *Antizipation* zukünftiger Akte. Das Subjekt hat sich in seinem
praktischen Handeln Dispositionen und Erwartungen einverleibt,
die als innere Strukturen die Anforderungen der Welt und ihre
möglichen Antworten vorwegnehmen und die es fähig machen,
verständig mitzuspielen.

Ich will den Menschen hier als Tier betrachten; als ein primitives Wesen, dem man zwar Instinkt, aber nicht Raisonnement zutraut. Als ein Wesen in einem primitiven Zustande. Denn welche Logik für ein primitives Verständigungsmittel genügt, deren brauchen wir uns auch nicht zu schämen. Die Sprache ist nicht aus einem Raisonnement hervorgegangen.

(ÜG § 475)

Bourdieu spricht von einer Homologie der Strukturen der Welt und der Strukturen des Habitus: «Die Welt ist erfaßbar, unmittelbar sinnerfüllt [...]», und fährt fort, «[...] wenn der Akteur die ihm vertraute Welt unmittelbar erfaßt, so deswegen, weil die dabei verwendeten kognitiven Strukturen aus der Einverleibung der Welt resultieren, in der er handelt; weil die Konstruktionselemente, die er verwendet, um die Welt zu erkennen, von der Welt konstruiert wurden.» (Bourdieu 2000, S. 174) In seinem Gebrauch stellt der Handelnde die vorgefundenen «Konstruktionselemente» von neuem her. Die immer wieder von neuem erzeugte Übereinstimmung mit der Welt verlangt von ihm eine je erneuerte Konstruktion von Elementen, die es in ähnlicher Weise schon gibt. Das Subjekt antwortet auf eine Situation mit seinem praktischen Können und Verstehen, die nicht nur zur Erledigung von Aufgaben, sondern auch zur Erkenntnis der Welt dienen. Bourdieu nennt diese *connaissance par corps*, eine mit Hilfe des Körpers gewonnene praktische Erkenntnis, eine Welterschließung durch Handeln.

Mit Bourdieus Konzept der körperlichen Erkenntnis kann die dynamische Komponente des Gebrauchskonzepts genauer bestimmt werden: Die Welt der Sprachspiele wird vom Subjekt, insbesondere in seinen Körpergebräuchen, aktiv hergestellt. Wie die Umgangskörper der Beteiligten ist auch der Raum des Spiels von Regeln durchdrungen; in ihm sind nicht nur die Spielaufgaben und Absichten angelegt, sondern auch die *Möglichkeiten*, wie man diese erledigen kann. Die Übereinstimmung der Spieler zum einen untereinander, zum anderen mit dem Spiel funktioniert über ein unausgesprochenes Vorverständnis darüber, wie das Spiel reguliert ist.

Als ein implizites Wissen, das nicht ausdrücklich gelehrt wird, ist es konstitutiv für die Verständlichkeit des Spiels. Das Subjekt ist immer schon mit anderen, und es befindet sich immer schon in einer «Lebensform».[33]

In diesem Prozeß des fließenden Übergangs von praktischen Reaktionen auf die Welt zu höher organisierten Spielen wird eine Homologie der Strukturen der Welt und der Strukturen des Habitus hergestellt. Die Ordnung im Spiel entsteht von zwei Seiten, vom Sprachspiel und von den Subjekten her. Sie wird einerseits von den Spielstrukturen vorgegeben, andererseits durch das Handeln der Subjekte ständig modifiziert. In den Verwirklichungen von Spielstrukturen fließen objektive und subjektive Beiträge zusammen. Wittgenstein hat die subjektive Seite der Sprachspiele wohl bemerkt, aber er wendet sich in seinen Untersuchungen fast ausschließlich den objektiven Strukturen zu. Bourdieu hingegen hebt die gegenseitige Durchdringung objektiver und subjektiver Aspekte hervor. Diese ist die Bedingung dafür, daß die Welt und die Sprache durch Regeln geordnet sind und die Subjekte sie als bedeutungsvoll verstehen und sinnvoll in der Welt und der Sprache handeln können.

Mit der vorgeschlagenen Fortführung des Denkens der *Philosophischen Untersuchungen* rückt das Prinzip der Übereinstimmung des Handelnden mit der Welt in das Zentrum des Sprachspielkonzepts. Gestützt wird diese Interpretation insbesondere von Wittgensteins Überlegungen in *Über Gewißheit*, die eine solche Neuorientierung seiner Philosophie nahelegen. Die Beteiligung am Spiel beruht auf einer *dreifachen* Übereinstimmung: auf der Übereinstimmung mit den anderen, mit der Welt und mit den Sprachspielen. Wenn die Akte eines Spielers, sein Handeln, Wahrnehmen, Erinnern, Sprechen und Denken, mit den Mitspielern *und* mit den Regeln des Sprachspiels übereinstimmen, gelten sie als richtige Akte. Sie sind in Ordnung, wie sie sind, weil sich der Handelnde mit seinen Akten in das Spiel und in die Sprachgemeinschaft einpaßt. Seine Übereinstimmung läßt sich nicht auf einen soziologischen Tatbestand reduzieren, sondern ist die Antwort auf die normativen Anforderungen, die an ihn gerichtet sind: Er *soll* mit diesen übereinstimmen. Darauf wird von der Sprachgemeinschaft und vom Spiel mit allen Mitteln hingewirkt. Die Anerkennung des Spiels liegt jenseits von Konventionen und Absprachen; sie ist nicht verhandelbar. Auf der anderen Seite gibt das Sprachspiel den Subjekten die Gelegenheit, dieses immer wieder neu zu gestalten, es neu auszudeuten, es wieder in Fluß zu bringen und seine Möglichkeiten zu explorieren. Es wird noch zu zeigen sein, daß Wittgensteins Denken die Überzeugung von der schöpferischen Fähigkeit des Menschen zugrunde liegt. Der Mensch als eingestelltes Wesen kann sich, wenn er sich erst einmal das Spiel zu eigen gemacht hat, selbst neu einstellen.

5. Mechanismus und Organismus

Durch sein Handeln im Sprachspiel und seine Empfindlichkeit für den Hintergrund ist das Subjekt mit der Welt und den Mitspielern verbunden. Von diesem Gedanken ausgehend erweitert Wittgenstein seine Sprachauffassung in seinen Überlegungen ab 1945. Einerseits hält er an einer mechanistischen Auffassung der Sprache fest, die von Begriffen wie Werkzeug, Maschine, Instrument, Funktionieren und Gebrauch gekennzeichnet ist. Auf der anderen Seite entwickelt er die Überlegung, daß Menschen in ihrem Gebrauch und ihrem Umgangskörper mit den Regeln der Sprache und der Gemeinschaft übereinstimmen, so daß sie diese nicht in Zweifel ziehen können, ohne sich selbst zu verlieren. Die Sprachspiele, der Umgangskörper, der Hintergrund, die Regeln und das Ich werden im Lebensprozeß konstruiert; und erst dadurch, daß Menschen sie konstruiert haben, gibt es sie als sprechende, handelnde, denkende und empfindende Wesen. Gebrauch und Umgangskörper nehmen dabei eine besondere Stellung ein, insofern sie, als Bestandteile von Sprachspielen, auf Lebensprozesse reagieren. Genau diese Verbindung von Sprache und Leben kann für uns, die wir als handelnde und denkende Personen von ihr konstituiert werden, nicht Gegenstand von *Wissen* sein.

In seinen Bemerkungen über Gewißheit findet Wittgenstein eine Grenze der Erkenntnis, an der das Unerkennbare anfängt. Würden wir sie überschreiten, könnten wir nur Unsinn reden. Im späteren Denken Wittgensteins hat die Grenze einen anderen Sinn als im *Tractatus*. Wenn man davon spricht, worüber man schweigen sollte, wagt man sich in ein Gebiet hinaus, in dem das Sprechen auf keine Sicherheiten mehr zurückgreifen kann – es ist wie ein Aufstieg in eine Hochgebirgszone, in der die Wörter ihr Lebenselement verlieren. In Wittgensteins letzter Philosophie wird eine Zone markiert, in der wir schon alles wissen, nur wissen wir dies eben nicht. Wer hier weitergehen will, hat nicht begriffen, daß er schon am Ziel angekommen ist. Er sieht nicht, daß er hier seine Bemühung einstellen muß. Tut er dies nicht, zeigt er sich unfähig, seine Position richtig zu bestimmen: Ihm fehlt der Blick für den Ort, den er erreicht hat. Es gehört zum richtigen Sprechen, daß man *sieht, wo man ist*. Richtigkeit des Sprechens erfährt man in letzter Hinsicht nicht im Denken, sondern im Sehen: «Denk nicht, sondern schau!» Wer seinen Standort nicht sehen kann, riskiert seinen Status als denkende Person: «‹An diesem Satz kann ich nicht zweifeln, ohne alles Urteilen aufzugeben.› Aber was für ein Satz ist das? [...] Er ist sicher kein Erfahrungssatz. Er gehört nicht in die Psychologie. Er hat eher den Charakter einer Regel.» (ÜG § 494) Mit der «Regel» ist keine Grammatikregel gemeint, sondern eine Anforderung an unser Verhalten. Wer gegen diese Regel verstößt, handelt unverantwortlich. An der Grenze stehenzubleiben, gehört zu der Haltung des verantwortungsvollen Sprechers. Das Aufhörenkönnen ist nicht nur eine Frage der Logik, sondern auch eine der Ethik.

Ein einzelner Mensch vermag die Gewißheiten, die zu unseren Sprachspielen gehören, nicht zu erzeugen. Der Untergrund, aus dem sie hervorgehen, ist die menschliche Praxis; sie stellt die Verbindung zwischen Sprache und Leben her. Daher können die Gewißheiten nicht begründet werden. Sie sind verallgemeinerte Erfahrungen, die in der Sprachpraxis durch die Technik des Gebrauchs versteift und gegen neue Erfahrungen starr gehalten werden. Trotz ihrer – temporären – Starrheit sind sie Teil des Lebens und können gegen grundlegende Veränderungen nicht dauerhaft geschützt werden. Vorgänge der Verflüssigung von rigiden Elementen lassen sich beobachten, aber nicht steuern – wir können ihre

Ursachen und Finalität weder wissen noch beeinflussen. Wittgenstein denkt «das Leben» nicht im Sinne der modernen Biologie, sondern nimmt, wohl angeregt von Goethe und Spengler, vitalistische Elemente in sein Denken auf.

In seinen Bemerkungen, in denen er den Lebensbegriff verwendet, macht Wittgenstein keine Anstalten, diesen einzugrenzen. Ist dies eine Nachlässigkeit oder kann man darin eine Absicht entdecken? Er scheint in seinen Verwendungen eine systematische Vagheit hinzunehmen: Sprachspiele sind an ihren äußeren Rändern von Leben umgeben.[34] Die Umgebung, in die Sprachspiele eingelassen sind, «lebt», und das heißt: Sie ist in Bewegung, angetrieben von eigenen Prinzipien, deren Richtung man im Inneren der Sprachspiele nicht erkennen kann. In der Geschichte des modernen naturwissenschaftlichen Denkens hat der Vitalismus einen zweifelhaften Ruf; er hat so viele unhaltbare Spekulationen hervorgerufen, daß er heute als keine seriöse theoretische Position gilt.[35] Dennoch können zwei seiner Merkmale dazu dienen, Wittgensteins Lebensbegriff zu kennzeichnen: das Vertrauen in die Spontaneität des Lebens (G. Canguilhem 1998, S. 88) und seine Kreativität (ebd., S. 99).[36] Bei Wittgenstein findet man keine philosophischen Spekulationen über vitalistische Grundgesetze oder Prinzipien von der Art des *principe vital* (Barthez), der *force vitale* (Bichat), der Entelechie (Driesch), des Bewußtseinsstroms wie bei Bergson, des Willens zur Macht wie bei Nietzsche oder des Werdens und Vergehens von Kulturen wie bei Spengler. Es geht ihm auch nicht wie Dilthey darum, das Leben zum Gegenstand einer quasi-wissenschaftlichen Erkenntnis zu machen. Hingegen ist er von der vitalistischen Annahme der ungesteuerten Veränderlichkeit des Lebens überzeugt. «Mit einem neuen Leben lernt man neue Sprachspiele.» (*Denkbewegungen*, S. 75) Als eine in ständiger Bewegung begriffene Ganzheit beeinflußt das Leben den Gebrauch der Sprache und damit die Produktion von Bedeutungen. In dem unveröffentlichten MS 108, S. 127, schreibt Wittgenstein mit ironischer Abwehr gegen die Geringschätzung des Lebensbegriffs in den modernen Wissenschaften: «Dieses selbstverständliche, das Leben, soll etwas Zufälliges, Nebensächliches sein; dagegen etwas worüber ich nie normalerweise mir den Kopf zerbreche das Eigentliche!»

Allerdings läßt sich nur *eine* Seite des Wittgensteinschen Denkens als vitalistische Tendenz kennzeichnen. Die *zweite* ist die Überzeugung, daß zu bestimmten, aber nicht vorhersagbaren Zeitpunkten das Fließen ruhiggestellt wird und mit der Bildung fester Formen ein Zustand der Erstarrung eintritt. Fixpunkte dieser Art sind im täglichen Umgang mit der Welt und der Sprache erkennbar. Sie manifestieren sich in unseren geregelten Gebrauchsweisen, in der Grammatik, in den Begriffen der Sprache, in der Technik des Regelfolgens und der Gleichheit der Urteile. Dem Prozeß des Fließens steht die Tatsache gegenüber, daß die «erstarrten Erfahrungssätze» zum Glauben von handelnden Menschen gehören und eine konstitutive Rolle in Sprachspielen innehaben. Über den Prozeß des Fixierens läßt sich, insofern dieser außerhalb des Sprachspiels liegt, nichts aussagen. Die erstarrten Erfahrungssätze können wir im Sprachspiel erfassen, indem wir fragen, ob wir uns das Gegenteil zu den in ihnen ausgedrückten Gewißheiten vorstellen können.

Obwohl Wittgensteins Voraussetzungen vitalistisch sind, finden sich im Funktionieren des Sprachspiels selbst wichtige mechanistische Anteile. In seiner Beschreibung der Vorgänge des Sprachspiels dominieren Metaphern aus der Sprache des Ingenieurs: die Maschine, das Einstellen des Mechanismus, die Technik des Gebrauchs, das Eingreifen in die Welt, der Werkzeugcharakter der Wortarten, die Tabellen, Paradigmen, die Kontrolle, das «blinde» Regelfolgen. Der Eindruck, das Sprachspiel sei grundsätzlich mechanistisch konstituiert, verstärkt sich noch, wenn wir die von mir eingeführten «Zwischenglieder» hinzunehmen: den durch Normierung und Techniken (M. Mauss) hervorgebrachten Umgangskörper, dessen instrumentellen Charakter (A. Gehlen), die funktionelle Äquivalenz des Hintergrunds (J. Searle), das Dispositionssystem (P. Bourdieu). Anders als der fortlaufende Lebensprozeß bestimmt das Sprachspiel seinen Anfang und sein Ende, sein Thema und sein Ziel, es fordert den Einsatz und die Konformität, die von den Spielern zu erbringen sind. Wittgenstein konstruiert viele Sprachspielvorgänge in Analogie zu einer Maschine. Sein Ideal ist das *Funktionieren* der Sprache; daher seine Betonung der normalen Sprache, des «Einstellens des Mechanismus», des Eingreifens in die Praxis, des Werkzeugcharakters von Wörtern. Die Zusammensetzung der Maschine und das Funktionieren der einzelnen Bewegungen des Mechanismus können in Beschreibungen dargestellt werden. Was dabei aber nicht erfaßt wird, ist der Antrieb, der die Bewegung hervorruft.

Jedes der beiden Prinzipien, das vitalistische und das mechanistische, würde für sich genommen zu starken Vereinfachungen, zu Beschränkungen und zur Gefahr der Überzeichnung führen. Vitalistische Sprachmodelle übersehen die vom Menschen in die Sprache eingezogenen Regelhaftigkeiten, die Systematik der Syntax, die Steuerung des Sprachgebrauchs durch die Sprachgemeinschaft, die Tatsache, daß die Umgebung und der Körper sozial geregelt sind. Es macht also Sinn, die mechanistische Auffassung des Sprachspiels gegenüber den organischen Hervorbringungen des Lebens zur Geltung zu bringen, als ein Gegenprinzip, das die Dynamik und den Überschuß des vitalistischen Prinzips eingrenzt. Setzte man aber umgekehrt den mechanistischen Aspekt absolut, würden wesentliche Leistungen und Eigenschaften der Sprache unterdrückt: ihre Entwicklung, ihre Eigenständigkeit, Unvorhersehbarkeit, Unregelmäßigkeit und ihr geschichtlicher Wandel. Das kreative Leben rebelliert gegen das Mechanische. Mit diesem Grundsatz formuliert Canguilhem das Prinzip des biologischen Vitalismus, wie er von Claude Bernard vertreten wurde. Mit seiner Tendenz zum Explorieren und Weiterentwickeln ist es eine Quelle allen technischen Tuns (G. Canguilhem 1998, S. 85 f.). Während sich Maschinen selbst keine neuen Ziele setzen können, sind Organismen fähig, die Normen ihres Handelns wieder aufzulösen und sich neue zu geben. Mit dem Begriff der Familienähnlichkeit nimmt Wittgenstein ein wichtiges nicht-mechanistisches Prinzip in seine Konzeption der Sprache auf, das die Eigenschaft «organischer Körper» besitzt, «an sich oder aus sich ihresgleichen hervorzubringen».[37]

Sprachspiele unterbrechen den Lebensfluß; sie haben keine dauerhafte zeitliche Kontinuität. Was in ihrem Inneren geschieht, kann genau beschrieben werden, während ihr Außen, das Vorsprachliche, grundsätzlich nicht der Sprache zugänglich ist. Aus sich selbst heraus erzeugen sie, wie jeder Mechanismus, ihre innere Ordnung; die Antriebskraft erhalten sie von außen, vom Leben. Dies ist möglich, weil sie durchlässig sind, insofern ihr Hintergrund nicht abgeschottet ist gegen Veränderungen in der Welt und die Sprecher wiederum empfindlich sind gegenüber Veränderungen des Hintergrunds. Weil sie offene Grenzen haben, können sie neue Elemente aufnehmen, wie Wittgenstein mit seinen Beispielen der Familienähnlichkeit zeigt. Wenn sich die Gewißheiten verändern, ist dies ein Zeichen dafür, daß eine neue Bewegung in sie hineingeströmt ist. Ein weiterer Fall ist die Einführung neuer Arten von Sprachspielen, die anders als die bis dahin bekannten Arten funktionieren. Es entstehen dann neuartige, bis dahin nicht bekannte Gebrauchsweisen und Bedeutungen. In den *Bemerkungen über die Grundlagen der Mathematik* konstruiert Wittgenstein einen solchen Fall: «Die Einführung einer neuen Schlußregel kann man als Übergang zu einem neuen Sprachspiel auffassen.» (BGM V, § 40) Ein anderes Beispiel ist der Prozeß, der sich im Leben eines Kindes abspielt, wenn es die Sprache über Empfindungen erwirbt: Es erwirbt eine Grammatik, die nicht mehr nach dem Muster von Gegenstand und Bezeichnung, sondern mit Hilfe von Kriterien funktioniert.

Beide Instanzen, an denen die Mechanisierung des Sprachspiels ansetzt, die Sprache und der Körper, können nicht vollständig in eine Mechanik transformiert werden. Die Sprache besitzt aufgrund ihrer Grammatik eigene Entwicklungsmöglichkeiten. Der Körper gehört mit der natürlichen Seite seiner Existenz zu den Lebensprozessen. Mit seiner sprachlich nicht erfaßbaren Befindlichkeit und seinen «primitiven Reaktionen» bleibt er im Außen des Sprachspiels. Was zum Körper gehört, aber nicht in den Umgangskörper eingeht, was nicht abgerichtet, mechanisiert, nicht von der Umgangssprache erfaßt wird, ist dennoch Teil des Sprechenden. Mit der ersten Person hat die Sprache eine Position geschaffen, die zu ihrem System gehört, aber zugleich eine Austauschkammer ist, durch die unausgedrückte körperliche Reaktionen in das Sprachspiel eindringen können. In Sprachspiele kann ein bis dahin unartikuliertes Sprechen aufgenommen werden – Stottern, Radebrechen, vorsprachliche Äußerungen wie Schreien, Stöhnen, Jauchzen, die noch keinen Platz in der Sprache haben.

In Äußerungen der ersten Person kann etwas auftauchen, was noch nicht Sprache, aber dennoch bedeutungsvoll ist. Auch das Schweigen gehört dazu; dieses bildet nicht eine Leere an der Stelle, wo etwas sein müßte. Schweigen ist nicht Negation von Sprechen; es ist ein Beschweigen. Mit dem französischen Ausdruck läßt sich diese Tatsache besser anzeigen als im Deutschen: *se taire* drückt mit seinem Reflexivpronomen aus, daß es eine auf den Sprechenden selbst gerichtete Aktivität ist. Es bildet eine Redeweise des Selbstbezugs: Es richtet sich auf die Handlung des Sprechens selbst und setzt diese fort, ohne zu sprechen. Es bildet einen Gegensatz zu *s'écrier*, schreien. Auch dieser Ausdruck kann wieder als ein Selbstbezug gedeutet werden: als ein aus sich selbst entstehendes Fortsetzen des Handelns mit Schreien, als ein Aus-sich-*heraus*-Schreien. Schweigen steht dazu in einem diametralen Gegensatz: Als eine Äußerung im Sprachspiel verstanden, ist es In-sich-*hinein*-Schweigen.

Im Inneren des Sprachspiels selbst findet man also Möglichkeiten, wie dieses geöffnet werden kann. Würde es diese nicht geben, könnte der mechanistische Charakter des Sprachspiels das Problem der Freiheit des Sprechers aufwerfen. In meiner bisherigen Diskussion ist diese noch nicht als ein aktiv von der Person zu erringender Zustand dargestellt worden. Freiheit und Kreativität treten von den vitalistischen Rändern, vom Leben her in das Sprachspiel ein, als Äußerung subjektiver Zustände und als Wandlungen von Gewißheit. In beiden Fällen ist nicht das Subjekt die Ursache von Veränderung. Es affirmiert sich nicht als eine Person, die frei über das Sprachspiel verfügt. Ob es in der Wittgensteinschen Philosophie überhaupt diese Möglichkeit gibt, soll im nächsten Kapitel erkundet werden. Ansatzpunkt ist das Sprechen über Gefühle und innere Zustände, mit dem sich Wittgenstein in seinen letzten Lebensjahren intensiv befaßt hat.

7.
WITTGENSTEINS BILDER.
ASPEKTSEHEN UND ERLEBNIS

Was außerhalb des Sprachspiels liegt, ist nicht erfaßbar. Es besitzt keine Gestalt, Konstanz und Regelhaftigkeit. Es ist nicht der Fall und kann nicht Thema von Interaktionen zwischen Menschen werden. Möglicherweise ist das Außen nicht leer; aber was immer da sein sollte, wir können nichts darüber sagen: Es «ist kein Etwas, aber auch nicht ein Nichts» (PU § 304). Es gehört nicht zu den Tatsachen; wir können es nicht mit Hilfe von Techniken, Paradigmen oder Gesten darstellen. Aber in unsere Sprache kann Neues aufgenommen werden, wenn Möglichkeiten gefunden werden, ihm auf irgendeine Weise eine Rolle in unseren Sprachspielen zu geben. Wittgenstein scheint das Außen des Sprachspiels als eine Quelle der Erneuerung von Sprache anzusehen; freilich hat er diesen Gedanken nicht explizit entwickelt. Wenn er das Prozeßhafte und die Erneuerungsfähigkeit der Sprache darstellt, greift er immer wieder zum Begriff des Lebens. «Nur in dem Fluß der Gedanken und des Lebens haben die Worte Bedeutung.» (BPP II, § 504, Z § 173)

Vom Fließen des Lebens und der Wörter wird ein Sprecher ergriffen, wenn er seine Schmerzempfindungen äußert: Menschen bringen «primitive Reaktionen» hervor, wenn sie Schmerzen haben oder sich im Angesicht einer leidenden Person befinden. Mit ihrem «primitiven Benehmen» sind sie Teil eines größeren Lebensprozesses, der auch andere Menschen einschließt. Auf der «primitiven» Ebene wird Gemeinsamkeit zwischen ihnen körperlich hergestellt. Der Umgangskörper ist so beschaffen, daß er der Welt entspricht, in die er gehört. Zur Welt hat er ein Verhältnis der Unmittelbarkeit, insofern er von ihr geformt wird, sie aufnimmt, fortsetzt und ihr seinerseits eine Formung gibt. Sprachspiele bilden im Fluß des Lebens erkennbare Formen und identifizierbare Geschehnisse. Das Sprachspiel der Empfindungen nimmt genetisch

seinen Anfang mit dem Auftauchen von «primitiven Reaktionen».
Auf den ersten Blick scheint es, als würden diese dem Sprecher
aufgedrängt, als müsse er sie erleiden. Freilich hat das Privatsprachenargument gezeigt, daß ein Sprecher zu seinem Inneren keine
epistemische Beziehung haben, daß er es nicht wie ein Objekt
erfassen kann. «Auch was im Innern vorgeht hat nur im Fluß des
Lebens Bedeutung.»[1] Wie läßt sich die Aktivität des Subjekts gegenüber seinen Empfindungen und dem Sprachspiel der Empfindungen beschreiben?[2] Kann das Subjekt beiden gegenüber eine
gewisse Freiheit gewinnen oder ist es ihnen unterworfen?

1. «Primitive Reaktionen» – primitive Sprachspiele der Empfindungen

Wittgensteins Modell des Sprechens über Inneres setzt beim äußeren Verhalten an: Ein Schmerz, den wir empfinden, gehört auf eine
bestimmte Weise zu unserem Leben; er hat darin eine bestimmte
Stellung:

> Der Schmerzbegriff ist charakterisiert durch seine bestimmte Funk
> tion in unserm Leben.
> Schmerz liegt *so* in unserm Leben drin, hat *solche* Zusammenhänge.
> (D.h.: nur was *so* im Leben drinliegt, *solche* Zusammenhänge hat,
> nennen wir «Schmerz».)
> Nur inmitten gewisser normaler Lebensäußerungen gibt es eine
> Schmerzäußerung. Nur inmitten noch viel weitgehender bestimm
> ten Lebensäußerungen den Ausdruck der Trauer, oder der Zunei
> gung. U. s. f.
> (Z §§ 532–534)

Die Empfindungen können natürlichen Ursprungs sein, aber ihre
Stellung in unserem Leben und ihre Form werden ihnen von den
Sprechern im Sprachspiel gegeben. Mit dem Einsatz des Sprachspiels greift der Handelnde in das Geschehen ein: Im gerahmten
Kontext des Sprachspiels kann er mit Hilfe der sprachlichen Instrumente aus dem nicht-faßbaren Fließen erkennbare Muster bilden. Ein «primitives Benehmen» wird von der Sprache aufgenom

men; im Sprachspiel wird ihm eine eigene wiedererkennbare Form gegeben.[3] Wittgenstein erläutert seine Verwendung von «primitiv» als Kennzeichnung des Empfindungsverhaltens: «Was aber will hier das Wort ‹primitiv› sagen? Doch wohl, daß die Verhaltensweise *vorsprachlich* ist: daß ein Sprachspiel *auf ihr* beruht, daß sie *das Prototyp einer Denkweise* ist und nicht das Ergebnis des Denkens.» (Z § 541; meine Hervorhebung, G. G.)[4]

Mit einer Bemerkung in *Zettel* § 541 erläutert Wittgenstein, was er mit der Charakterisierung eines Verhaltens als «primitiv» ausdrücken will: In das Sprachspiel wird ein Verhalten aufgenommen, das noch nicht sprachlich bearbeitet worden ist. Es ist «primitiv» in dem Sinn, daß es sich, als eine unwillkürliche Reaktion, gleichsam im Rohzustand befindet. Unbearbeitete, rohe Verhaltensweisen kennen die Sprecher seit ihrer Kindheit; sie haben früh gelernt, wie man mit ihnen umgeht. In ihren ersten einfachen Sprachspielen der Empfindungen setzen sie noch keine feinen, intelligenten Werkzeuge ein, sondern reagieren instinktähnlich. Auch diese ersten Sprachspiele der Empfindungssprache nennt Wittgenstein «primitiv», freilich hier in einem anderen Sinn verstanden als «roh», insofern sie bereits kulturelle Formen sind.[5] Auf dieser grundlegenden Stufe enthalten sie noch keine Interpretationen des Verhaltens, sondern werden auf einfachste Weise reaktiv eingesetzt.

Bevor ein Kind die Sprache über Empfindungen lernt, hat es bereits das Sprachspiel einer «primitiven Denkweise» gebildet, das als eine Art Vorläufer, als ein «Prototyp» der entwickelten Sprech- und Denkweise über Empfindungen angesehen werden kann, die wir als Erwachsene schließlich beherrschen. Auf dieser frühen Stufe kindlicher Entwicklung wird das erlebte Empfindungsverhalten in sprachliches Handeln überführt. «Unser Sprachspiel ist ein Ausbau des primitiven Benehmens. (Denn unser *Sprachspiel* ist Benehmen.) (Instinkt.)» (Z § 545) Zum «instinktiven» Verhalten gehören auch die Reaktionen der Umstehenden, die z. B. einen Verletzten sehen, der sich vor Schmerzen krümmt. «Es hilft hier, wenn man bedenkt, daß es ein primitives Verhalten ist. Die schmerzende Stelle des Andren zu pflegen, zu behandeln, und nicht nur die eigene – also auch des Andren Schmerzbenehmen zu achten, wie, auf das eigene Schmerzbenehmen *nicht* zu achten.» (Z § 540) Auf die noch ungedeuteten Empfindungen reagieren wir, indem wir das Schreien, Stöhnen, stumme Daliegen mit unserem aufgespannten Sprachspiel gleichsam empfangen und mit Worten benennen; diese «ersetzen» das primitive Verhalten.[6]

Wenn wir mit unserem praktischen Sinn auf das Schmerzverhalten anderer Personen reagieren, verhalten wir uns mit der Gewißheit, daß diese Schmerzen empfinden – wir können gar nicht anders reagieren. «Was ich, mit offenbarer Ursache, sich in Schmerzen winden sehe, von dem denke ich nicht: seine Gefühle seien mir doch verborgen.» (PU II, S. 536) Wittgenstein verwendet hier das gleiche Argumentationsmuster wie in seinen Überlegungen zu G. E. Moore in *Über Gewißheit.* Gegenüber dem skeptischen Argument, wir könnten über den Zustand anderer Personen nichts *wissen,* verweist er auf die Gewißheit der «instinktmäßigen» selbstverständlichen Reaktionen, die wir uns nicht anders vorstellen können. Wir besitzen tatsächlich kein *Wissen* über fremde Seelenzustände, aber das heißt gerade nicht, daß dieses für uns ungewiß ist. Es gehört zu unserer Lebensform, daß wir bestimmte Gefühlsäußerungen nicht bezweifeln *können.* Wenn jemandem von der Straßenbahn ein Bein abgefahren worden ist und er schreiend neben den Gleisen liegt, können wir nicht anders als von seinem Schmerz überzeugt sein. Allerdings bildet die Gewißheit, daß er Schmerzen hat, keine notwendige Bedingung für den Gebrauch von sprachlichen Ausdrücken des Schmerzes. Sie stellt aber einen wesentlichen Grund dafür dar, daß es das Sprachspiel des Schmerzes überhaupt *gibt.* Insofern kann sie als eine notwendige Voraussetzung *für die Genese* eines selbständig funktionierenden Sprachspiels über Empfindungen angesehen werden.

Wittgenstein verwendet die Kennzeichnung «primitiv» für drei Arten von Reaktionen: eine rohe, sprachlich unbearbeitete Empfindung («primitiv[1]») wird in ein sehr einfaches Sprachspiel («primitiv[2]») aufgenommen; die Sprechenden verhalten sich «instinktiv», mit einem «primitiven Verhalten» (Z § 540) gegenüber dem Empfindenden («primitiv[3]»). Mit dieser Charakterisierung kennzeichnet Wittgenstein ein Verhalten und sprachliche Äußerungen, die vorbegrifflich und unmittelbar praktisch funktionieren.

Im entwickelten Sprachspiel des Schmerzes ist der Schmerz selbst nicht enthalten, sondern er wird durch Wörter *ersetzt*. Damit ist nicht gemeint, daß ein Ausdruck für einen anderen substituiert wird wie in einer mathematischen Gleichung, sondern es wird ein Bruch mit dem Erleben des Schmerzes und ein Neubeginn in der Sprache vollzogen: Im Sprachspiel werden *sprachliche* Kennzeichnungen des Schmerzverhaltens gebildet. Wörter haben allgemeine Bedeutungen, die der Sprecher mit anderen Personen teilt. Wenn er seine «primitiven Reaktionen» in ein Sprachspiel einführt, *beschreiben* seine Worte nicht seine spezifischen Empfindungen. Sein Sprachspiel ist einerseits eine Äußerung der Empfindung selbst, ein expressives Verhalten, und andererseits eine Kategorisierung des Empfindungsverhaltens (VB, S. 54).[7] Der Satz «Ich habe dich lieb» ist «eine Variante aus unserem Repertoire von ‹Zuneigungsgebärden›» (LS I, § 712).[8]

Mit Hilfe der Sprachspiele werden aus dem Lebensprozeß Muster gebildet. In den *Letzten Schriften I* (§ 406) beschreibt Wittgenstein diesen Vorgang als ein Hervortreten von Mustern aus dem Gewebe des «Lebensteppichs». Wir können sie nur erfassen, wenn wir sie *als Muster sehen*:

> «Wenn das Leben ein Teppich wäre, so ist das Muster (der Vorstellung z. B.) nicht immer vollständig variiert. Aber wir, in unserer Begriffswelt, sehen immer wieder das Gleiche mit Variationen wiederkehren. So fassen's unsere Begriffe auf. Die Begriffe sind ja nicht für einmaligen Gebrauch.»
> (BPP II, § 672)

Wie ist es möglich, Geschehnisse des Lebensprozesses zu erfassen und sprachlich allgemein zu kennzeichnen? Für diesen Vorgang gilt wieder, daß die «Konstanz der Messungsergebnisse» vorab festgelegt sein muß (PU § 242). Das «Gram- und Freudenmuster» unserer Sprache[9] funktioniert, weil der Ausdruck und die Kennzeichnung von Gefühlen eine gewisse Konstanz besitzt und nicht im Rhythmus eines Metronoms zwischen zwei gegensätzlichen Empfindungen hin- und herspringt. Im Lebensprozeß selbst gibt es eine Konstanz der Lebensform, der materiellen Umwelt und des Handelns.[10]

> Die primitive Form des Sprachspiels ist die Sicherheit, nicht die Unsicherheit. Denn die Unsicherheit könnte nicht zur Tat führen.
> Ich will sagen: es ist charakteristisch für unsere Sprache, daß sie auf dem Grund fester Lebensformen, regelmäßigen Tuns, emporwächst.
> Ihre Funktion ist vor *allem* durch die Handlung, deren Begleiterin sie ist, bestimmt.»
> (Wittgenstein, zit. nach J. C. Klagge / A. Nordmann 1993, S. 396)

Es gibt zwar ein «instinktives» Erfassen von Gefühlen, aber deren begriffliche Muster müssen erst erlernt werden. Anders als bei Farben kann man die Muster von Empfindungen nicht dadurch lernen, daß sie uns gezeigt werden. Vielmehr lernt man bestimmte Verhaltensweisen *und* eine neue Betrachtungsweise.

> Wie lernt ein Mensch die Bedeutung der Namen von Empfindungen? z. B. des Wortes ‹Schmerz›. Dies ist eine Möglichkeit: Es werden Worte mit dem ursprünglichen, natürlichen Ausdruck der Empfindung verbunden und an dessen Stelle gesetzt. Ein Kind hat sich verletzt, es schreit; und nun sprechen ihm die Erwachsenen zu und bringen ihm Ausrufe und später Sätze bei. Sie lehren das Kind ein neues Schmerzbenehmen.
> (PU § 244)

Mit der sprachlichen Kennzeichnung wird ein Verhalten erfaßt, das als ein bestimmtes Muster erkannt und gedeutet worden ist. Wir lernen am eigenen *und* am fremden Fall, zu einem Muster zu greifen und in den Mustern übereinzustimmen. Es handelt sich nicht um *unser* Muster, sondern wir haben es in einem Lernvorgang von anderen übernommen. Für diesen Vorgang spielt gerade keine Rolle, daß wir annehmen, die anderen hätten vergleichbare physiologische Vorgänge wie wir (LS I, § 413). Entscheidend ist, daß auch die anderen das Sprachspiel der Empfindungen gelernt haben und daß sie fähig sind, die gleichen Muster zu verwenden wie wir (vgl. LS I, § 42): daß ihre Umgangskörper und ihre Techniken des Sprachgebrauchs in gleicher Weise wie bei uns eingestellt worden sind.

Das Spiel beginnt nicht mit dem Zweifel, ob Einer Zahnweh hat, denn das entspräche – sozusagen – nicht der biologischen Funktion des Spiels in unserm Leben. Seine primitivste Form ist eine Reaktion auf die Klagelaute und Gebärden des Andern, eine Reaktion des Mitleids, oder dergleichen. Wir trösten, wollen helfen. Man kann denken: weil der Zweifel eine Verfeinerung, in gewissem Sinne, eine Verbesserung des Spiels ist, so wäre es wohl das allerrichtigste, mit dem Zweifel gleich anzufangen. (Ähnlich wie man denkt, weil es oft gut ist, wenn ein Urteil begründet ist, so müßte zur vollkommenen Rechtfertigung eines Urteils die Kette der Gründe ins Unendliche weitergehen.)
(Wittgenstein, zit. nach J. C. Klagge/A. Nordmann 1993, S. 381 f.)

Eine wesentliche Voraussetzung für die Entstehung des Sprachspiels der Empfindungen ist die in den primitiven Reaktionen (primitiv[1]) gegebene Gewißheit der Schmerzen des Anderen wie der eigenen Schmerzen. Die gleiche Gewißheit besteht auch im primitiven Sprachspiel (primitiv[2]), in dem *über* die Schmerzen gesprochen wird, und im «instinktiven» Verhalten (primitiv[3]), mit dem die Sprechenden auf den Schmerz des Anderen reagieren. Eine primitive Reaktion in die Sprache einführen heißt: Es wird für den sprachlichen Ausdruck ein Sprachspiel mit einem entsprechenden Hintergrund aufgespannt und dem Kind Gelegenheit gegeben, Sensibilität für diesen auszubilden. Das Verhalten des verletzten Kindes (in PU § 244) erhält im Sprachspiel eine bestimmte Position und Formung. Bei diesem Vorgang wird nicht etwas abgebildet, was schon da ist, sondern im Zusammenwirken von Sprachspiel, Hintergrund und Sprecher wird etwas Neues hervorgebracht.

Die im «primitiven» Sprachspiel der Empfindungen hergestellte Gewißheit bezieht sich nicht auf einen Erkenntnisgegenstand, nicht auf die «wahre» Empfindung, sondern auf das im Einklang mit der Sprachgemeinschaft funktionierende Sprachspiel. Wenn man sie auf das verschiebt, *worüber* im Sprachspiel gesprochen wird, meint man, der Empfindung selbst gewiß zu sein. Mit dieser Verschiebung macht man den entscheidenden Fehler, daß man die Gewißheit auf Objekterkenntnis bezieht. Ebenso wie bei der Annahme einer privaten Sprache begeht man den Irrtum zu glauben, man könne die eigenen Empfindungen wie private Objekte erkennen und bezeichnen. Tatsächlich sind wir unserer eigenen Empfindungen gewiß, aber dies sind wir nicht, weil wir eine sichere Erkenntnis von ihnen besitzen. Im eigenen Fall *haben* wir Schmerzen. Wir können uns gewöhnlich nicht darüber täuschen, ob der gebrochene Arm schmerzt oder nicht. Wenn jemand von seinem Schmerz in Sätzen der ersten Person spricht, sind diese *Ausdruck* seiner Empfindungen. Sie formulieren aber kein Wissen über Empfindungen. Es ist «falsch zu sagen, er *wisse*, was er erlebe» (vgl. LS II, S. 123).

Wittgenstein macht einen wesentlichen Unterschied zwischen dem Zugang des Sprechers zu den eigenen Empfindungen und zu denen anderer Personen: «Welcher Unterschied könnte größer sein!» Allerdings situiert er ihn nicht dort, wo man ihn gewöhnlich vermutet. Die Differenz zwischen dem Zugang zu eigenen und zu fremden Gefühlen besteht nicht darin, daß ich die Empfindungen anderer Personen erschließen muß, während ich meine eigenen direkt erkennen und sprachlich ausdrücken kann. Gemäß dem Privatsprachenargument habe ich keinen direkten *Erkenntnis*zugang zu meinem Inneren. Ich kann meine Empfindungen nicht erkennen, als seien sie bestimmte Gegenstände, und kann sie daher auch nicht benennen.[11] Aber ich fühle sie, erzeuge ein bestimmtes öffentliches Ausdrucksverhalten, ein «Muster», und erfasse die Schmerzen «instinktiv» im Kontext des entsprechenden Sprachspiels. Wenn ich beispielsweise Zahnschmerzen habe, empfinde ich meine Schmerzen; mein Verhalten zeigt dies mehr oder weniger deutlich an; und mir ist unmittelbar klar, daß ich «Zahnweh», also ein mitteilbares Schmerzgeschehen habe.

Mit dieser Beschreibung habe ich ein einziges Ereignis zu analytischen Zwecken in drei Instanzen aufgespalten, die bei meinen eigenen Empfindungen untrennbar zusammengehören: mein Empfinden des Schmerzes, mein Schmerzverhalten und meinen sprachlichen Ausdruck des Schmerzes. Alle drei Instanzen erfahre ich unmittelbar als zusammengehörig. In der Situation der Schmerzerfahrung sind sie Teil meines Ichs. Die Art und Weise, wie ich die Schmerzen empfinde, wie ich mich verhalte und sprachlich ausdrücke, wird von meinem Ich geprägt.

Auch bei einem Mitspieler im Sprachspiel, einem *Du*, kann ich möglicherweise seinen Schmerz «instinktiv», ohne nachzudenken erfassen. In diesem Fall kann ich unmittelbar eine Verbindung zwischen seinem Verhalten und dem sprachlichen Ausdruck des Schmerzes herstellen. Aber ich *habe* nicht selbst die Empfindung seines Schmerzes und auch nicht die Erfahrung des Zusammengehörens der drei Instanzen. Aber das Verhalten des *Du* kann in der gegebenen Situation des Sprachspiels so eindeutig sein, daß es für mich keine Zweifel an seinem Schmerz gibt. Die Gewißheit seiner Empfindung kommt weder durch Einfühlung noch durch Regelanwendung zustande, sondern sie gehört zum Fundament unserer Sprachspiele über Empfindungen. Sie entsteht aus der Übereinstimmung von mir und dem Anderen mit dem Sprachspiel.

Für einen *Beobachter* des Schmerzverhaltens liegt die Sache anders. Ihm ist das öffentlich wahrnehmbare Verhalten der anderen Person gegeben, die Muster in *ihrem* Lebensteppich. Diese Muster, die er im «Gewimmel» des Lebens (Z, S. 567) entdeckt, sind für ihn die *Kriterien*, anhand derer er ihre Empfindungen erfaßt. Wenn er *über* meine Empfindungen in der dritten Person spricht, bezieht er sich auf Verhaltensmuster, auf Kriterien, nicht auf meine Schmerzempfindung. Sein Verhältnis zu meinem Schmerzausdruck ist tatsächlich eine epistemische Beziehung – er kann *wissen*, ob ich Schmerzen habe oder nicht. Darum kann «der Andere [...] sehr wohl zweifeln», ob ich «dies Erlebnis habe» (LS II, S. 123). In der Perspektive seines Wissens kann mein Verhalten Zweifel an meiner Selbsteinschätzung hervorrufen. Der Zweifel des Anderen baut, logisch gesehen, in letzter Instanz auf meiner Gewißheit auf, daß ich Schmerzen *habe*; dies insofern, als meine mit den «primitiven Reaktionen» verknüpfte Gewißheit die Bedingung der Möglichkeit von Sprachspielen über Empfindungen ist.

Wenn man als Lehrer ein Kind die Sprache der Empfindungen lehrt, hat es wenig Sinn, von der «Evidenz» des eigenen Gefühls auszugehen, denn man will ihm einen Begriff beibringen. Der Weg geht nicht über die eigene Evidenz, sondern über die Muster und die Erfahrung, die das Kind mit ihnen macht:

> Bedenke, daß du das Kind den *Begriff lehren* mußt. Also mußt du das Spiel der Evidenz lehren.
> [...]
> Daß unsre Evidenz das Erlebnis des Andern nur wahrscheinlich macht, das führt uns nicht weit; wohl aber, daß dies schwer beschreibbare Muster unserer Erfahrung für uns eine wichtige Evidenz ist.
> (LS II, S. 109)

Bei Aussagen über meine eigenen und über fremde Empfindungen gibt es im «Spiel der Evidenz» eine Übereinstimmung und einen grundlegenden Unterschied. Sowohl bei mir selbst, wenn ich Schmerzen empfinde, als auch bei einer anderen Person, deren Empfindung ich anhand von Kriterien erfasse, habe ich eine Evidenz. Aber in beiden Fällen ist diese verschiedenartig: Wenn ich von mir selbst spreche, ist evident, *was ich bin*. Im Fall einer anderen Person ist evident, *was ihr Verhalten anzeigt*. Was ich bin, kann ich nicht durch Introspektion erfassen, ich kann es auch nicht mit meinen Sinnen erkennen. Erinnern wir uns daran, daß wir auch nicht mit den Augen wahrnehmen müssen, daß wir zwei Hände haben (wir müßten sonst wieder die Gewißheit unserer Augen prüfen). Wir sind uns dieser Tatsache unmittelbar gewiß. Ebensowenig betrachte ich meinen äußeren Aspekt, um meiner Schmerzen gewiß zu werden; deren Position im Sprachspiel ist mir unmittelbar gegenwärtig; und nur innerhalb des – erworbenen – Sprachspiels kann ich sie erfassen. Ein kleines Kind, das dieses Sprachspiel noch nicht erlernt hat, ist dazu noch nicht fähig.

Empfindungsäußerungen in der ersten und dritten Person stellen unterschiedliche Bezüge des Sprechers zu seiner Äußerung und zum Gegenstand her, über den dieser spricht. In der dritten Person bezieht er sich auf einen anderen Menschen und stellt ihn in seinem Handlungskontext dar. Für den Sprecher gehört der Andere zu der Welt, die ihn umgibt; er ist ein spezifischer Teil seines *Weltverhältnisses*. Wenn er hingegen über sich selbst spricht, bringt er sein *Selbstverhältnis* zur Sprache. Er spricht aus, was er *für sich selbst ist*; er bezieht sich nicht beobachtend auf sich selbst. So kann er im Selbstbezug feststellen, daß er etwas wünscht, jemanden liebt, vor etwas Angst hat. Ein solches Selbstverhältnis setzt voraus, daß das Subjekt in seinem eigenen Namen sprechen kann und daß ihm die notwendigen Ausdrucksmittel zur Verfügung stehen.[12] Selbst- und Weltverhältnis sind immer Teil eines Sprachspiels; sie sind keine ontologischen Dimensionen.

2. Die Bildlichkeit der Empfindungssprache

Mit der Diskussion der Sprache über Empfindungen setzt Wittgenstein die Untersuchung der verschiedenen Sprachspieltypen fort, die – soweit ich sie bisher rekonstruiert habe – von der gemeinsamen Handlungspraxis und dem hinweisenden Lehren bis zu den Farbparadigmen reicht. Unter dem einen Aspekt, dem des «instinktmäßigen» Verhaltens, ist das Funktionieren des neuen Sprachspiels einfacher als das Sprechen über die Farben. In einer anderen Hinsicht ist es komplizierter, nämlich in bezug auf die Kriterien. Um diesen Gedanken verständlich zu machen, gehe ich zunächst einen Schritt zurück, zu den Paradigmen der Farben.

Auf der Stufe des ersten Lernens von Farben verwenden wir wirkliche Muster, die selber dinghafte Existenz haben. In dem Maße, wie wir die Farbausdrücke beherrschen, werden die empirischen Muster überflüssig[13] und durch eine Könnensstruktur ersetzt, die ich als «funktionale Äquivalenz» gekennzeichnet habe. Wir sind nun fähig, Farben in ganz anderen Vorkommnissen als auf den Täfelchen zu erkennen, beispielsweise in Malkästen, als Farbreste, auf Stoffproben, als Maserung von Hölzern oder Färbungen des Himmels, in Wasserläufen, im Laub etc. Farben können in der ungeheuren Vielfalt, mit der sie über alle materiellen Dinge der Welt verbreitet sind, bezeichnet werden. Darüber hinaus können sie in Vorstellungen und Träumen erscheinen. Sie verbinden sich mit wirklichen und vorgestellten Objekten zu einer so innigen Einheit, daß sie wie empirische Eigenschaften zu den jeweiligen Gegenständen zu gehören scheinen. Tatsächlich zeigen die vielen unterschiedlichen Vorkommnisse von Farben, wie virtuos die Sprecher ihr Umgangskönnen mit den Farbbezeichnungen ausbilden und wie sie ihre Fähigkeit des Farbgebrauchs und Wiedererkennens durch Übung entwickeln.

Die Empfindungsausdrücke stellen eine weitere Stufe in der Reihe der Sprachspiele dar. Auch sie finden sich in einer unübersehbaren Vielzahl von Erscheinungsweisen vor. Aber in einem wesentlichen Merkmal unterscheiden sie sich von den Farbausdrücken: Wenn wir eine Farbe verwenden, wenn wir sie mit einem Pinsel auf einen Gegenstand auftragen oder sie wiedererkennen und benennen, sind wir es, die mit der Farbe umgehen. Anders ist es beim Schmerz. Wir sagen, daß er *sich äußert, sich ausdrückt,* daß er uns *beherrscht,* an einem Körperteil *auftritt* und nicht mehr *verschwindet.* Schmerzen bemächtigen sich der Person, die von ihnen heimgesucht wird. Mit anderen Empfindungen verhält es sich analog, mit der Freude, der Melancholie, der Niedergeschlagenheit. Eine Empfindung ist nicht nur als Position im Sprachspiel gegenwärtig, sondern sie greift weit über den sozial konstituierten Umgangskörper hinaus in das physiologische und psychische Geschehen einer Person ein. Wenn sich in einer Person große Schmerzen ausbreiten, können diese vom Sprachspiel der Empfindungen wohl benannt werden, aber ihre Wirkungen auf den Körper des Fühlenden gehen über das im Sprachspiel Erfaßte hinaus. Dieser Zustand des Nicht-fassen-Könnens tritt im Sprachspiel selbst als ein Gefühl der Ohnmacht auf. Sprachspiele werden von Wittgenstein nicht zuletzt als Werkzeuge der Beherrschung des Lebens entworfen. Aber es kann Situationen im Lebensprozeß geben, durch die sie überfordert werden.

Während die anderen Sprachspielarten sichere Anhaltspunkte bieten, um Aufgaben in der Welt zu bewältigen, läßt sich die Sprache über Empfindungen nicht in gleicher Weise steuern. Die Werkzeugauffassung der Sprache stößt hier an ihre Grenzen; Wittgensteins Sprachkonzeption bedarf der Erweiterung. Im Sprachspiel werden Kriterien für Empfindungen entwickelt, aber die Bedingungen, unter denen diese auftreten, und ihre Erscheinungsweisen werden nicht von der Sprache erzeugt. Ob im Schmerzgeschehen oder im Ausbruch von Freude, Gefühle nehmen sehr oft gerade nicht die vom Sprachspiel vorgesehenen Positionen ein und äußern sich in unvorhergesehenen Weisen, die weit von den bekannten Kriterien abweichen können. Sie drängen die Sprecher zu Erweiterungen und Erneuerungen der Sprachspiele. Jemand, der heftige Schmerzen hat, wird von seinen «primitiven Reaktionen» beherrscht:[14] Sein praktisches Können wird von der Gewalt des Schmerzes eingeschränkt, so daß es nicht mehr sinnvoll eingesetzt werden kann.

Was ich bisher mit Wittgenstein beschrieben habe, ist ein Schmerzgeschehen, das gewöhnlich eine physiologische Grundlage hat. Ein korrekt verwendetes Sprachspiel der Empfindungen setzt freilich nicht notwendig biologische Vorgänge voraus. Über den Zusammenhang von Empfindungen mit wirklichen Naturereignissen können wir nichts aussagen. Als Beobachter können wir nur feststellen, ob das Verhalten des Leidenden dem Anlaß und der Situation angemessen ist oder nicht. Wenn man gegen das Konzept des Sprachspiels über Empfindungen einwendet, es bilde ja nur eine Situation des *als-ob*, verkennt man die Struktur des sprachlichen Erfassens: Dieses gibt nicht an, wie die Dinge wirklich beschaffen sind, sondern stellt eine Übereinstimmung der Urteile her; das heißt gerade nicht, daß diese beliebig ist: Sie kommt auf der Grundlage von «primitiven Reaktionen» und einer gemeinsam geteilten sozialen Praxis zustande, in der sich komplexe Weisen des Umgangs mit Empfindungen gebildet haben; darauf wird weiter unten genauer eingegangen.

In seinem frühen Aufsatz «Ueber Wahrheit und Lüge im aussermoralischen Sinne» hat Nietzsche mit dem Hinweis auf den metaphorischen Charakter des sprachlichen Erfassens bei aller Übertreibung (er bezieht sich auf die gesamte Sprache und bezichtigt sie der Lüge) auf etwas Wichtiges aufmerksam gemacht: Sprachliche Ausdrücke formen die Empfindungen, die sie von der Welt empfangen, zu sprachlichen Bildern. Mit einer – von Nietzsche unabhängigen – Formulierung von H. J. Schneider[15] betrachtet Wittgenstein einen Seelenzustand als «metaphorische Schöpfung»; dieser sei nichts anderes als die Metapher, mit der er ausgedrückt werde (H. J. Schneider 1998, S. 223). Es sei aber eine Fehleinschätzung, meint Schneider mit Recht, diesen «Bereich des geistigen Lebens des Menschen als *bloß* sprachlich zu bezeichnen» (ebd., S. 224), insofern «die einschlägigen Sprachspiele mit ‹Lebensformen› verwoben» seien, «mit Handlungsweisen […], die das Leben der betroffenen Menschen zentral berühren können» (ebd.).

Man kann diesen Gedanken fortsetzen und darauf verweisen, daß das Verwobensein mit der jeweiligen Lebensform insbesondere darin besteht, daß Empfindungen im Sprachspiel einen körperlichen Erfahrungsaspekt haben. Wittgenstein weist mit der Wichtigkeit, die er den «primitiven Reaktionen» gibt, nachdrücklich auf diesen Zusammenhang hin. Ein solcher Konnex von bildlichen Ausdrücken und körperlichen Resonanzen gliedert sich in den von ihm entworfenen Gesamtzusammenhang ein, der komplexe Sprachspiele an Erfahrungen der Alltagspraxis rückbindet. In der gewöhnlichen Sprache werden Schmerzen als *stechend*, *dumpf*, *pochend*, als *Druck im Unterleib* etc. beschrieben. Sie sind im Körper situiert und entfalten sich mit eigenen Kräften, die sich wie von selbst zu Bildern zu formen scheinen. Es gibt in der Empfindungssprache der Moderne eine unübersehbare Menge von standardisierten bildlichen Ausdrücken, auf die beim Sprechen über Empfindungen zurückgegriffen werden kann.

Mit der Wittgensteinschen Konzeption läßt sich begreifen, warum das empfindende Subjekt die ihm für seine Gefühlsausdrücke zur Verfügung stehenden sprachlichen Ausdrücke oftmals als ungenügend ansieht. Wenn einem angesichts starker Emotionen die *Worte fehlen* oder die *Sprache als zu schwach* vorkommt, drückt dies kein besonderes Mißverhältnis von Fühlen und Ausdrücken aus. Daß sich beide nicht entsprechen, liegt nicht so sehr an Defiziten der Sprache, sondern ist in der sprachlich verfaßten Konstitution von Empfindungen begründet. Insofern diese nicht wie Dinge existieren, sondern in Sprachspielen geformt werden, ist auch ihre sprachliche Erfassung kein Rückgriff auf wirkliche Ereignisse. Von der Sprache der Empfindungen werden spezifische bildliche Sprachgebräuche erzeugt, die aus den Erfahrungen des Subjekts gebildet werden. Wir bemerken diesen Umstand gewöhnlich nicht, weil wir auf Empfindungen anderer Menschen oft unmittelbar körperlich reagieren: mit dem praktischen Sinn, also nicht aufgrund von Instinktkodierung, sondern mit Einsatz unserer Erfahrungen und unseres erworbenen Könnens; beide sind nicht naturwüchsig, sondern sozial strukturiert.

Daß die Ausdrucksformen der Empfindungssprache untauglich werden, bemerken wir daran, daß wir mit unserer Könnensstruktur nicht mehr auf sie zu reagieren vermögen. Als Beispiel können nationalistische Gefühle dienen, die in den Personen, die nach 1945 aufgewachsen sind, keine positiven Resonanzen mehr auslösen, nachdem sie die Generationen der Vorkriegszeit in Begeisterung versetzt hatten. Wenn die Zeitstimmung nach einer neuen Sprache der Gefühle verlangt, besteht eine Möglichkeit darin, neue bildliche Ausdrücke zu erfinden. Aber eine Bildproduktion muß, damit sie wirksam werden kann, in ein Sprachspiel eingeführt worden sein und Zustimmung gefunden haben. Tatsächlich entstehen in der Umgangssprache ständig neue bildliche Ausdrücke, die in den Gebrauch der ganzen Sprachgemeinschaft übernommen werden. Im alltäglichen Sprechen geschieht dies mehr oder weniger durch Zufall. Hingegen ist das Finden neuer Bilder und das sprachliche Erfassen von Empfindungen eine Domäne der Dichtung. Von der Poesie wird erwartet, daß sie den in die Sprachspiele drängenden und von diesen nicht mehr gefaßten Überschüssen an Empfindungen neue Ausdrucksformen gibt.

Für die dichterische Erfindung neuer bildlicher Gebräuche ist eine Einbindung in die soziale Praxis, die Wittgenstein für die anderen Sprachspielarten fordert, viel weniger notwendig, wenn auch nicht verzichtbar. Im poetischen Sprachgebrauch ist allerdings eine Bedingung ganz besonders zu erfüllen: *die Bindung an Können und Erfahrung der Sprecher*, die in ihrem praktischen Sinn gespeichert sind. Auch hier können wir wieder die genetische Perspektive einnehmen und fragen, was geschieht, wenn Kinder ein Verständnis des bildlichen Sprachgebrauchs erwerben. Tomasello schreibt dazu: «Wenn Kinder diese figurative Sprechweise verstehen, können sie Analogien zwischen den konkreten Bereichen herstellen, die sie von ihrer sensu-motorischen Erfahrung her kennen, und den abstrakteren Bereichen der Interaktion zwischen Erwachsenen und des sozialen und geistigen Lebens, die sie sich gerade aneignen. Nachdem sie ausreichend viele metaphorische Ausdrücke gehört haben, dürften Kinder in der Lage sein, ein metaphorisches Verständnis auszubilden, das zur Produktivität führt.» (M. Tomasello 2002, S. 197)

Gerade die bildlichen Gebräuche in der Literatur fordern uns dazu auf, unsere Könnens- und Erfahrungsstruktur auf sie anzuwenden. Insofern sie in der Einbildungskraft wirken, ist eine praktische Einübung und Ausführung nicht erforderlich. Im Gegenteil gibt eine gewisse Widerspenstigkeit gegenüber eingeübter Praxis den sprachlichen Bildern Kraft, wenn sie die Entfernung vom alltäglichen Können nicht überdehnen. Entscheidend ist, daß die Erfahrungs- und Könnensstruktur zu dem neuen Bild paßt und daß dieses in ihr Leben eingepaßt werden kann. Ein plastisches Beispiel gibt Daniel Kehlmann (2007) in seiner Göttinger Poetikvorlesung. Es geht um «das Spiel mit Wirklichkeit, das Brechen von Wirklichkeit» (S. 16), das ein literarischer Autor in seinem Schreiben organisiert. Sein Held liegt im Bett und entwirft eine allmählich entstehende Geschichtenwirklichkeit:

Ich ging auf das Kloster zu, öffnete das große Portal – es ging ganz leicht – und trat ein. Ein verschatteter Steingang, eine alte Treppe mit ausgetretenen Stufen. Ich begann hinaufzusteigen. Noch ein Gang, Lichtstrahlen fallen schräg ein und durchschneiden den Raum in der Diagonalen; unwillkürlich zieht man den Kopf ein, um nicht anzustoßen. Ein paar Leute gehen an mir vorbei, aber ich mache mir nicht die Mühe, ihnen Körper und Gesicht zu geben. Ich achte auf meine Schritte, mit einiger Anstrengung gelingt es mir, ihr hallendes Geräusch zu hören, eigenartig in der Stille. Und dort ist eine Tür. Ich bleibe stehen und trete näher heran. […] Ich klopfe. Nichts. Unsinn, es muß jemand da sein; ich will es so. Ich klopfe wieder. Und jetzt höre ich sie: Eine Stimme, die etwas sagt. Wahrscheinlich «Herein!» Ich drücke die Klinke, die Tür springt auf. Ich trete ein. (D. Kehlmann 2007, S. 16 f.)

Aus meinen bisherigen Überlegungen läßt sich folgendes Zwischenergebnis gewinnen: Empfindungsausdrücke besitzen eine Bildlichkeit, die an die Könnens- und Erfahrungsstruktur der Hörer appelliert. Wenn jemand einen anderen versteht, der sagt: «Mir ist schwindelig», dann setzt er seinen praktischen Sinn ein, der ihn befähigt, mit Zuständen des Schwindels *und* mit den Worten, die über diese Empfindung sprechen, umzugehen. Praktische Fähigkeiten und Erfahrungen dieser Art haben, wenn sie auf sprachliche Bilder angewendet werden, in der Regel nicht zur Folge, daß der Hörer selbst ein Schwindelgefühl in sich erzeugt, sondern dieser aktualisiert sie virtuell und setzt sie als ein funktionelles Äquivalent des realen Umgangs mit Schwindel ein. Gewöhnlich sagen wir, daß er *weiß*, was es heißt, einen solchen Schwindel zu haben. Aber diese Art des Wissens gehört zu unserem praktischen Umgang mit der Welt: «Wissen ist ein Können» (MS 164, S. 171, 1941).

Beim Verstehen bildlicher Ausdrücke sprechen diese den Umgangskörper an, der selbst unter starker Mitwirkung der Sprache geformt worden ist. Er stellt sich den sprachlichen Bildern und Empfindungsausdrücken gleichsam als Empfangender zur Verfügung.[16] Dies geschieht in der Dichtung auf besondere Weise: Von neuartigen bildlichen Ausdrücken dichterischer Sprache wird die Erfahrungs- und Könnensstruktur des Umgangskörpers erweitert, verändert, über die Grenzen des Bekannten getrieben. Daher kann dieser verunsichert, sogar erschüttert werden und diesen Zustand in seinem Verhalten ausdrücken. «Der menschliche Körper ist das beste Bild der Seele.» (PU II, S. 496)

Wenn jemand von einem Gang durch das Gebirge erzählt, er sei gleichgültig vorangeschritten, nur hätte er sich gewundert, daß er nicht auf dem Kopf gehen konnte, beschreibt er mit diesem bildlichen Ausdruck bestimmte Grenzerfahrungen. Bergsteiger berichten von halluzinierten Erscheinungen, die ihnen in Situationen unter Sauerstoffmangel im Hochgebirge gekommen seien.[17] Selbst wenn man solche lebensgefährlichen Erfahrungen nicht gemacht hat, kann man sie sich erschließen. Fast jeder hat schon einmal beim Klettern, Tauchen, Schweben, Balancieren, Springen oder Fliegen Momente kennengelernt, in denen der Gleichgewichtssinn verunsichert wird oder sogar durcheinander gerät. Man kennt also Situationen der Verwirrung und kann sich vorstellen, wie man versucht, das gewöhnliche Gleichgewichtsgefühl zurückzugewinnen. Bildliche Ausdrücke machen Angebote an den Leser, sein Handlungskönnen und seine wirklichen oder vorgestellten Erfahrungen auf sie anzuwenden.

Am Anfang seiner Erzählung «Lenz» beschreibt Georg Büchner eine Situation der extremen Erfahrung des Gleichgewichtsverlusts. Seine Beschreibung gibt die Sichtweise des verwirrten Dichters wieder: «Er ging gleichgültig weiter, es lag ihm nichts am Weg, bald auf-, bald abwärts. Müdigkeit spürte er keine, nur war es ihm manchmal unangenehm, daß er nicht auf dem Kopf gehen konnte.» Büchners bildliche Darstellung vertauscht die Positionen des Normalen und des Anomalen. In der pathologischen Wahrnehmung von Lenz ist der Zustand des ruhigen Gehens das Anomale. Die scheinbare Normalität seines Verhaltens gibt den Lesern die Möglichkeit, die Fähigkeiten und Erfahrungen ihres praktischen Sinns auf die bildliche Beschreibung des Textes zu übertragen und die Dissonanz zum Normalfall spürbar zu machen. Es ist gerade nicht so, daß die Leser imaginär zu Lenz werden, sich mit ihm identifizieren oder auf irgendeine andere Art in seine Persönlichkeit eindringen. Sie nähern sich nicht dem Dichter Lenz an, auch nicht Büchner – sie erzeugen nicht die inneren Zustände anderer Personen. Sondern sie wenden auf die bildlichen Ausdrücke, die die innere Verfaßtheit der Erzählperson beschreiben, ihren praktischen Sinn an: ihre Erfahrungsstruktur, die sie beim Gehen in der dünnen Luft des Gebirges, im Nebel, in großer Einsamkeit, bei Atemlosigkeit und Schwindelgefühl gebildet haben.

Mit seiner subjektiven bildlichen Darstellung erweitert Büchner die Grenzen unserer Sprachspiele um die Innenperspektive eines Wahnsinnigen und führt seine Leser in eine Erfahrung ein, der die

Halluzination als das Normale und die normale Wahrnehmung als Abweichung gilt. Einem Dichter kann dies gelingen, während dieselbe Ausdrucksweise bei einem Schizophrenen ein Symptom seiner Krankheit ist. Die Erfindung neuer «bildlicher Gebräuche» (BPP I, § 624) kann, wenn sie von einem Sprecher gemacht wird, dessen Fähigkeit zu sprachlicher Innovationen anerkannt ist und Wirkungen in den Lesern auslöst, zu einer kühnen Erweiterung des Darstellungsrepertoires von Empfindungen führen.

In seiner Kritik an Frazer stellt Wittgenstein eine untergründige Verbindung von Ritualen und sprachlichen Bildern zum Erfahrungshintergrund von Menschen her, der ein tieferes Verstehen ritueller und bildlicher Praktiken erschließt.[18] «Das Prinzip, nach welchem diese Gebräuche [die von Frazer berichteten Rituale – G.G.] geordnet sind, ist ein viel allgemeineres, als Frazer es erklärt, und in unserer eigenen Seele vorhanden, so daß wir uns alle Möglichkeiten selbst ausdenken können.» (*Bemerkungen über Frazer*, S. 42) In Ritualen und in der Sprache findet man «diese einfachen Bilder» (ebd., S. 43), etwa das Verbrennen einer Strohpuppe, die eine Erfahrung des «Finsteren, Tiefen» in uns wachrufen und aktivieren: «[...] *wir* tragen es wieder hinein aus einer Erfahrung in unserm Inneren.» (ebd.) An einem Beispiel einer bildlichen rituellen Praktik zeigt Wittgenstein, wie er selbst eine innere Erfahrung aktiviert: «Wenn ich über etwas wütend bin, so schlage ich manchmal mit meinem Stock auf die Erde oder an einen Baum etc. Aber ich glaube doch nicht, daß die Erde schuld ist oder das Schlagen etwas helfen kann. ‹Ich lasse meinen Zorn aus.› Und dieser Art sind alle Riten. Solche Handlungen kann man Instinkt-Handlungen nennen. [...] Wichtig ist die Ähnlichkeit des Aktes mit einem Akt der Züchtigung, aber mehr als diese Ähnlichkeit ist nicht zu konstatieren.» (ebd., S. 48)

Seit der zweiten Hälfte des 18. Jahrhunderts wurde in der deutschen Dichtung die Zone der inneren Zustände des Subjekts, in der Vertrautheit und Fremdheit zusammentreffen, zunehmend exploriert. Zwei wesentliche Innovationen lassen sich hier beobachten: Zum einen wird die Fremdheit des Anderen und der Welt als Erkenntnis- und Stilmittel ausgebildet und bis zum Äußersten gedehnt. Zum anderen spricht der Dichter nicht als empirisches *Ich* in seinem eigenen Namen (in Sätzen der ersten Person), sondern bildet Strategien der Objektivierung von Subjektivität, so daß man die Sätze wie eine indirekte Rede eines Ichs auffassen kann. Mit diesem Verfahren wird nicht Unmittelbarkeit (die unerreichbar bleibt) angestrebt, sondern es wird ein Autor-Subjekt fingiert, das mit seinen sprachlichen Bildern über die Welt zu sprechen scheint. Tatsächlich drückt dieses seine Empfindungen mit Hilfe scheinbar objektiver sprachlicher Bilder öffentlich aus. Eine solche Dichtung beschreibt nicht, sondern erfindet und erschafft mit sprachlichen Mitteln eine neue Welt, die mit Hilfe von anschaulichen, objektivierenden Beschreibungen, vornehmlich mit Landschaftsbildern, etwas darstellt, was als ‹Innenwelt› verstanden wird.

In der Literatur vor dem 18. Jahrhundert wurden sprachliche Bilder, die eine scheinbar subjektlose Außenwelt darstellen, noch nicht zum Ausdruck von persönlichen Empfindungen verwendet.[19] In der neuen Gebrauchsweise kennzeichnen sie das Selbstverhältnis der Person, auf die sie bezogen werden. Auf diese Weise werden sie zum einen subjektiviert, zum anderen dem Leser so angeboten, daß er sich mit *seinem* Selbstverhältnis in sie finden kann. «Über allen Gipfeln ist Ruh» – die Darstellung einer Landschaft am Abend erzeugt in wenigen Worten ein besonderes Sprachspiel mit einem spezifischen Erfahrungshintergrund: eine Situation der Stille, des Schauens und Schweigens, der inneren Sammlung und des Aufstiegs in die Höhe. Mit jedem Anfang eines Gedichts wird der Hintergrund eines neuen Sprachspiels aufgespannt und der Leser mit seiner Könnens- und Erfahrungsstruktur in die ihm eigentümlichen sprachlichen Bilder hineingezogen: Goethes Gedichtanfang «Es schlug mein Herz. Geschwind zu Pferde/Und fort, wild wie ein Held zur Schlacht [...]» aktiviert eine ganz andere Struktur als Hölderlins getragene Eröffnungszeile «Wie wenn am Feiertage, das Feld zu sehn/Ein Landmann geht [...]». Die sprachlichen Bilder erzeugen, weil der Leser sie als Ausdrücke der Sprache zu etwas Eigenem machen kann, eine Nähe, in der das sprechende Subjekt selbst jedoch unerreichbar bleibt.

3. Selbstverhältnis und Selbstverpflichtung im Sprachspiel

Im Sprachspiel werden die Spieler zwei Arten von Positionen zugeordnet. Es gibt das Ich, das ein Spiel initiiert und bestimmt, welches Spiel gespielt wird: welches sein Thema und seine Struktur sind. Ihm gegenüber befinden sich die Mitspieler in der Rolle des Angesprochenen, des Du, das die Beiträge des Ich aufnimmt, beantwortet, kommentiert, eventuell korrigiert. Die Position des Du wird oft von mehreren Personen eingenommen. Sie hat insofern eine unverzichtbare Rolle, als das Du die Übereinstimmung des sprechenden Ichs mit dem Sprachspiel sichert; für die Sprache über Empfindungen ist diese besonders wichtig. Während das Ich hier die Rolle des Fühlenden einnimmt, dessen Emotionen seinen praktischen Sinn beeinträchtigen können, befinden sich seine Partner in der Position von Mitspielern, die seine Äußerungen aufgrund seines Verhaltens und des Kontextes verstehen. Wittgensteins Spielmodell entwirft die Verteilung der Spielpositionen als einen dynamischen Prozeß; jeder Mitspieler kann im Prinzip die Rolle des Spielmachers einnehmen. Vorausgesetzt, das Spiel ist egalitär, kann sich grundsätzlich jeder, der über genügend Übung verfügt, am Wechsel der Positionen beteiligen.

Jeder Beteiligte kann im Spiel einen neuen Spielzug initiieren und ihn auf sich als seinen Verursacher beziehen. Die Handlungsverursachung macht den Unterschied zwischen den beiden von Wittgenstein diskutierten Beschreibungen aus: «Mein Arm hebt sich» und «Ich hebe meinen Arm» (vgl. PU § 612). Im ersten Fall beansprucht niemand die Verursachung der beschriebenen Handlung, im zweiten handelt es sich um *mein* Sprachspiel, das *ich* begonnen und für das *ich* die Verantwortung habe. Als *mein* Spiel ist es mit meiner Person und meinem Leben verknüpft. Von den Mitspielern kann ich Kooperation verlangen, habe aber auch mögliche Kritik von ihnen an meinem Regelgebrauch zu akzeptieren und muß, falls diese berechtigt ist, meine Spielweise ändern. In Sprachspielen verwirklicht das sprechende Ich eine Absicht; es drückt seine Intention in objektiven Spielstrukturen aus und bestimmt die Perspektive, in der die Situation zu sehen ist: Ich zeige auf einen Gegenstand, lenke die Aufmerksamkeit eines Anderen auf eine Farbe; ich befehle oder fordere etwas an; ich mache meine Empfindungen durch mein Verhalten und mein Sprechen öffentlich.

In Sprachspielen über starke Empfindungen, z.B. über heftige Schmerzen, ist das sprechende Ich zwar Initiator des Spiels, aber angesichts seines Zustands kann man ihm keine Verantwortung für dessen Ablauf zusprechen. Insofern das leidende Ich sein Sprachspiel initiiert, zeigt es seine «primitiven Reaktionen» als einen dominanten und wiedererkennbaren Zug seines Verhaltens. Dies geschieht nicht einfach nur in der Rolle des Empfangenden, sondern das Ich paßt sein Verhalten in das Sprachspiel ein und gibt dem emotionalen Zustand, der noch keine Worte hat, eine auf seinen Umgangskörper bezogene Form: Es formt seine Verhaltensweise in der Weise, daß sie in Grundzügen den Regeln des Sprachspiels entspricht. Bei starken Schmerzen erfüllt allein schon das unwillkürliche Schmerzverhalten die Anforderungen des Sprachspiels. Damit ist aber nicht gesagt, daß Verhalten und Sprache der Empfindungen in einem konstant bleibenden Verhältnis zueinander stehen, sondern dieses wird nach variierenden Mustern organisiert. Es gibt einen weiten und sich verändernden Fächer von Verhaltensweisen und von Empfindungsausdrücken, die in unserer Kultur als Ausdruck von Schmerz gelten. Bei allen Veränderungen, die auf beiden Seiten, im Verhalten und im Sprachspiel, eintreten können, bleiben diese doch aufeinander angewiesen.

Wenn das Ich Empfindungen, von denen es beherrscht wird, ausdrückt, verhält es sich mit seinem Umgangskörper als unwillkürlicher Teil des Sprachspiels. Zu einem solchen Verhalten kann gehören, daß es bei heftigen Empfindungen zu einem Kontrollverlust kommen kann. Dennoch kann das sich selbst nicht mehr kontrollierende Ich seinen Zustand als Instantiierung eines bestimmten Musters erkennen und als einen Verlust von Haltung bewerten. Daß ein von seinen Empfindungen stark beeinträchtigtes Ich gegenüber seinem Verhalten zur Selbsteinschätzung fähig ist, gibt es beispielsweise dadurch zu erkennen, daß es sich für seinen Ausbruch entschuldigt, sobald es die Sprache wiederfindet.

In der Diskussion des Sprachspieldenkens habe ich, Wittgenstein folgend, Handeln bisher fast ausschließlich im Sinne des «blinden» Regelfolgens diskutiert. Von einer reflexiven Haltung gegenüber dem eigenen Tun und einer Stellungnahme oder Verantwortung war noch nicht die Rede. Nachdem Wittgenstein ethische Probleme aus der Philosophie als mit ihren Mitteln nicht diskutierbar verwiesen hatte, hielt er sich an diese Entscheidung, allerdings mit zwei Ausnahmen, dem «Vortrag über Ethik» und den letzten Überlegungen in Teil II der PU. Man kann sich mit Recht fragen, wie er mit solcher Intensität Philosophie betreiben konnte, ohne darin seinen «drängendsten Lebensproblemen» (wie es im Vorwort des *Tractatus* heißt) einen Raum zu geben. In den folgenden Überlegungen soll zuerst an die Gründe erinnert werden, aus denen Wittgensteins handelndes Subjekt auf eine philosophische Stellungnahme zum Regelfolgen verzichtet. Dann aber soll gezeigt werden, daß auch seine Konzeption in letzter Hinsicht nicht ohne ethische Reflexion auskommt.

In der überwältigenden Zahl der Fälle bleibt der Handelnde aufgrund seiner Übereinstimmung mit dem Sprachspiel an die Sprachgemeinschaft rückgebunden. Es ist insbesondere die in der Handlungspraxis erworbene Übereinstimmung in den Urteilen, die dem Leben von Menschen eine Form geben. In diesem Sinn läßt sich Wittgensteins Ausdruck «Lebensformen» verstehen: «Das Hinzunehmende, Gegebene – könnte man sagen – seien Lebensformen.» (PU II, 539) Die Lebensform ist für das Subjekt nicht frei wählbar; eine Übereinstimmung mit der Lebensform der eigenen Kultur muß erst errungen werden. Wenn sich jemand nicht in Übereinstimmung mit den Urteilen der sie umgebenden Lebensform zu bringen vermag, wird er als Geisteskranker oder Heiliger mit Visionen behandelt.[20]

In den Sprachspielen über Empfindungen liegen die Dinge auf eine philosophisch interessante Weise anders als in den bisher diskutierten Fällen regelhaften Handelns. Mit der Kennzeichnung der Gewißheit der eigenen Empfindungen als «instinktiv» weist Wittgenstein auf den großen Raum hin, den das Sinnliche darin einnimmt. In individualistisch geprägten Kulturen wird dem

Sprachgebrauch, der ein Selbstverhältnis ausdrückt, ein relativ weiter Freiheitsspielraum gewährt. Allerdings steht das Ausdrucksverhalten der Subjekte unter einer subtilen gesellschaftlichen Kontrolle. In dieser Zwischenzone zwischen «instinktivem» und vom Sprachspiel geregeltem, «normalem»[21] Verhalten kommt dem Subjekt bei den Empfindungsausdrücken eine besondere Verantwortung für sein Sprechen zu. Wenn der Sprecher seine «primitiven Reaktionen» und «Instinkte» in das Sprachspiel einbringt, ist ihm eine hohe Selbstverpflichtung auferlegt. Der *sprachliche* Ausdruck seines Selbstverhältnisses ist der Ort, an dem die Philosophie ethische Forderungen erheben kann, die ihr sonst nicht möglich sind. Zahlreiche Bemerkungen aus Wittgensteins letzter Schaffensphase handeln von einer Ethisierung des Sprechens über sich selbst.[22] Eine ethische Haltung ist da gefordert, wo es für die Einsicht in das Sprachspiel von außen einen toten Winkel gibt. Wer aus dieser Situation unerlaubte Freiheiten zieht, benimmt sich nach Wittgensteins Urteil unaufrichtig und somit ethisch verwerflich.

Wittgenstein war von der Sorge um ein, wie er es ausdrückte, «anständiges» Verhalten erfüllt. In seinen privaten Aufzeichnungen macht er sich immer wieder Vorwürfe, daß er dazu neige, sich in unbeobachteten Situationen unethisch zu verhalten. Zeit seines Erwachsenenlebens sucht er nach Möglichkeiten, sein unkontrollierbares (oder auch nur unkontrolliert gebliebenes) Verhalten auf seinen ethischen Gehalt hin zu überprüfen; immer wieder analysiert er seine Äußerungen über sich selbst, seine Träume, Versprechen, nicht beglichene Schulden, Verfehlungen gegenüber seinen Verpflichtungen (wie jene seinem Talent gegenüber), sein geheimes Begehren unter dem Aspekt einer möglichen Verfehlung. In diesen Untersuchungen seiner selbst tritt klar zutage, wie eng Wittgensteins philosophische Interessen mit der Bewältigung seiner Lebensprobleme verflochten sind. Ein wichtiger Zug seines privaten Lebens ist der Wunsch, über bestimmte Gefühle wie Hochmut und Arroganz, über Verfehlungen, sündige Gedanken ein Geständnis in einem formellen Sinn abzulegen (so die «große Lebensbeichte»).[23]

In seinen Tagebüchern, Notizen und Briefen schrieb Wittgenstein seine Verfehlungen nieder, hob den niedrigen Charakter seiner Handlungsweise hervor, verurteilte und bereute, was er getan hatte. Ebenso zeichnete er Träume auf, diskutierte und analysierte sie. Offensichtlich nahmen diese Aktivitäten einen bedeutenden Raum in seinem Leben ein. Auf den ersten Blick könnte man sie für den Versuch der Introspektion halten; Wittgensteins Verfahren war jedoch anders. Ihr Charakter wird besser getroffen, wenn man sie als eine Form jener Selbstpraktiken kennzeichnet, wie sie von Pierre Hadot beschrieben werden: als eine Form geistiger Übungen, Dinge zu durchdenken und festzuhalten, die ihn selbst betrafen.[24] Es ging ihm nicht um eine Beobachtung seines Inneren, sondern um eine Übung in Wahrhaftigkeit und Aufrichtigkeit. Wittgenstein antwortete nicht auf Fragen der Art wie «Wer oder was bin ich?», «Was ist in mir vorgegangen?», sondern er beschrieb die von seinen Handlungen ausgelösten Folgen, insbesondere seine innere Beunruhigung. Welches der wahre Grund seines Leidens und seiner Selbstverurteilung war, sprach er in den an ihn selbst gerichteten Texten nicht aus; auch seinen Gesprächspartnern eröffnete er nicht den Grund seiner Verzweiflung.

In den als Teil II der *Philosophischen Untersuchungen* veröffentlichten Bemerkungen arbeitet Wittgenstein an einer grundlegenden Reflexion zu der Frage, ob man über sein Inneres die Wahrheit sagen kann.[25] In den Mittelpunkt seiner Überlegungen rückt er die ethische Haltung des Subjekts zu sich selbst am Beispiel des Geständnisses. Ein solches Sprechen erfüllt nicht bestimmte Wahrheitskriterien wie eine Beschreibung, sondern steht unter der Verpflichtung des Sprechers zur Wahrhaftigkeit.

Für die Wahrheit des *Geständnisses*, ich hätte das und das gedacht, sind die Kriterien nicht die der wahrheitsgemäßen *Beschreibung* eines Vorgangs. Und die Wichtigkeit des wahren Geständnisses liegt nicht darin, daß es irgend einen Vorgang mit Sicherheit richtig wiedergibt. Sie liegt vielmehr in den besonderen Konsequenzen, die sich aus einem Geständnis ziehen lassen, dessen Wahrheit durch die besonderen Kriterien der *Wahrhaftigkeit* verbürgt ist.

(Angenommen, daß die Träume uns wichtige Aufschlüsse über den Träumer geben können, so wäre das, was den Aufschluß gibt, die wahrhaftige Traumerzählung. Die Frage, ob den Träumer sein Gedächtnis täuscht, wenn er nach dem Erwachen den Traum berichtet, kann sich nicht erheben, es sei denn, wir führten ein gänzlich neues Kriterium für eine «Übereinstimmung» des Berichts mit dem Traum ein, ein Kriterium, das hier eine Wahrheit von der Wahrhaftigkeit unterscheidet.)
(PU II, S. 566 f.)

Über die Richtigkeit dessen, was wir sagen, läßt sich nicht urteilen; auch wir selbst können es nicht verläßlich einschätzen. Unser Inneres kann uns nicht als Richtschnur für einen wahrheitsgemäßen Bericht dienen. Aber wir befinden uns im Sprachspiel des Geständnisses, das an den Sprecher die Anforderung erhebt, alles, was er zu dem von ihm gestandenen Sachverhalt beitragen kann, nach bestem Wissen und Gewissen zur Sprache zu bringen. Wer dieses Sprachspiel zu spielen versteht, übernimmt Verantwortung für sein Sprechen. Er läßt die Konsequenzen eintreten, die sich aus dem Geständnis ergeben. Für die Wahrhaftigkeit des auf das Geständnis *folgenden Handelns* gibt es allerdings Kriterien, beispielsweise das Zusammenstimmen von Geständnis und anschließendem Verhalten der Reue. Wenn diese erfüllt werden, gilt die Richtigkeit des Geständnisses als verbürgt.

Auch Wahrhaftigkeit selbst beruht auf einer Übereinstimmung, aber nicht mit den anderen, sondern auf der Konformität des Sprechers bzw. seines Handelns mit dem Sprachspiel und mit sich selbst. «Wenn sich auf mein Geständnis meines Motivs nicht die Konsequenzen bauen ließen, die man im allgemeinen drauf bauen kann, dann gäbe es das ganze Sprachspiel nicht.» (LS II, S. 49 f.) In seinen persönlichen Aufzeichnungen arbeitet Wittgenstein fast wie besessen daran, sein Inneres sprachlich auszudrücken. In seinem Tagebuch schreibt er 1931: «Im richtig geschriebenen Satz löst sich ein Partikel vom Herzen oder Gehirn ab und kommt als Satz aufs Papier.» (*Denkbewegungen*, S. 58) Die Kunst seines autobiographischen Schreibens besteht im Geschehenlassen dieses Vorgangs, im Verzicht auf ein Eingreifen, so daß die Ablösung und der Prozeß des Festhaltens der Partikel aus dem Inneren auf dem Papier nicht beeinträchtigt, behindert oder verfälscht werden. Die Wahrhaftigkeit des Selbstverhältnisses ruht auf dem Vertrauen in das Sprachspiel und der ethischen Haltung des Sprechers. Mit seinem Handeln, Sagen und Denken stellt er sich in das Sprachspiel und erfüllt mit seiner Haltung die Anforderungen des Spiels.

Mit der Kritik an der Privatsprache in Teil I der *Philosophischen Untersuchungen* verneint Wittgenstein keineswegs die Möglichkeit einer Beschäftigung mit den eigenen intimen Empfindungen und Gedanken.[26] Was er zurückweist, ist die Annahme eines bestimmten Zugangswegs zum Inneren. Abgelehnt wird der Gedanke, daß das Innere wie ein objektiv gegebener Gegenstand für die Selbsterkenntnis daliegt und mit Hilfe einer Sprache untersucht werden kann, die vom Subjekt für den Zweck seiner Selbstbeschreibung konstruiert worden ist. Hingegen hält Wittgenstein eine Beschäftigung mit den Äußerungen des eigenen intimen Lebens in einer geregelten Praxis eines Sprachspiels nicht nur für möglich, sondern diese gehört offensichtlich zu den ihm selbst vertrauten Übungen. In einem Brief an Rudolf Koder spricht er mit größter Unbefangenheit und Selbstverständlichkeit von dieser Möglichkeit. Wittgenstein ermutigt seinen Freund bei der Aufgabe, ein Musikstück genau kennenzulernen:

Du spielst es und merkst dabei deutlich, daß Du die & die Stellen noch ohne Verständnis spielst. Du kannst nun entweder auf diese Stimme (in Deinem Inneren) nicht weiter hinhorchen & das Stück verständnislos wie früher spielen, oder Du horchst auf die Stimme, dann wirst Du getrieben, die betreffende Stelle wieder & wieder zu spielen & quasi zu untersuchen. Je weniger träge Du bist desto weiter wird das gehen, d. h. desto mehr Stellen werden Dir als noch nicht wirklich gefühlt aufgehen. Denn die innere Stimme wird ermuntert zu reden dadurch, daß Du einmal auf sie horchst, & mehr oder weniger zum schweigen gebracht, dadurch daß Du sie ignorierst. Je mehr Du horchst desto mehr wirst Du hören & Stimmen die es kaum vernehmbar gesprochen haben werden nun immer deutlicher reden & neue sich melden. Davor scheut aber die Trägheit eines jeden Menschen zurück & man hat etwa das Gefühl: wenn ich mich mit diesen Stimmen einlasse, wer weiß wozu sie mich endlich noch bringen könnten. Und doch kann man nur sagen: Horche genau hin und befolge was sie Dir sagt & du wirst sehen, du wirst dann immer deutlicher hören & Dich immer besser in Dir auskennen.

(*Wittgenstein und die Musik*, Brief 45, geschrieben zwischen 25.10. u. 14.11.1930, S. 37 f.)

4. Das zweite Bild

Nach der Beschreibung, die ich bisher von Wittgensteins anthropologischem Denken gegeben habe, mag es den Anschein haben, als werde der praktische Sinn weitgehend ohne Beteiligung des Subjekts wirksam. Was demgegenüber noch stärker hervorzuheben ist, ist die Steuerung des Handelns durch das Subjekt. In seiner Handlungspraxis ist der Handelnde oft vor Alternativen gestellt, zwischen denen er sich entscheiden muß: Soll er auf einer Wegkreuzung nach links oder nach rechts gehen? Welches der drei Kästchen soll er wählen, das goldene, das silberne oder das bleierne? Der Handelnde trifft eine Wahl, die in der Regel von den Eigenschaften der angebotenen Dinge beeinflußt wird. Er deutet diese nicht, sondern sieht sie *als bestimmte Dinge*. In Shakespeares Drama «Der Kaufmann von Venedig» wählt jeder der drei Freier ein unterschiedliches Kästchen; nur der glückliche Freier *sieht*, welches Kästchen das richtige ist. Odysseus hingegen unterläuft die Alternative, ob er den Sirenen lauschen oder die Reise fortsetzen soll. Er hört den Gesang der Sirenen an den Mast gefesselt *und* setzt die Fahrt fort, ohne daß ihm die Schönheit des Gesangs zum Verhängnis würde – er gewinnt auf diese Weise seine Handlungsfreiheit. Wittgenstein steht ebenfalls vor einem Kästchen – vor einer Schachtel, in der sich Käfer befinden oder auch nicht:

Angenommen, es hätte Jeder eine Schachtel, darin wäre etwas, was wir «Käfer» nennen. Niemand kann je in die Schachtel des Andern schaun; und Jeder sagt, er wisse nur vom Anblick *seines* Käfers, was ein Käfer ist. – Da könnte es ja sein, daß Jeder ein anderes Ding in seiner Schachtel hätte. Ja, man könnte sich vorstellen, daß sich ein solches Ding fortwährend veränderte. – Aber wenn nun das Wort «Käfer» dieser Leute doch einen Gebrauch hätte? – So wäre er nicht der der Bezeichnung eines Dings. Das Ding in der Schachtel gehört überhaupt nicht zum Sprachspiel; auch nicht einmal als ein *Etwas*: denn die Schachtel könnte auch leer sein. – Nein, durch dieses Ding in der Schachtel kann ‹gekürzt werden›; es hebt sich weg, was immer es ist.

(PU § 293)

Hat jeder Sprecher einen eigenen Käfer? Wenn dies so wäre, könnte keiner die Käfer eines Anderen sehen. Niemand könnte mit den anderen über die wahren Käfer sprechen. Wenn man sich aber doch über Käfer verständigte, spräche man nicht über die Eigenschaften der *wahren* Tiere, die man ja nicht beobachten kann. Es könnte also sein, daß einige Schachteln leer sind, möglicherweise alle. Denn nicht die wahren Insekten sind die Bedingung der Möglichkeit der Verständigung über Käfer. Bei Beschreibung der Sprache über Empfindungen stehen wir bei der Wahl eines Beschreibungsmodells vor zwei Kästchen: Wählen wir eine Schachtel, die uns verspricht, den wahren Käfer zu enthalten, den wir aber sprachlich nicht erfassen können? Oder entscheiden wir uns für eine Schachtel, über deren Inhalt wir sprechen, den wir aber nicht unmittelbar, wie andere Objekte, erkennen können? Im ersten Fall wird uns versprochen, das verschlossene Innere sei mit Gefühlen angefüllt – aber man kann diese tatsächlich weder erkennen noch sprachlich benennen. Im zweiten Fall kann man nicht beschreiben, wie es kommt, daß das Innere der Schachtel, das wir ‹Käfer› nennen, tatsächlich bestimmte Wirkungen, also Veränderungen der Schachteln, hervorruft. Welche Wahl ist hier zu treffen? Wie Odysseus unterläuft Wittgenstein die Wahl: Er erkennt die Voraussetzung des Wählens nicht an: daß er *entweder* das eine *oder* das andere wählen soll. Er entscheidet sich für den größtmöglichen Spielraum. Interessant ist seine Entscheidung auch, weil sie von Bedeutung nicht nur für seine Philosophie, sondern auch für sein Leben ist.

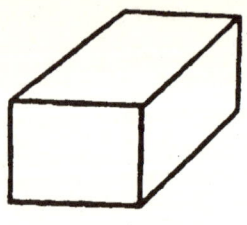

(Abb. PU II, S. 519)

Für seine Philosophie gewinnt Wittgenstein einen Freiheitsspielraum, der ein Sprechen über das Innere der Schachtel ermöglicht: Ob in der Schachtel Käfer sind oder nicht, tut nichts zur Sache, wenn es um eine *Verständigung über* das Innere geht: Wir können uns vom Problem der Privatsprache befreien, indem wir die Schachtel ausschließlich unter dem Aspekt ihrer Außenseite betrachten. Wir sehen die Schachtel dann *nicht als* einen Behälter mit einem Inneren, in den wir hineinsehen können. Sondern wir nehmen die dreidimensionale Zeichnung eines Würfels in zwei Aspekten wahr: Zuerst sehen wir seine Außenflächen und dann, in einer anderen Sichtweise, sehen wir diese von innen. Wittgenstein schaltet von dem einen Bild zum anderen um, dadurch daß er seine Wahrnehmungsweise verändert: durch ein *Sehen als*. Was man zuerst als die Oberfläche der Schachtel gesehen hat, zeigt sich in der neuen Wahrnehmung jetzt als ihre Innenseite. Das Gesehene hängt vom Wahrnehmungsaspekt ab:

> Man könnte sich denken, daß an mehreren Stellen eines Buches, z. B. eines Lehrbuchs, die Illustration [Abb. s. o., G.G.] stünde. Im dazugehörigen Text ist jedes Mal von etwas anderem die Rede: Einmal von einem Glaswürfel, einmal von einer umgestülpten offenen Kiste, einmal von einem Drahtgestell, das diese Form hat, einmal von drei Brettern, die ein Raumeck bilden. Der Text deutet jedes Mal die Illustration.
>
> Aber wir können auch die Illustration einmal als das eine, einmal als das andere Ding *sehen*. – Wir deuten sie also, und *sehen* sie, wie wir sie *deuten*.
> (PU II, S. 518 f.)

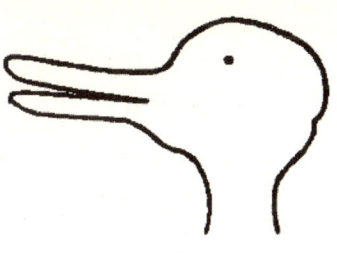

(Abb. PU II, S. 520)

Wittgensteins Diskussion des *Sehens als* in PU Teil II läuft darauf hinaus, daß dieses eine andere Art der Wahrnehmung als der normale Fall des Sehens, aber eben auch ein *Sehen* ist. Es ist komplexer als das einfache, das «‹stetige Sehen›» (PU II, S. 520), insofern wir den Wahrnehmungsgegenstand unter *einem* von mehreren möglichen Aspekten erfassen; insofern sind hier Sehen und Deuten untrennbar miteinander verbunden. Der Unterschied zwischen dem ersten und dem zweiten Sehen kann *im Prozeß des Sehens* erfahren werden. Diese Bemerkung scheint einer Grundannahme Wittgensteins zu widersprechen, der zufolge es nicht möglich ist, sich beim Sehen zuzusehen, ebenso wie man beim Denken nicht gleichzeitig über dessen Inhalt nachdenken kann.[27] Bei der Diskussion des *Sehens als* gibt Wittgenstein jedoch seine Überzeugung nicht auf: Das Bemerken des Aspektwechsels beim Sehen ist selbst kein Sehen, bei dem man einen Vorgang erkennen würde. Was das *Sehen als* vom gewöhnlichen Sehen unterscheidet, ist «das ‹Aufleuchten› eines Aspekts» (PU II, S. 520). Der Aspektwechsel selbst kann nicht gesehen werden, aber er ruft ein «Seherlebnis» hervor (PU II, S. 519).

Daß der Aspektwechsel kein eigentümliches Sehen zwischen zwei Sehvorgängen ist, zeigt Wittgenstein an seinem Beispiel des «Hasen-Enten-Kopfs», den man «als Hasenkopf, oder als Entenkopf sehen» kann (PU II, 519 f. – Abb. s. o.).

Die Besonderheit dieser Zeichnung ist, daß sie zwei Bilder enthält, daß man aber dann, wenn man das eine Bild sieht, das andere nicht sehen kann. Aber immer sind beide Bilder da. Wer sie kennt, kann problemlos von einem Bild zum anderen wechseln. Es gibt etwas Gemeinsames, das beide Bilder miteinander verbindet – aber genau dieses kann man nicht sehen. Mit Wittgensteins Ausdruck aus dem *Tractatus* gesprochen, kann sich dieses Gemeinsame nur zeigen; es zeigt sich im Aspektwechsel.

Die Passagen über das *Sehen als* aus den letzten Lebensjahren Wittgensteins knüpfen, ohne ausdrücklich darauf hinzuweisen, an die Gedanken des *Tractatus* an. Ebenso wie das *Sich-Zeigen* ist das *Sehen als* kein einfaches Wahrnehmungsphänomen, sondern gibt etwas in der Welt zu erkennen, das Dinge gemeinsam haben, das sich aber weder wahrnehmen noch explizit sagen läßt. Das Gemeinsame ist nicht die gezeichnete Linie, denn – sofern man sie überhaupt *als* etwas sieht – so sieht man diese entweder als den Umriß eines Hasen oder einer Ente. Im *Sich-Zeigen* des *Tractatus* offenbart sich ein innerer Zusammenhang zwischen der Ordnung der Welt und der logischen Grammatik der Zeichen. Grundannahme der frühen Philosophie ist, daß Welt und Zeichenwelt aufeinander bezogen sind und eine gemeinsame abbildende Beziehung haben, die sich in den Bildern der Logik zeigt. Auch in den *Philosophischen Untersuchungen* nimmt Wittgenstein an, daß es Bilder gibt, die einen inneren Zusammenhang mit dem von ihnen Gezeigten erkennen lassen. Beim *Sehen als* ist es das Subjekt, das durch seine gerichtete Aktivität einen Aspektwechsel hervorrufen kann.

Und je nach der Erdichtung, mit der ich es [ein verschnörkeltes Schriftzeichen, G. G.] umgebe, kann ich es in verschiedenen Aspekten sehen. Und hier besteht enge Verwandtschaft mit dem ‹Erleben der Bedeutung eines Wortes›.
(PU II, S. 546 f.)

Man muß einen freien Blick gewinnen, um das *zweite* Bild im vorhandenen ersten Bild sehen zu können. Es muß dort nicht entborgen werden, sondern wir bemerken etwas Gemeinsames, das beide Bilder miteinander teilen, wenn wir den Aspekt wechseln. Im Bild des H-E-Kopfes scheint sich das Gemeinsame eher zufällig zu ergeben – die Ohren des Hasen werden im zweiten Bild zum Schnabel der Ente etc. Es handelt sich um ein extrem vereinfachtes Modell dafür, daß wir *in den Bildern*, die wir wahrnehmen, *zweite* Bilder sehen können und daß diese uns die Welt anders sehen lassen.[28] Aber selbst wenn es etwas ganz anderes zeigt, ist das zweite Bild vom ersten nicht vollkommen unterschieden, insofern immer beide kopräsent sind und das eine Bild nicht weniger wirklich ist als das andere. Das zweite Bild nimmt genau die gleiche Fläche ein, die das erste Bild bedeckt. Bereits im *Tractatus* gibt Wittgenstein Beispiele für zweite Bilder, an denen sich ein innerer Zusammenhang der Welt zeigt; so sind «im Märchen die zwei Jünglinge, ihre zwei Pferde und ihre Lilien [...] alle in gewissem Sinne Eins.» (T 4.014)[29]

Was man nach dem Aspektwechsel anders sieht, hat es schon vorher gegeben; man hat es nur nicht wahrgenommen. Dies nicht nur, weil man dem zweiten Bild keine Aufmerksamkeit schenkte, sondern auch, weil einem die Fähigkeit, dieses zu sehen, also die Einbildungskraft abging. Nicht anders ist es, meint Wittgenstein, wenn man Worte ausschließlich als Instrumente verwendet und kein Gespür dafür hat, daß sie eine «Physiognomie» besitzen. Mit dem *Sehen als* ergreift das Subjekt eine Initiative zu einem anderen Wahrnehmen, das über das Entdecken von Familienähnlichkeit hinausgeht; es befindet sich hier in einer schöpferischen Rolle.

In den Paragraphen über die Empfindungssprache in Teil I der *Philosophischen Untersuchungen* hatte sich Wittgenstein schon Problemen der Wahrnehmung zugewandt. Folgt man seinen Überlegungen dort, so erkennt man, wenn man sich über Gefühle verständigt, am Verhalten einer beobachteten Person bestimmte Züge *als* Kriterien für deren Inneres. Auch dieser Erkenntnisvorgang entsteht aus einer Veränderung des Sehens: Man sieht beispielsweise die schlaffe Haltung einer Person, ihre hängenden Schultern, heruntergezogenen Mundwinkel, langsamen Bewegungen. Mit einem Mal geschieht in der Wahrnehmung etwas, und aus den unverbundenen Einzeleindrücken ergibt sich das kohärente Bild eines niedergeschlagenen Menschen.[30] Aus zunächst zufällig erscheinenden Verhaltensmerkmalen bildet der Beobachter Kriterien für einen bestimmten psychischen Zustand, die er zu einem bekannten Muster anordnet. Bei diesem Vorgang wird den früheren Seheindrücken nichts hinzugefügt. Das *zweite* Bild wird nicht mit Hilfe einer auf Hypothesen beruhenden Deutung gebildet.

Wittgenstein scheint den Gedanken der Hypothesenbildung zuerst ernsthaft zu erwägen, verwirft ihn dann aber in PU II definitiv: Würde das *Sehen als* auf hypothetischen Annahmen beruhen, könnte es sich als falsch herausstellen (PU II, S. 550). Aber beim Erkennen von Kriterien wenden wir ebensowenig Hypothesen an wie bei der Wahrnehmung von Farben. Wenn wir jemanden als niedergeschlagen wahrnehmen, machen wir keine Annahmen über ihn, sondern wir *sehen ihn als* niedergeschlagenen Menschen. Ebenso wie das gewöhnliche Sehen kann das *Sehen als* nicht grundsätzlich falsch sein. Wenn wir annähmen, wir könnten uns beim Sehen und *Sehen als* prinzipiell täuschen, müßten wir auch vermuten, daß wir keine verläßliche Grundlage für das Verstehen von Äußerungen und Texten hätten, also auch keine Grundlage für eine mögliche Richtigstellung unserer Beobachtungen. Im normalen Fall täuschen wir uns nicht, wenn wir sehen, daß jemand Schmerzen empfindet. Ein Irrtum kann gelegentlich vorkommen, aber diese Möglichkeit rechtfertigt nicht die Annahme einer generellen Fehlbarkeit des *Sehens als*.

Mit dem Gedanken eines von erstem und zweitem Bild geteilten Gemeinsamen erweitert Wittgenstein sein Konzept der bildlichen Gebräuche. In einigen Zügen kommt es einer Metapherntheorie nahe, aber sein Interesse liegt woanders. Wittgenstein beschreibt, was beim Sprecher geschieht, wenn er in seiner Sprache *zweite* Bilder verwendet, wenn sich ein Aspektwechsel ereignet. Sein Augenmerk richtet sich nicht auf die Beziehung des Sprechers zum Gegenstand seiner Sprache, sondern auf die Auswirkung des Aspektwechsels auf das Selbstverhältnis des sprechenden Subjekts. Das «Aufleuchten des Aspekts» ist, in seinen Worten, «ein Erlebnis», das den Sprecher verändern kann. Wittgensteins philosophisches Problem wird mit einer Reflexion über das Selbstverhältnis des Sprechers verbunden, also auch über sein eigenes Verhältnis zu seiner Person.

Bereits in seinem *Vortrag über Ethik* hatte Wittgenstein vom «Erlebnis des Staunens über die Existenz der Welt» gesprochen (VE, S. 18). Er bezog sich darin ausdrücklich auf sein eigenes Erlebnis und stellte sogleich fest, daß es nicht mit einem «richtigen sprachlichen Ausdruck» geäußert werden kann (ebd.). Im Gespräch mit F. Waismann bemerkt er über sein Vorgehen: «Ich habe in meinem Vortrag über Ethik zum Schluß in der ersten Person gesprochen: Ich glaube, daß das etwas ganz Wesentliches ist. Hier läßt sich nichts mehr konstatieren; ich kann nur als Persönlichkeit hervortreten und in der ersten Person sprechen.» (WWK, S. 117) Wittgenstein kann zwar von *seinem* Erlebnis und von den Resonanzen sprechen, die dieses in ihm hervorruft, aber doch nur Unsinn darüber sagen, da er es nicht identifizieren und benennen kann. Andere Menschen haben möglicherweise auch so etwas wie ein Erlebnis; wenn sie davon sprechen, ist der Unsinn, den sie vorbringen, «ein Zeugnis eines Drangs im menschlichen Bewußtsein, das ich für mein Teil nicht anders als hochachten kann und um keinen Preis lächerlich machen würde» (VE, S. 19).

5. Aspektblindheit

In Abschnitt XI, Teil II der *Philosophischen Untersuchungen* spricht Wittgenstein wie im *Vortrag über Ethik* von 1931 davon, daß ein Erlebnis «Resonanzen» im Subjekt hervorrufen kann. Zwar läßt sich nichts darüber sagen, wie das Erlebnis zustande kommt und welches sein Inhalt ist; aber daß bei einem Aspektwechsel ein Erlebnis eingetreten ist, macht sich *an den Folgen* im Verhalten bemerkbar. Angenommen, jemand wäre unfähig, den Aspekt zu wechseln, dann würde sich dieser Mangel auf irgendwelche Weisen in seinen Empfindungen und Verhaltensweisen auswirken. Er hätte beispielsweise ein anderes Verhältnis zu seinen Worten, weil ihm die Vertrautheit zu ihnen fehlen würde. Es würde dann keine emotionale Verbindung zwischen ihm und seinem Sprechen geben. Welche Folgen das Fehlen des Erlebnisses des Aspektwechsels hätte, diskutiert Wittgenstein am Beispiel eines eigenartigen Defekts, den er für diesen Zweck erfindet: der «Aspektblindheit» (PU II, S. 552). Der Aspektblinde ist unfähig, bei

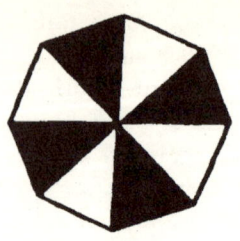

(Abb. PU II, S. 541)

einem Bild, das man in zwei Aspekten sehen kann, einen Aspektwechsel zu vollziehen. Bei der schwarz-weißen Abbildung eines
Malteserkreuzes kann er das schwarze Kreuz auf weißem Grund
erkennen; aber er ist unfähig, von diesem Bild zu dem anderen,
dem weißen Kreuz auf schwarzem Grund, überzugehen.

Der Aspektblinde hat nicht das Erlebnis des Aufleuchtens eines
Aspekts. Er «wird zu Bildern überhaupt ein anderes Verhältnis
haben als wir» (PU II, S. 552). In seinem Sprachgebrauch würde er
kein Gespür für die Eigentümlichkeit von Wörtern haben; ihm
würde die «Anhänglichkeit» an seine Worte fehlen (PU II, S. 560).
Manches wird er nicht verstehen und bestimmte Bemerkungen
wird er nicht machen können. «Aspektblindheit wird *verwandt*
sein mit dem Mangel des ‹musikalischen Gehörs›.» (PU II, S. 552)

Am Fall des Aspektblinden läßt sich erfassen, was Wittgenstein mit dem *Sehen als* hervorheben will. Anders als die gewöhnliche Wahrnehmung betrachtet Wittgenstein das *Sehen als* in der
Perspektive der erlebenden Person: Worte haben für diese ein «vertraute[s] Gesicht» und einen bestimmten «Geruch»:

> Es ist wohl manchmal, als vergliche ich sie nach feinen Unterschie-
> den ihres Geruchs: *Dies* ist zu sehr ..., *dies* ist zu sehr ..., – das ist
> das richtige. – Aber ich muß nicht immer beurteilen, erklären; ich
> könnte oft nur sagen: ‹Es stimmt einfach noch nicht.› Ich bin unbe-
> friedigt, suche weiter. Endlich kommt ein Wort: ‹Das ist es!› *Manch-
> mal* kann ich sagen, warum. So schaut eben hier das Suchen aus, und
> so das Finden.
> (PU II, S. 560 f.)[31]

Wörter mit ihren eigentümlichen Gesichtern und Gerüchen rufen ganz spezifische Resonanzen hervor. Dies kann so weit gehen, daß der Sprecher den Eindruck hat, nicht er wähle ein sprachliches Bild, sondern das Bild komme gleichsam von sich aus zu ihm:

> Wenn ich beim ausdrucksvollen Lesen dies Wort ausspreche, ist es ganz mit seiner Bedeutung angefüllt. – ‹Wie kann das sein, wenn die Bedeutung der Gebrauch des Wortes ist?› Nun, mein Ausdruck war bildlich gemeint. Aber nicht, als hätte ich das Bild gewählt, sondern es drängte sich mir auf.
> (PU II, S. 554)

Dieses Hineindrängen der bildlichen Gebräuche in das Denken des Sprechers zeigt die Macht der Sprache als poetische Kraft, aber auch die Bereitschaft des Sprechers, diese auf sich wirken zu lassen.

Wittgenstein öffnet sich für die Wirkungen, die die Sprache auf ihn ausübt; er spürt ihre Resonanzen in seinem Erleben und läßt sie an seinem Verhalten sichtbar werden. Der Körper ist ein Resonanzboden der Sprache.

> ‹Mir liegt das Wort auf der Zunge.› Was geht dabei in meinem Bewußtsein vor? Darauf kommt's gar nicht an. Was immer vorging, war nicht mit jener Äußerung gemeint. Interessanter ist, was dabei in meinem Benehmen vorging. […] Im übrigen tut jener Wortausdruck nicht mehr als ein gewisses wortloses Benehmen.
> (PU II, S. 561)

Wittgenstein gibt seinen Bemerkungen über das Aspektsehen in ihrem Fortgang einen zunehmend persönlichen Charakter. Er scheint immer mehr in seinem eigenen Namen zu sprechen, ähnlich wie im Vortrag über Ethik. Seine ‹Erfindung› der Aspektblindheit hat möglicherweise einen Bezug zu seinem eigenen Leben. Engelmann berichtet eine merkwürdige Begebenheit aus Wittgensteins Leben: «Besonders in jener frühen Zeit, da er zum ersten Mal in Olmütz war, litt Wittgenstein an einer leichten Sprachstörung, die sich aber später verloren hat. Besonders rang er damals nach

Worten, wenn er angestrengt bemüht war, einen ‹Satz› beim Sprechen zu formulieren. Ich konnte ihm dabei öfter helfen, die richtigen Worte zu finden, indem ich selbst den Satz aussprach, um den
er gerade bemüht war. Das war mir möglich, da ich damals wirklich ein feines Verständnis dafür hatte, was er sagen wollte, und er
hat in solchen Fällen mehr als einmal sehr erleichtert ausgerufen:
‹Wenn ich einen Satz nicht herausbringen kann, kommt der Engelmann mit der Zange (Geburtszange) und reißt ihn mir heraus!›.»
(*Wittgenstein – Engelmann*, S. 108)[32]

In einigen der Reflexionen Wittgensteins über das Aspektsehen
selbst leuchtet ein zweiter Aspekt auf. Dies geschieht in den Überlegungen, die einerseits Probleme des sprachlichen Erkennens
diskutieren und sich andererseits mit Problemen des Erkennens
der eigenen Person auseinandersetzen. Dieser Gedanke wird von
R. Monks Bemerkung (die sich auf G. H. von Wright beruft) gestützt, daß Wittgenstein in der Zeit um 1947, als er sich mit dem
Problem des Aspektwechsels beschäftigte, «eine ganz neue Ge-
dankenlinie» verfolgte. Monk gewinnt den Eindruck, «daß er ‹um
sein Leben philosophierte›» und daß dies das einzige war, «was
ihn wirklich aufmuntern konnte» (Monk 1992, S. 549).[33] Wenn wir
im *Sehen als* den Wörtern bestimmte Gesichter ansehen können,[34]
ist es wohl möglich, daß wir auch unser eigenes Gesicht in einem
neuen Aspekt erkennen.

Aus eigener Erfahrung weiß man, daß es Situationen gibt, in denen man sich selbst, entgegen besserem Wissen, beharrlich in einem
und demselben Aspekt sieht. Es scheint dann, als sitze eine Brille
vor unseren Augen fest und hindere uns daran, einen anderen Blick
auf unsere Person zu gewinnen. Mit dem andauernden Festhalten
desselben, uns selbst fragwürdig gewordenen Aspekts entsteht ein
Selbstverhältnis, in dem wir uns fremd werden – wir finden keine
für uns zutreffende Sichtweise von uns und verlieren den Zugang
zu uns selbst. Ebenso kann sich die Sprache unserer Verfügung
entziehen; wir kommen nicht mehr ‹in sie hinein› und können
nicht mehr ausdrücken, was uns wichtig ist. Das Problem des
Aspektblinden ist, daß er einen starren Blick auf die Sprache und
sich selbst hat, insofern er keine Möglichkeit hat, seine Wörter

bzw. seine Person auf eine andere als die gewohnte Weise wahrzunehmen. Seine Sprache und sein eigenes Ich erscheinen wie von fremden Mächten beherrscht.

Die Macht der von außen in sein Inneres drängenden immer gleichen Bilder drückt Wittgenstein am stärksten in einer Formulierung aus, die für die *Philosophischen Untersuchungen* von herausragender Bedeutung ist: «Ein *Bild* hielt uns gefangen.» (PU, § 115) An diese Feststellung schließt Wittgenstein eine Auseinandersetzung um Aufgabe und Wert des Philosophierens an. Wenn mangelnde Präzision eines unkontrollierten Sprachgebrauchs die *eine* Quelle des Leidens an der Sprache ist, ist die *andere* die vom Präzisionsstreben hervorgerufene Fixierung auf einen Einheitsaspekt. Der Bekämpfung des ersten Übels hatte sich der *Tractatus* verschrieben. In den *Philosophischen Untersuchungen* arbeitet Wittgenstein an der Aufhebung des Zwangs, der vom Ideal einer vollständig kontrollierten Sprachauffassung ausgeht. Mit seinen Überlegungen ab 1947 erschließt er sich eine neue Beweglichkeit im Umgang mit der Sprache, die nicht durch ein Schweigegebot eingeengt wird.

Mit einem Bild, das seine schlimmsten Obsessionen auszudrücken scheint, beschreibt Wittgenstein die Existenz des Philosophen als die einer Fliege, die in ein Fliegenglas gelockt worden ist und verzweifelt den Weg nach draußen sucht. Ihr wird schließlich – von einem Philosophen – der Weg nach draußen gezeigt. Ein merkwürdiges und in sich unstimmiges Bild: Niemand kann einer Fliege den Weg zeigen; die Fliege könnte ihn nur selbst finden, vorausgesetzt, daß sie sich in den Menschen zurückverwandelte, der sie ursprünglich einmal war. Wittgensteins Parabel der «Verwandlung» ist die Geschichte der eigenen Gefangennahme durch ein Bild: Er kann sich von dem Bild nicht mehr befreien und wird in einen Zustand der Blindheit versetzt. Der Verwandelte verliert sich, wird zu einer Fliege, hilflos gefangen, hypertrophiert mit seinen riesigen Facettenaugen, die viel zuviel sehen, nur nicht die Glaswände seines Gefängnisses, so daß der Rückzug, den sich jeder normale Handelnde hätte merken können, unerkennbar wird.[35] Die Blindheit des Gefangenen ist nicht total: Er kann etwas sehen, aber immer nur in *einem* Aspekt. Er wird zu einer Fliege, insofern er seine Situation immer nur von innen wahrnehmen kann. Würde er von außen auf das Glas blicken, könnte er seine Situation genau einschätzen. Die Gefangennahme entsteht aus der von Überspezialisierung hervorgerufenen Aspektblindheit.

Neben dem Käferbeispiel ist die verirrte Fliege das zweite Insektenbild Wittgensteins.[36] Es ist offensichtlich aus der Angst geboren, nicht nur der Sprache, sondern auch sich selbst gegenüber die Orientierung zu verlieren. Wittgenstein wird von allen Personen, mit denen er Umgang hatte, als ein außergewöhnlich emotionaler Mann beschrieben, ein Mensch außerdem, der große Teile seines Lebens mit gedanklichen Übungen zubrachte. Von dieser Tätigkeit spricht er wie von einer qualvollen Aktivität. Oft hört es sich in seinen Texten so an, als würden ihm seine philosophischen Übungen Schutz gegen die Angst bieten. Aber die Philosophie hat nicht per se eine therapeutische Wirkung; sie kann im Gegenteil zu einem Auslöser von Angst werden.

Warum ruft die Philosophie in Wittgenstein Angst hervor? Und warum erscheint ihm sein Philosophieren als geeignetes Mittel gegen die Angst? Angst und Philosophieren haben für ihn bestimmte Merkmale, die aufeinander bezogen sind. Über die Beschaffenheit seiner Angst können wir nichts Genaues sagen, ohne uns in Spekulationen zu verlieren. Wir haben gesehen, daß das «Gewimmel» (Z § 567) des Lebens in sein Inneres dringt. An seinen persönlichen Aufzeichnungen läßt sich erkennen, daß er immer wieder Halt in praktischen Tätigkeiten, in selbst gestellten Aufgaben und in der Aktivität des Schreibens sucht. Seine Texte zeichnen sich ebenso wie seine bevorzugten Lektüren durch Bilderreichtum und Schlichtheit aus. Man kann den Zusammenhang zwischen seinem Philosophieren und seinen Ängsten versuchsweise so ausdrücken: Der innere Prozeß der Veränderung, der sich unter dem Andrang des «Gewimmels» ereignet, findet einen festen Halt in den Bildern von Wittgensteins Sprache. In den Bildern veräußerlicht und objektiviert sich dieser Prozeß; er wird mitteilbar und kann reflektiert werden. Aber gerade weil die Bilder für Wittgenstein so wichtig sind, weil sie seinem Denken Orientierung bieten, sind sie so gefährlich. Wenn sie *falsche Bilder* sind, wirken sie wie falsche Ikonen, falsche Heilige, die das Leben von Menschen irreleiten.[37] Verführung durch Bilder kann zu einer gefährlichen Verwandlung führen; sie kann bewirken, daß man zu einer «Fliege» wird, zu einem Tier, das sich der menschlichen Lebensform entfremdet und ein Ungezieferdasein führen muß.

Es gibt eine untergründige Verbindung zwischen dem Bild der Fliege und der weitaus nobleren Version einer Verwandlungsgeschichte Wittgensteins: «Wenn ein Löwe sprechen könnte, wir könnten ihn nicht verstehen.» (PU II, S. 568) Der Löwe ist das Bild eines ebenso einsamen wie dominanten Tieres. Es scheint dem Bild der Fliege entgegengesetzt, dem Ausdruck von Minderwertigkeit und hypertrophierten Kapazitäten, die wegen ihrer Überspezialisierung zur Unfähigkeit führen, sich in der Welt der Menschen zurechtfinden. Auch der Löwe ist das Bild eines über den Menschen hinaus gesteigerten Lebewesens. In den *Letzten Schriften*, in denen das Löwengleichnis ursprünglich vorkommt (LS I, § 190), fährt Wittgenstein (in § 192) fort: «Wenn Einer auch alles ausspräche, ‹was in seinem Innern ist›, wir müssen ihn nicht verstehen.»

Auch im Text der *Philosophischen Untersuchungen*, in den es schließlich integriert wurde, steht das Löwengleichnis in Nachbarschaft von Reflexionen über das Problem, einen Menschen zu verstehen: «Wir sagen auch von einem Menschen, er sei uns durchsichtig. Aber es ist für diese Betrachtung wichtig, daß ein Mensch für einen Anderen ein völliges Rätsel sein kann.» (PU II, S. 568) Der Fortgang des Zitats legt nahe, daß Wittgenstein mit seiner Bemerkung auch seine eigene Situation in England mitgemeint haben könnte: «Das erfährt man, wenn man in ein fremdes Land mit gänzlich fremden Traditionen kommt; und zwar auch dann, wenn man die Sprache des Landes beherrscht. Man *versteht* die Menschen nicht. (Und nicht darum, weil man nicht weiß, was sie zu sich selber sprechen.) Wir können uns nicht in sie finden.»[38] Eine solche Situation kann, wenn sie dauerhaft besteht, dazu führen, daß man schließlich sich selbst nicht mehr versteht, daß man sich auch in sich selbst nicht «finden kann».

Im *Tractatus* wird *indirekt* ein Ich beschrieben, das um sich selbst und um seine Sprache eine Grenze zieht. Mit der Geschlossenheit der Grenze wird das Ich auf seine eigene Welt zurückgeworfen; das Ich kann nur *in* der Welt, nicht *über* sie und *über die Grenze* sprechen. Unfähig, eine andere als die eigene Sprache zu gebrauchen, und damit unfähig zum Gespräch mit anderen, kann das Ich nicht bestimmen, was es ist. Eine Einschätzung seiner selbst setzt die Auseinandersetzung mit anderen Menschen voraus. Im *Tractatus* bildet das Ich ein Mysterium; es ist sich selbst nicht begreiflich. «Wer den Sinn gefunden hätte, könnte ihn nicht sagen.» (T 6.521) In einer Tagebuchnotiz werden Nietzsches Tiere aus dem *Zarathustra* evoziert:[39] «Bedenke nur, daß der Geist der Schlange, des Löwen, *dein* Geist ist. Denn nur von dir her kennst du überhaupt den Geist.» (TB 15.10.16) Im *Tractatus* scheint es so, als sei Wittgenstein mit dieser Situation vollkommen einverstanden.

In einem Brief, den er vermutlich 1925 an seine Schwester Hermine geschrieben hat, stellt Wittgenstein die Situation von Menschen dar, die von Geburt an in ihre Kultur eingeschlossen sind. Sie befinden sich in einem Raum, in den «das Licht nur durch rote Scheiben eindringt», während «das reine geistige (das religiöse) Ideal» weißes Licht ist. Wenn die Bewohner an die Grenze ihres Raums stoßen, wird der eine diese hinnehmen (und «humoristisch oder melancholisch» werden). Der zweite wird weiterleben wie früher, weil er nicht bemerkt, daß es sich um eine Grenze handelt.

Ein Dritter endlich sagt: ich muß hindurch in <u>den</u> Raum und <u>das</u> Licht. Er durchbricht das Glas und tritt aus seiner Begrenzung aus und ins Freie.» Wer die Begrenzung durchbricht, «wird religiös [und da geschieht es freilich auch daß einer den Kopf schon ins Freie gesteckt hat ihn aber durch das Licht geblendet wieder zurückzieht und nun, mit schlechtem Gewissen, in der Glasglocke weiterlebt.] (*Licht und Schatten*, S. 45, eckige Klammern im Original).[40]

Wenn man diese Wittgensteinsche Version des Höhlengleichnisses weiterdenkt, erscheint es einleuchtend, daß man jene Menschen, die sich extremer religiöser Erfahrung ausgesetzt haben, nicht verstehen kann. In dieser Lesart hat Wittgensteins Löwenbeispiel zwei Bedeutungen. Welcher der beiden man den Vorzug gibt, hängt davon ab, wie man den Begriff der Lebensform versteht. In einem kulturanthropologischen Sinn verweist das Gleichnis auf die Gesamtheit menschlicher Praktiken, Lebensweisen und Verständigungsformen als Horizont dessen, was Menschen einer bestimmten Kultur verstehen können. Wenn wir dem Gleichnis jedoch einen metaphysischen oder religiösen Sinn geben, beschreibt es den Unterschied von profanem und heiligem Lebens- und Weltverständnis, die Differenz von Alltagsmensch und Heiligem. Vor dem Hintergrund von Wittgensteins Leben ist immer auch der zweite Sinn präsent.

6. Sich anders sehen

Hat Wittgenstein mit den Bildern der Fliege und des Löwen markante Züge von sich selbst beschrieben? Sicherlich sind dies nicht einfach Selbstcharakterisierungen, aber bei vorsichtiger Auslegung kann man sie als Schreckensbilder verstehen, mit denen sich Wittgenstein konfrontiert sieht: als Bilder von Grenzsituationen, zu denen er sich hingetrieben fühlt. Aus der Lektüre seiner privaten Aufzeichnungen wird deutlich, daß seine ständige Beunruhigung nicht zuletzt eine Folge davon ist, wie er sich selbst auffaßt. Er sieht sich als einen Menschen, der seine Erlebnisse nicht mitteilen kann, den man nicht verstünde, wenn er über sich spräche. Schlimmer noch: Er versteht sich selbst nicht. Es scheint eine wesentliche Konsequenz seiner Philosophie zu sein, daß ein Sprecher nicht verläßlich *über* sich selbst sprechen kann. Auffällig ist, wie konsequent er an dieser Sicht festhält und wie sehr er darauf beharrt, als Person in einer Situation der Unverständlichkeit zu bleiben. In seiner letzten Arbeitsperiode hat Wittgenstein aber offensichtlich so etwas wie ein Gegengift gefunden: Mit dem Konzept des Aspektsehens scheint ihm, nach der Sprachanalyse, die Entdeckung eines wichtigen therapeutischen Mittels gelungen zu sein. An die Stelle der *einen* starren Betrachtung seiner selbst tritt jetzt die Möglichkeit, sich nach dem Wechsel des Betrachtungsaspekts *anders* zu sehen.

Wittgensteins rigide ethische Haltung, die aus seinen Aufzeichnungen spricht, ist vom Ideal schonungsloser Aufrichtigkeit geprägt. «Ich habe eine nacktere Seele als die meisten Menschen und darin besteht sozusagen mein Genius.» (*Denkbewegungen*, 7. 11. 1931)[41] An dieser Bemerkung über sich selbst läßt sich erkennen, daß ein solches Selbstverhältnis nicht unproblematisch ist. Nacktheit der Seele kann leicht zu einer Attitüde werden – sie zielt auf Bewunderung und verliert ihren radikalen Selbstbezug; Wittgenstein entging dies nicht: «Eine Seele die nackter als die anderen vom Nichts durch die Welt zur Hölle geht, macht einen größeren Eindruck auf die Welt als die bekleideten bürgerlichen Seelen.» (ebd.) Die Aufrichtigkeit des schonungslosen Sich-selbst-Zeigens steht gerade wegen der angestrebten Radikalität in Gefahr, hochmütig zu werden und ihre ethische Qualität zu verlieren. Mit ihrer Eitelkeit gerät sie in einen Widerspruch mit den Anforderungen, die Wittgenstein an sich selbst stellt.[42] In seinen Aufzeichnungen fährt er in verschlüsselter Form fort: «Es fehlt meiner Arbeit/meiner philosophischen Arbeit an Ernst und Wahrheitsliebe.» (ebd., S. 69)

Nach seinem eigenen Urteil war eines der Lebensprobleme Wittgensteins der Widerspruch zwischen der Schonungslosigkeit, die ihm notwendig erschien, um sein Selbst zu manifestieren, und dem Wunsch, seinen Leser – und sich selbst – mit seiner Aufrichtigkeit zu verführen. «Vielleicht habe ich nur insoweit ein Selbst als ich mich <u>tatsächlich</u> verworfen <u>fühle</u>.» (ebd., S. 54) Man kann sich dabei sogar selbst gefallen: «Ich bin in meine Art der Gedankenbewegung beim Philosophieren etwas verliebt.» (ebd., S. 53) Selbsterkenntnis erhält einen Zug von Koketterie: «Erkenne Dich selbst und Du wirst sehen, daß Du in jeder Weise immer wieder ein armer Sünder bist.» (ebd., S. 54) Seine Abrechnung mit sich selbst ruft ein heimliches Vergnügen hervor: «Was ich, quasi, auf dem Theater (Kierkegaard) in meiner Seele aufführe macht ihren Zustand nicht schöner sondern (<u>eh</u>er) verabscheuenswürdiger. Und doch glaube ich immer wieder diesen Zustand durch eine schöne Scene auf dem Theater schöner zu machen.» (ebd.) In seinem Selbstverhältnis war Wittgensteins «Denkbewegung» ein unentschlossenes Hin und Her zwischen schmerzhafter, aber lusterzeugender Aufrichtigkeit und Verurteilung eben dieser Lust. Seine Situation entstand aus einer permanenten Vermischung von ethischer Haltung und Hedonismus, von Verurteilung und Verführung, von Selbstquälerei und Gefallen an sich selbst.

Wittgensteins Dilemma hatte seinen Grund nicht zuletzt darin, daß er sich beharrlich in derselben unveränderten Perspektive wahrnahm. In dieser unbeweglichen Wahrnehmungsweise[43] erschien er sich einmal als ehrlicher Bekenner seiner Schwächen, dann wieder ist er voller Mißtrauen gegenüber seiner Aufrichtigkeit: «Vielleicht, wie sich mancher gern reden hört, höre ich mich gern schreiben?» (ebd., S. 53) Eine metasprachliche Position, von der aus er auf sein Sprechen hinabblicken würde, kann nach seiner Überzeugung, der er seit dem *Tractatus* treu bleibt, nicht konstruiert werden. Die Spannung von hoher und abschätziger Sicht auf sich selbst läßt sich aber auflösen, wenn man nach dem Modell des H-E-Kopfes vorgeht: An einem komplexen Bild zeigt sich zu einem Zeitpunkt jeweils *ein* Bild, und es gibt immer nur *einen* Aspekt, in dem man dieses sieht. Wenn man den Aspekt wechselt, was man mit seinem Willen bewirken kann, erkennt man ein *zweites* Bild, das das erste Bild überlagert und ganz anders aussieht als dieses.

Mit dem Aspektwechsel verbindet sich das Erlebnis, das Wittgenstein wie ein Wunder erfährt und das als ein unerklärliches Ereignis in ihm nachhallt. Es ist verwandt mit dem «Erlebnis des Staunens über die Existenz der Welt» (VE, S. 18) und dem «Erlebnis der absoluten Sicherheit», die «mit den Worten beschrieben worden [ist], daß wir uns in Gottes Hand geborgen fühlen» (VE, S. 16). Zu diesen intimen Erfahrungen gehört «ein drittes Erlebnis der gleichen Art»: «das des Schuldgefühls, und dies wiederum hat man mit der Formulierung gekennzeichnet, Gott mißbillige unser Benehmen» (ebd.). Diese drei unerklärbaren existentiellen Erlebnisse scheinen Wittgensteins Selbstverhältnis auszumachen und auch seine Philosophie zu grundieren: das Erlebnis der absoluten Sicherheit, der mystische Glaube an die Existenz der Welt und das Gefühl der persönlichen Schuld.

Schuldgefühle sind ein wichtiger Antrieb von Wittgensteins Philosophieren. Dies liegt einmal an seinem komplizierten und schwer zugänglichen Gefühlsleben, zum anderen an der – aus systematischen Gründen – reduzierten Weise seines Philosophierens: Worin seine Schuld begründet war, hat weder er selbst je verständlich machen können, noch ist es seinen Gesprächspartnern möglich gewesen, eine Ahnung davon zu gewinnen. Aus seinen Aufzeichnungen erhält man nur sehr vage Hinweise auf Hochmut, Unbescheidenheit, sexuelle Verfehlungen, Vergeudung seines Talents, auf seine Unfähigkeit zu glauben. In allgemeinsten Worten umschrieben, kann man wohl auch von ‹existentieller Schuld› sprechen, wie man sie bei Kierkegaard angedeutet findet.[44] Wenn sich Wittgenstein in seiner späteren Philosophie mit dem Sprechen über das Innere auseinandersetzt, hat er vermutlich nicht nur ein Interesse an Sprachtheorie, sondern auch das persönliche Problem, daß sein eigenes Inneres weitgehend ungeklärt ist. Mit der Sprachtherapie schafft er sich eine ‹gereinigte› Sprache; mit der Kritik an der Privatsprache schließt er aus, daß es einen Erkenntniszugang zum Inneren gibt; mit den «Kriterien» findet er eine Möglichkeit, über Empfindungen zu sprechen; mit den «primitiven Reaktionen» zeigt er einen Weg auf, das emotionale Verhalten zu verstehen. Schließlich führt er in seinen letzten Überlegungen mit der «Wahrheit des *Geständnisses*» ein neues Konzept ein, das sein Streben nach Selbsterkenntnis unmittelbar betrifft. Aber alle diese Zwischenglieder, so wichtig sie für sein Projekt sind, haben ihn nicht von der zwanghaften Blickfixierung auf das Bild von sich selbst als schuldigen Menschen befreit.[45] Diese Chance entsteht erst mit dem Konzept des *Sehens als*.

Wenn Wittgenstein bei der Betrachtung seiner selbst den Aspekt wechselt, sieht er nacheinander *zwei* Bilder von sich, die *beide* ihre Berechtigung haben: Er sieht sich in dem Aspekt der Strafe Gottes *als* Sünder und nur als Sünder, ohne die untergründigen Gefühle des Gefallens. In einem anderen Aspekt kann er sich *als* jemanden wahrnehmen, der er *auch* ist, wenn man ihn mit *menschlichen* Augen sieht, wie mit den Augen seiner Mutter oder seiner Schwester Hermine. In seinem Tagebuch deutet er dieses Bild an: «Das

Höchste aber, das ich zu erfüllen bereit bin, ist: ‹fröhlich zu sein in meiner Arbeit›. D. h.: <u>nicht unbescheiden</u>, gutmütig, nicht direkt lügnerisch, im Unglück nicht ungeduldig.» (*Denkbewegungen*, S. 78)

Mit der Frage, wie er seine Person autobiographisch darstellen könnte, hat sich Wittgenstein in einer Aufzeichnung aus dem Jahr 1931 beschäftigt. Seine Überlegungen zeigen, welche Bilder er von sich entwerfen würde.

In meiner Autobiographie müßte ich trachten mein Leben ganz wahrheitsgetreu darzustellen und *zu verstehen*. So darf meine un-heldenhafte *Natur* nicht als ein bedauerliches Accidens erscheinen, sondern eben als eine wesentliche Eigenschaft (nicht Tugend). Wenn ich es durch einen Vergleich klar machen darf: Wenn ein «Straßen-köter» seine Biographie schriebe, so bestünde die Gefahr A) daß er entweder seine Natur verleugnen, oder B) einen Grund ausfindig machen würde auf sie stolz zu sein, oder C) die Sache so darstellte als sei diese seine Natur eine nebensächliche Angelegenheit. Im er-sten Falle lügt er, im zweiten ahmt er eine nur dem Naturadel natür-liche Eigenschaft, den Stolz nach der ein vitium splendidum ist das er ebenso wenig wirklich besitzen kann, wie ein krüppelhafter Kör-per natürliche Gracie. Im dritten Fall macht er gleichsam die sozial-demokratische Geste, die die Bildung über die rohen Eigenschaften des Körpers stellt, aber auch das ist ein Betrug. Er ist was er ist und das ist zugleich wichtig und bedeutsam aber kein Grund zum Stolz, andererseits immer Gegenstand der Selbstachtung. Ja ich kann den Adelsstolz des Andern und seine Verachtung meiner Natur aner-kennen, denn ich erkenne ja dadurch nur meine Natur an und den andern der zur Umgebung meiner Natur, die Welt, deren Mittel-punkt dieser vielleicht häßliche Gegenstand, meine P e r s o n, ist. (WA III, S. 305, Juni/Juli 1931, im Manuskript verschlüsselt)

In der reichen Schaffensperiode der Jahre 1930/31, in der Wittgen-stein sein Denken materialistisch orientiert, es der Kulturanthro-pologie öffnet und den Begriff des Sprachspiels findet, wendet er bereits eine Vorform des Aspektsehens auf die Beschreibung und Einschätzung seines Lebens an. Wenn er dieses Leben richtig verstehen will, muß er *zwei* Bilder seiner Person auseinanderhalten: seine «unheldenhafte *Natur*», die er so akzeptiert, wie sie ist, *und* seine Person als Gegenstand von Anerkennung und Selbstachtung. Gerade weil er sich selbst in zwei Aspekten sehen kann, ist er fähig, die Schwierigkeiten, die er mit seinem Leben hat, in philosophische Probleme zu transformieren. Das später entwickelte Konzept des Aspektsehens verschafft ihm zwar keinen höheren Standpunkt; es hebt ihn gerade nicht aus der Welt hinaus, aber es gibt ihm im «Gewimmel» des Lebens einen neuen Spielraum: Es verschafft ihm die Freiheit, die Probleme der «Fliege» und des «Löwen» mit Hilfe des Aspektwechsels zu beschreiben. Die «Fliege» wird fähig, ihre Situation von außen zu sehen und damit den Bau des «Fliegenglases» zu erkennen; der «Löwe» wird nicht mehr nur als bedrohliches Raubtier, sondern unter einem Aspekt der Gleichheit wahrgenommen, insofern er *wie wir selbst* in seine Lebensform eingeschlossen ist.

Es gibt noch ein anderes Beispiel, an dem Wittgenstein seine Fähigkeit demonstriert, eine Person in zwei unterschiedlichen Aspekten zu verstehen. In O. K. Bouwsmas Aufzeichnungen seiner Unterhaltungen mit Wittgenstein aus den Jahren 1949 bis 1951 findet sich der Bericht über dessen Analyse einer Romanperson Dostojewskis.[46] Am 28. November 1950 kommt Wittgenstein – er war gerade aus Norwegen zurückgekehrt – bei Bouwsma in Oxford vorbei, der ihm über die von Smythies angeregte Lektüre der *Aufzeichnungen aus dem Untergrund* berichtet. In Dostojewskis Text schreibt ein Mann anscheinend schonungslos offen über sich selbst,[47] wobei er sich mit allen möglichen widerwärtigen Merkmalen ausstattet. Wittgenstein ist an der Frage interessiert, inwieweit diese Einstellung (*attitude*) zu den eigenen Handlungen und deren Erklärungen «eine falsche Note» ins Spiel bringt. Im folgenden gibt er eine Antwort auf die Frage, ob der Erzähler die «Wahrheit» ausdrückt: Auf ihn macht der Ich-Erzähler des Romans den Eindruck, er wolle den für eine bestimmte soziale Gruppe typischen Stil nachahmen. «Und es mag so etwas wie einen Lebensstil (style of living) geben. Ein englischer Junge geht auf die örtliche Schule und dann nach Eton. Er kultiviert einen Lebensstil. Er übt sich darin, aus bestimmten Anlässen wütend zu werden, aus bestimmten Anlässen zu tadeln etc.» Auf diese Weise imitiert der Erzähler den Habitus einer bestimmten gesellschaftlichen Gruppe.[48] Am Anfang der Novelle verfolgt der Protagonist damit nicht etwa die Absicht, für besser gehalten zu werden, als er ist, sondern er will sich gerade im Gegenteil als eine besonders gemeine Person darstellen. Bouwsma fährt mit seinem Bericht fort:

> Ich sagte, daß Smythies offensichtlich der Meinung war, daß der Autor nur Theater spielt, wenn er sagt: «Ich bin eine gehässige Person». W. sagte: Ja, auch wenn er wirklich eine gehässige Person ist. Man kann auf eine bestimmte Art sagen, was auf wahre Weise wahr (*true truly*) ist, und auf eine bestimmte Art, was auf falsche Weise wahr (*true falsely*) ist. Was der Autor beabsichtigt, ist folglich dies: Er versucht eine Beschreibung (*account*) von sich selbst zu geben und eine konsistente Einstellung gegenüber dieser Beschreibung durchzuhalten. Was dann geschieht, ist offenbar folgendes: Er gibt eine Beschreibung – findet sie ziemlich unerträglich oder unangenehm und verändert sie. Er sagt: «Ich bin nicht wirklich eine gehässige Person.» Keine Beschreibung seiner selbst bleibt gegenüber seiner Einstellung zu seiner eigenen Person bestehen. Am Ende steht er ohne jede Persönlichkeit (*character*) da, soweit sich diese auf seine eigene Einschätzung oder Innensicht (*inspection*) bezieht.

Dostojewskis Erzähler springt zwischen unterschiedlichen Weisen der Selbstwahrnehmung und Selbstdarstellung hin und her. Er vermischt die Aspekte und gewinnt keine Sichtweise, in der er ein wahres Bild von sich zeichnen könnte. Was er über sich selbst sagt, wird, obwohl es richtige Einsichten enthält, von Grund auf uneinheitlich, so daß seine Selbstbeschreibung falsch wird – er sagt die Wahrheit, aber auf eine falsche Weise. Mildernde Umstände, die er möglicherweise mit Recht anführt, erscheinen in einem falschen Licht. Seine Entschuldigung nimmt man ihm nicht ab; ebensowenig seine Versuche, den Leser für sich zu gewinnen. Seine Verzweiflung hält dieser für gespielt, seine Versuche, die anderen zu schockieren, für geschmacklos.

In seiner Deutung von Dostojewskis Erzähler setzt sich Wittgenstein ähnlich kritisch mit den Strategien der Selbstbeschreibung auseinander wie in seiner oben zitierten Bemerkung von 1931 über seine mögliche Autobiographie. In beiden Fällen geht es um eine Selbstsicht, die das genaue Gegenteil eines starren Aspekts, einer Aspektblindheit ist. Sie führen aber beide, selbst wenn sie Richtiges enthalten, zu Falschheit und haben den Verlust der Persönlichkeit zur Folge. Hingegen ist das Aspektsehen eine philosophische Wahrnehmungsweise, mit der man Ordnung in die Welt und in seine Persönlichkeit bringen kann: Komplexe Bildkonfigurationen können in verschiedenen Aspekten als unterschiedliche Bilder gesehen werden. Das Konzept des *Sehens als* öffnet den Sprachgebrauch für die Einbildungskraft und läßt am Wahrgenommenen Eigenschaften hervortreten, die im bildlichen Gebrauch der Sprache erfahren und gemeinsam geteilt werden können.

In der Anwendung auf die Biographie seiner eigenen Person bringt das Aspektsehen Ordnung in Wittgensteins Leben: In der zweifachen Wahrnehmung des biographischen *Sehens als* wird der Mensch zum einen in einem anthropologischen Aspekt betrachtet, der seine Handlungen, Gedanken, Intentionen erkennen läßt. In dieser Sichtweise wird die besondere Natur des Menschen akzeptiert, wie sie ist; seine Selbstachtung bleibt gewahrt. Der zweite Aspekt ist ein ethischer; er bringt eine normative Selbstbeurteilung hervor. Lange Zeit seines Lebens hat Wittgenstein beide Aspekte in einer einzigen starren Sichtweise gemeinsam seiner rigorosen moralischen Bewertung untergeordnet. Mit der ‹Entdeckung› des Aspektwechsels ist eine neue Art von Erlebnis in sein Leben gekommen: ein «Aufleuchten», das sich im Moment des Umschlags von einer Sichtweise in die andere ereignet. Die Fähigkeit von Menschen, den Aspekt, in dem sie die Welt und sich selbst sehen, absichtlich zu verändern, hat er in seinen letzten Lebensjahren zunehmend exploriert und auf diesem Weg die Praxis der Philosophie mit der Praxis seines Lebens zusammengeführt.

Nicht nur das Leben, auch das philosophische Schreiben hat sowohl einen handlungspraktischen als auch einen ethischen Aspekt. In den *Philosophischen Untersuchungen* werden die Leser in regelrechte Übungen des Sehens eingeführt. Sie werden in der Fähigkeit unterrichtet, dort eine Handlungspraxis zu erkennen, wo es scheinbar ausschließlich um eine theoretische Beschäftigung (z. B. in der Mathematik) oder um ein Regelfolgen geht. Und wo sie annehmen können, daß es vordringlich um praktisches Tun geht (beim Zeigen, Sprechen oder Aufschreiben eigener Gedanken), werden sie mit ethischen Übungen in diese eingeführt.[49] Wer den Text der *Philosophischen Untersuchungen* richtig lesen will, muß sich in die ethische Praxis des *Sehens als* einüben. Bouwsma berichtet noch eine weitere Episode, die zeigt, daß Wittgenstein das *Sehen als* auch zum Grundprinzip seines Schreibens gemacht hat. Als ihm der Direktor der Rockefeller Foundation in Oxford Geld für die Publikation seiner Schriften anbot, antwortete er: «But see, I write one sentence, and then I write another – just the opposite. And which shall stand?»[50]

Wittgensteins spätere Philosophie unterscheidet sich von seinem früheren Denken durch die Ortsveränderung des erkennenden Ichs. Im *Tractatus* befindet sich das Ich an der Grenze der Welt. Es gibt nur einen Blickpunkt, von dem aus die Gesamtheit der Welt überblickt wird. In den *Philosophischen Untersuchungen* hat Wittgenstein seinen einzigartigen Beobachterstandort verlassen und ist Teilnehmer der Sprachspiele geworden. Die Spiele selbst sind in den Fluß des Lebens getaucht; aber sie bewahren eine gewisse Autonomie: Sie haben eine bestimmte, wiedererkennbare Gestalt, wenngleich mit fließenden Rändern; sie werden organisiert von Regeln, wenngleich mit weiten Anwendungen. Alles, was es gibt, ist im Spiel, auch der Beobachter. Es gibt keine höhere Ebene, keinen außerhalb liegenden Standort; der Betrachter schaut nicht von oben oder von außen auf Spiel und Mitspieler, sondern befindet sich im Geschehen.

Anders als bei Augustinus sind in Wittgensteins Philosophie die Sprache und die Wörter nicht von Gottes Atem beseelt.[1] Sprechen geschieht in den Spielen in der Welt; Bedeutungen werden im Fluß des Lebens gebildet. Sie sind aber mehr als flüchtige Gestalten, insofern die Sprache gegen die verändernde Kraft des Fließens eine Gegenkraft aufbietet. Die Sprache bildet feste Strukturen: die Regeln des Gebrauchs und das System der Grammatik, Paradigmen, Kriterien. Mit dem Gebrauch, der Familienähnlichkeit, den Bildern und dem Aspektwechsel sind in der Sprache selbst Gegenkräfte installiert, die ihr Veränderbarkeit und Beweglichkeit geben. Benennen kommt aus dem Handeln; Farben brauchen die Sinnlichkeit der Welt; Empfindungen entstehen im Zusammenspiel von körperlichen, «primitiven Reaktionen» und Kriterien, die von der Sprachgemeinschaft gebildet werden. Sprache ist keine geistige Angelegenheit, sondern geschieht körperlich und gemeinschaftlich. Wittgenstein, der die Einsamkeit sucht und dessen Streben auf ein Leben des Geistes gerichtet ist, räumt im Zusammenspiel von Ich und Welt der Körperlichkeit und Gemeinschaft einen bedeutenden Platz ein.

Im *Tractatus*-Denken ist der Gedanke vorrangig, daß er sich über den Schmutz der Welt, über das Ordinäre, die Natur, den Körper erheben will. In seiner Philosophie nach 1929 zeigt Wittgenstein, daß man die körperliche Existenz nicht von Denken und Sprache abtrennen kann. Durch sie sind die Menschen in die Welt eingefügt; sie ist das Fundament der Praxis, des Gedächtnisses, der Regeln und des Habitus. Sich durch das Denken aus seiner körperlichen Existenz zurückzuziehen, kommt für Wittgenstein in seiner späteren Philosophie nicht in Frage, weil es immer an Praxis gebunden ist. Es gibt kein innerliches Sprechen, das nicht zugleich an das äußerliche gebunden ist. Sprechen teilt man mit den Menschen, nicht mit Gott. Dennoch hat die Sprache teil an einem Höheren, das man aber nicht sagen, das sich nur zeigen kann.

Auf diese Weise entsteht bei Wittgenstein eine kohärente *innerweltliche* Sprachauffassung, wie man sie sich kaum stärker auf den Körper und seine Sinne bezogen denken kann. Nach ihrer Grundannahme ist es sinnlos, die Sprache zu theoretisieren. Denn alles, was der Sprecher an ihr bedeutend findet, kann nicht gesagt werden: nicht ihr Ursprung und nicht ihre Fähigkeit zu symbolisieren, zu benennen, auszudrücken, Gemeinschaft zu bilden, Verständnis und Übereinstimmung zu erzeugen. Wittgensteins Sprachauffassung ist anthropologisch, aber sie konstituiert keine eigene Anthropologie. Die Sprache hat einen menschlichen Grund, weil wir uns nicht zu Engeln machen können. Menschen sind Wesen, die ihren Ort zwischen den höchsten Engeln und der tierischen und pflanzlichen Welt finden müssen.

Drury berichtet von Wittgensteins Begeisterung über Pico della Mirandolas *Oratorio de hominis dignitate*,[2] insbesondere über die Ansprache, die Gott an den soeben von ihm geschaffenen Adam richtet: «Keinen bestimmten Platz habe ich dir zugewiesen, auch keine bestimmte äußere Erscheinung und auch nicht irgendeine besondere Gabe habe ich dir verliehen, Adam, damit du den Platz, das Aussehen und alle Gaben, die du dir selber wünschst, nach deinem eigenen Willen und Entschluß erhalten und besitzen kannst. [...] Weder als einen Himmlischen noch als einen Irdischen habe ich dich geschaffen und weder sterblich noch unsterblich dich gemacht, damit du wie ein Former und Bildner deiner selbst nach eigenem Belieben und aus eigener Macht zu der Gestalt dich ausbilden kannst, die du bevorzugst. Du kannst nach unten hin ins Tierische entarten, du kannst aus eigenem Willen wiedergeboren werden nach oben ins Göttliche.»[3]

Was am menschlichen Leben bedeutend ist, den Sinn des je individuellen Lebens, können wir nicht erfahren; er liegt außerhalb der Welt. Daher ist es sinnlos, eine Theorie des Menschen zu entwerfen. Es kommt darauf an, das eigene Leben als Aufgabe zu begreifen. Für den Körper empfindet Wittgenstein keine Begeisterung. Er ist nicht wie Nietzsche fasziniert von der Leiblichkeit, sondern er nimmt den Körper als Grundlage der *conditio humana* hin. Weil wir keine Engel sind, müssen wir Leben und Welt anthropologisch denken: innerweltlich, materiell, von den Handlungen und Fähigkeiten des Körpers her. «Wir sind in unserer Haut gefangen.» (*Denkbewegungen*, S. 39)

Wittgensteins Hinwendung zur Alltagswelt ist nicht wissenschaftstheoretisch motiviert, sondern entsteht aus seiner Sichtweise, in der er die Welt als ein Wunder ansieht. Sie ist im Glauben an die Alltagswelt fundiert. Die gleiche Verankerung haben auch diejenigen Spiele, die wir mit dem größten Ernst betreiben, die *deep plays* unseres Lebens:[4] Wir glauben an das, was im Spiel geschieht, und an alle Bedeutungen, die von diesem hervorgebracht werden. In seinen Überlegungen *Über Gewißheit* zeigt Wittgenstein, daß wir uns in Absurditäten verrennen, wenn wir uns dem Glauben an das Spiel verschließen, wenn wir ihn nicht als Grundlage unseres Handelns hinnehmen, sondern als begründungspflichtig ansehen.

Die Sprache ist kein Kommentar zu dem Wunder, daß die Welt existiert; sie ist konstitutiv daran beteiligt. Das Wunderbare bringt sich im Text des Geschriebenen und in den gesprochenen Lauten zur Erscheinung. Die Sprache zeigt, daß wir zur Welt gehören; sie spielt in Wittgensteins Denken eine ähnliche Rolle wie die Schönheit in Kants Denken: «Die schönen Dinge zeigen, daß der Mensch in die Welt passe.»⁵ Wie ein Künstler will Wittgenstein seine Leser die Welt mit frischen Augen anschauen lassen. Aber was sie neu sehen, war schon vorher da; sie haben es nur nicht bemerkt. Man kann die *Philosophischen Untersuchungen* als eine Folge von Übungen auffassen, in denen die Leser einen neuen Blick auf die Wörter und ihre Gebräuche ausbilden können. An den Notizen Wittgensteins, die seine Arbeitsweise verraten, läßt sich erkennen, daß er diese Tätigkeit als *die* Sache ansah, um die es in der Philosophie geht – um eine «Arbeit an Einem selbst. An der eigenen Auffassung. Daran, wie man die Dinge sieht» (WA IV, S. 124).

Wenn man das Aspektsehen als ein endlich gefundenes wichtiges Glied von Wittgensteins Denken ansieht, läßt sich an ihm der Unterschied zu anderen Denkweisen demonstrieren. Am *Sehen als* läßt sich exemplarisch veranschaulichen, wie Wittgenstein philosophisch mit Widersprüchen umgeht. Die besondere Eigenschaft des H-E-Kopfs besteht darin, daß der Betrachter bei jedem der beiden Bilder eine Ganzheit sieht: einmal den Kopf eines Hasen, dann den Kopf einer Ente. In Begriffen der idealistischen Philosophie ausgedrückt bildet jedes der beiden Bilder eine Totalität, und zwar genau dort, wo vorher eine je andere Totalität erschienen ist. Weder innerhalb einer Totalität noch zwischen den beiden entsteht ein Widerspruch. Wenn an der Stelle des ersten Bildes das zweite erschienen ist, widerspricht es jenem nicht – es ist eine *andere Totalität* aufgetaucht. Man kann auch innerhalb eines Bildes keinen Widerspruch entdecken, der mit Bezug auf das andere Bild konstituiert würde. Es wäre absurd zu sagen, die Ohren des Hasen stünden im Widerspruch zum Schnabel der Ente. Mit dem komplexen H-E-Bild werden zwei *verschiedene* Spiele gespielt. Es verhält sich analog zu dem Fall, in dem jemand ein Spiel anders spielt als wir – auch hier tritt kein Widerspruch auf; wir können nur sagen, er spiele ein *anderes Spiel*. Zwischen den beiden Bildern des H-E-Kopfs besteht ein grundlegender Unterschied; zugleich teilen sie aber ein Gemeinsames.

Diese Beobachtung läßt sich verallgemeinern: In Wittgensteins späterem philosophischen Denken können widersprüchliche Verhältnisse in der Welt nicht dargestellt werden. Betrachten wir den zentralen Fall des Sprachspiels: Die Gegensätze, Antagonismen und Kämpfe, die die *empirische* soziale Praxis durchziehen, kommen im Sprachspiel nicht vor. Dies ist um so erstaunlicher, als Wittgensteins bevorzugte Gesprächspartner als überzeugte Marxisten klare Auffassungen über die gesellschaftlichen und politischen Auseinandersetzungen ihrer Zeit hatten und mit ihrer Meinung nicht hinter dem Berg hielten. In Wittgensteins Denken war kein Platz für die Auseinandersetzungen, die sich in der sozialen Praxis abspielten. Dies liegt nicht nur daran, daß er ein konservativer Mensch war:[6] Das Sprachspielkonzept entwirft ein Geschehen zwischen Menschen, denkt dieses aber nicht gesellschaftlich.[7] Wittgensteins Augenmerk richtet sich nicht auf Gegensätze, sondern auf Differenzen, entsprechend dem Motto aus dem «King Lear», das er den *Philosophischen Untersuchungen* voranstellen wollte: «I'll teach you differences.» Aber auch Differenzen ließen sich problemlos mit einer gesellschaftlich entworfenen Praxistheorie verbinden.

Warum diese Abstinenz gegenüber dem Gesellschaftlichen?[8] Sie erscheint um so eigentümlicher, als Wittgenstein auf den gesellschaftlichen Charakter von Gewißheit und auf die Fundierung der Sprache in Lebensformen ausdrücklich hinweist. Seine Philosophie besitzt zwar eine dialogische Form, aber beim Verfassen seiner Gedanken hat er keinen wirklichen Gesprächspartner: «Ich schreibe beinahe immer Selbstgespräche mit mir selbst. Sachen, die ich mir unter vier Augen sage.» (VB 1948, S. 77) Seine eigenen Beiträge der Beschreibung von Sprachgemeinschaften bilden eine «imaginäre Ethnographie», die er an keiner Stelle durch eine «reale Ethnographie» ersetzt.[9] Wittgenstein geht es nicht um empirische gesellschaftliche Prozesse, sondern um konstruierte Funktionsweisen von Sprache und Gebräuchen, auch wenn seine Beispiele oftmals einen realistischen Charakter haben. Sein Interesse gilt, wie er ausdrücklich hervorhebt, ausschließlich *begrifflichen* Fragen. Auf der Ebene der Zusammenhänge und Differenzen von Begriffen spielt das Gesellschaftliche, wie es die Praxistheorien von Marx bis Foucault und Bourdieu entwerfen, keine Rolle. Wenn es um die Beschreibung der begrifflichen Ebene der Sprache geht, macht das Überspringen des Gesellschaftlichen den Blick frei für das logische Funktionieren der Sprache. In den «grammatischen» Raum der Sprache, wie Wittgenstein ihn versteht, wirken die gesellschaftlichen Widersprüche nicht hinein. Betrachten wir die Analogie der Sprache mit dem Schachspiel; dieses wird von den gesellschaftlichen Umständen, unter denen es gespielt wird, fast nicht beeinflußt. Allerdings sind die *Strategien* von Spielern und die *Bedeutungen*, die dem Spiel gegeben werden, je nach Gesellschaft unterschiedlich. Mit der Umgangssprache verhält es sich ähnlich. Eine Diktatur kann eine wesentliche Verarmung, widersinnige Umformungen und scheußliche Erweiterungen des Lexikons und der Orthographie bewirken; der von Wittgenstein bewunderte Karl Kraus war ein Meister im Aufspüren solcher Veränderungen.[10]

Es gibt noch eine zweite Leerstelle, die sowohl Wittgensteins Leben als auch sein Sprachdenken kennzeichnet. Auch sie läßt sich an seinen Überlegungen zum Aspektsehen deutlich machen. Für die Figur des H-E-Kopfs gibt es keinen Blickpunkt, von dem aus beide Bilder *zugleich* betrachtet werden können. Dasselbe gilt für Wittgensteins Betrachtung seiner eigenen Person: *Entweder* sieht er sich als Verdammten *oder* als eine gutwillige Person. Daß es immer auch ein *zweites* Bild gibt, erfährt er durch das unaussprechliche Erlebnis des Aspektwechsels – aber diesen selbst kann er nicht wahrnehmen. Er verfügt über keinen Blickpunkt, von dem aus er sich selbst *in seiner Komplexität erkennen und beurteilen* könnte. Wir haben gesehen, daß Wittgenstein als einziges Kriterium für die Richtigkeit von Bekenntnissen die Wahrhaftigkeit des Verhaltens gelten läßt. Aber dieses kann nur von einer beobachtenden Person beurteilt werden. Das bekennende Subjekt selbst stellt die Wahrhaftigkeit in seinem Verhalten her – es sieht sich selbst nicht von außen. Es könnte eine mögliche Verletzung seiner Wahrhaftigkeit gar nicht selbst bemerken. Wenn das Subjekt die Frage: «Verhalte ich mich richtig?» ausschließlich an sich selbst richtet, kann es die Einschätzung seiner Person durch die anderen nicht mit einbeziehen.

Mit der Unabhängigkeit einer Person, die Wittgensteins Faszination nicht erlegen war, beschreibt seine Russischlehrerin Fania Pascal einen markanten Zug seines Sozialverhaltens: «I am reluctant to use Freudian terminology, but cannot put it more clearly and briefly than by saying that there was in him no perceptible split between the ego and the super-ego. For that matter, no split of any kind. – He was an aggressive and explosive man, but this too in a very peculiar, naive way of his own. At forty-eight he did not know the simplest thing about himself, namely, that he was impatient. I have several times mentioned the forbidding severity he directed at himself. But he never saw himself through the eyes of others, and he had no other standard than his own.» (F. Pascal 1984, S. 47)[11] Als er vor Fania Pascals Tür steht, um seine «große Beichte» abzulegen, sagt er, daß er gerade von G. E. Moore komme, den er aus demselben Anlaß besucht habe. «‹What did Professor Moore say?› He smiled. He said, ‹You are an impatient man, Wittgenstein [...]› ‹Well, did you not know you were?› Wittgenstein with disdain: ‹I did not know.›»[12]

Wittgenstein hat offensichtlich keinen Standpunkt entwickelt, von dem aus er sich selbst sehen und im Verhältnis zu seiner Umgebung einschätzen kann.[13] Auch in seinem Selbstverhältnis gibt es offenbar keinen Blickpunkt, von dem aus er seine inneren Widersprüche erkennen kann: Er zeigt entweder Selbstsicherheit, Überlegenheit, Schroffheit, Hochmut oder genau das Gegenteil davon: Zerknirschung, Selbstverdammung, Unglück, Demut. Die psychologische Beurteilung interessiert hier nicht, sondern nur die interne Verbindung dieser Eigenschaften mit seiner Philosophie. Fania Pascal beschreibt Wittgenstein als einen äußerst naiven Menschen; dies stimmt mit vielen Bemerkungen aus den Tagebüchern der dreißiger Jahre überein. Gewiß war Wittgensteins Naivität nicht gespielt, sie wurde von ihm angenommen, sogar gewollt; er sah sich darin mit der Dichtung übereinstimmen, die er liebte. Aus den Briefen seiner engsten österreichischen Freunde, Engelmann und Koder, spricht eine verwandte Haltung.[14]

Bei Wittgenstein findet man eine andere Naivität als jene, die er G. E. Moore in *Über Gewißheit* vorwirft: Moore ist in seinen

Augen noch zu reflektiert; er argumentiert, wo es nichts zu argumentieren gibt. Gegen die Skepsis hilft keine Widerlegung der Skepsis, sondern nur der Hinweis darauf, daß rationales Denken *und* Skeptizismus auf einem Untergrund des Glaubens ruhen. Der Glaube an das «Weltbild», das mit der jeweiligen Lebensform gegeben wird, ist die einzige Möglichkeit, die Sprachpraxis auf ähnliche Weise zu beherrschen, wie man die Technik beherrscht. Fast könnte es die Naivität eines Ingenieurs angesichts des Funktionierens von Technik sein – aber Wittgenstein bleibt zurückhaltend gegenüber der materiellen Technik von Maschinen. Ihm schwebt eine andere Art des Funktionierens vor. In einer Bemerkung aus dem Jahr 1931 faßt er dieses Verständnis ironisch in einen Witz: «Aus dem Simplicissimus: Rätsel der Technik. (Bild: Zwei Professoren vor einer im Bau befindlichen Brücke.) Stimme von oben: ‹Laß abi – hüah – laß abi sag’ i – nacha drah’n mer’n anders um!› – ‹Es ist doch unfaßlich, Herr Kollega, daß eine so komplizierte und exakte Arbeit in dieser Sprache zustande kommen kann.›» (VB 1931, S. 15)

Die andere Seite von Wittgensteins Naivität ist seine Fähigkeit, die Bedeutung einfacher Tätigkeiten für die komplizierten Zusammenhänge der Kultur zu erkennen. Es gehört eine große geistige Unabhängigkeit dazu, Dinge grundlegend anders zu sehen, als dies Jahrhunderte lang vorher geschah. «Möge Gott dem Philosophen Einsicht geben in das, was vor aller Augen liegt.» (VB 1947, S. 62) In einem Entwurf für ein Vorwort (von 1930), das den *Philosophischen Bemerkungen* vorangestellt werden sollte, schreibt Wittgenstein: «Ob ich von dem typischen westlichen Wissenschaftler verstanden oder geschätzt werde, ist mir gleichgültig, weil er den Geist, in dem ich schreibe, doch nicht versteht. Unsere Zivilisation ist durch das Wort ‹Fortschritt› charakterisiert. Der Fortschritt ist ihre Form, nicht eine ihrer Eigenschaften, daß sie fortschreitet. Sie ist typisch aufbauend. Ihre Tätigkeit ist es, ein immer komplizierteres Gebilde zu konstruieren.» (VB 1930, S. 7)

Wittgenstein legt wenig Wert darauf, von Außenstehenden verstanden zu werden; er strebt auch nicht nach dem Ruf, ein Denker der Avantgarde zu sein. Er läßt die Dinge des Lebens unerklärt mit dem Hinweis darauf, daß sie Dinge des Lebens und damit unerklärbar seien. Wie er auf andere Menschen wirkt, kümmert ihn nicht, und gerade darum hat er eine unwiderstehliche Wirkung auf sie, die ihn wie ein Schauspiel und sich selbst als sein Publikum empfinden. Auch hier hat Fania Pascal das Wichtige erkannt: «The awe in which he was held by those who knew him was due to this freedom of his, and to the means he used to become free and assure his freedom. He simply gave up everything in which mental troubles and complexes breed and flourish: wealth, family, community, and closer national ties. He gave up trying to fit in, except in the most perfunctory form, with existing ways of life, customs, trends. He discarded everything inessential and trivial [...].»[15] Seine Entschlossenheit, alle Positionen aufzugeben, die ihn an die Geschäfte der Welt hätten binden können, ist die Bedingung der Möglichkeit, immer wieder einen neuen Blick auf die Dinge zu gewinnen.[16] Aber mit diesem Vorhaben will er keineswegs allein dastehen, sondern seine Schüler und Leser mitreißen, einüben, gelehrig machen.

Was in Wittgensteins Privatleben als Naivität erscheint, äußert sich für den Leser der späteren Philosophie als eine Freiheit, neu zu denken und die Welt als ein Wunder zu sehen – ein modernes Staunen, θαυμάζειν, über die Welt.[17] Seine naive Sicht der Welt steht strikt im Widerspruch zum Auftritt konservativer Revolutionäre wie Heidegger, die das Bestehende einreißen und sich an dessen Stelle setzen wollen. Der Grundton seiner Texte ist gelassen, etwas melancholisch und ironisch; sie atmen eine Leichtigkeit, die man in Wittgensteins Leben vergeblich sucht. In seinen Schriften lebt er ein anderes Leben als in seiner biographischen Wirklichkeit. Er hat darum gerungen, diese Atmosphäre herzustellen und für sich als Autor die äußerste Freiheit zu gewinnen.[18] In seinen Texten, die er für die Veröffentlichung vorbereitet hat, findet sich keine Bissigkeit, kein böses Wort gegen andere, kein Ressentiment. Wittgenstein scheint dies nicht als seine eigene Leistung anzusehen; man findet in seinen Aufzeichnungen kaum einmal den Ausdruck des Stolzes über das, was er geschaffen hat. Seine Haltung gegenüber dem eigenen Werk ist Demut. «Ist, was ich tue überhaupt der Mühe wert? Doch nur, wenn es von oben her ein Licht empfängt.»[19]

ANMERKUNGEN

VORWORT

1 Vgl. J. Thorbeck/F. Böhme 2007.
2 Mit dieser Dreiteilung weicht die vorliegende Untersuchung von der traditionellen Zweiteilung in «frühen» und «späten» Wittgenstein ab. Unter die Philosophie des «späten» Wittgenstein fallen nach der hier zugrundegelegten Klassifikation die «zweite» und «dritte» Philosophie Wittgensteins, also seine nach dem *Tractatus* und nach seiner Rückkehr zur Philosophie 1929 entwickelten Auffassungen. Zur Diskussion um Kontinuitäten und Brüche in Wittgensteins Philosophie vgl. J. Bouveresse/S. Laugier/J.-J. Rosat 2002, D. Moyal-Sharrock 2004, G. H. von Wright 1986.

EINLEITUNG

1 WA III, S. 113.
2 Anders als bei Heidegger findet man bei Wittgenstein auch kein bürgerliches Berufsprojekt, das sich im Emporklimmen der Stufenleiter akademischer Positionen ausdrückt. Eine von der Angst vor sozialem Abstieg angetriebene Ehefrau ist an seiner Seite undenkbar (vgl. H. Ott 1988). Das Streben nach sozialem Aufstieg trifft bei ihm auf die großbürgerliche Haltung, der Geld und Karriere egal ist. Diese Abwesenheit beruflichen Ehrgeizes trägt einen Teil zur Schwierigkeit bei, seine Person zu verstehen.
3 In einer Bemerkung aus dem Jahr 1931 zieht er eine Parallele zwischen seiner neuen Denkweise und den politischen Veränderungen in Europa: «Hängt meine Art des Denkens mit dem Zerfall der großen Staaten in kleine unabhängige mit dem Respektieren der Minoritäten // Hervortreten der Minoritäten // zusammen?» WA V, S. 46 (die Bemerkung ist in Klammern gesetzt, die Zeichen sind Markierungen im Text).
4 Ein Beispiel für Wittgensteins neue Haltung nach Beendigung des *Tractatus* ist eine Stelle aus einem Brief an Engelmann vom 20. 8. 1920 aus Klosterneuburg, wo er vor seiner Anstellung als Volksschullehrer als Gärtnergehilfe gearbeitet hat: «Mein Aufenthalt in Klosterneuburg geht jetzt zu Ende; in 3 Tagen ziehe ich wieder nach Wien und warte auf Anstellung. Die Gartenarbeit war gewiß das Vernünftigste, was ich in den Ferien habe machen können. Wenn die Arbeit am Abend getan ist, so bin ich müde und fühle mich dann nicht unglücklich.» (Wittgenstein – Engelmann, S. 58)

5 Nach der Interpretation von Pierre Hadot schließt Wittgenstein an die antike Auffassung der Philosophie an. «Leben» ist eine «action d'être», «eine Aktivität des Seins, die für sich selbst genommen rein von jeder Substanzialität» ist (P. Hadot 2001, S. 206, meine Übersetzung, G. G.).

6 Jacques Bouveresse weist in seinem wichtigen Aufsatz von 1977 «L'animal cérémoniel: Wittgenstein et l'anthropologie» darauf hin, daß sich Wittgenstein in erster Linie mit Anthropologie beschäftigt hat (S. 47), und zitiert als Beleg PU § 415: «Was wir liefern, sind eigentlich Bemerkungen zur Naturgeschichte des Menschen […].»

7 Vgl. *Bemerkungen über Frazer,* S. 33, 36.

8 Zum erstenmal: 13. 1. 1930, MS 107, S. 243.

9 J. W. von Goethe 1994, S. 124.

10 Es gibt das – kaum recherchierte – Buch von William Warren Bartley III 1983 und die wichtige Studie von Konrad Wünsche 1985. Zu Wittgensteins Arbeit als Architekt vgl.: B. Leitner 1973, 2000; G. Gebauer/A. Grünewald/R. Ohme/L. Rentschler/Th. Sperling/O. Uhl 1982; P. Wijdefeld 2000.

11 Dies gilt ebenso für die Bergener Elektronische Version, die den gesamten Wittgenstein-Nachlaß zugänglich macht.

12 Vgl. N. Malcolm 1987, S. 65.

1.
DIE PRAXIS DES PHILOSOPHEN

1 Vgl. A. Birk 2006. Birk arbeitet klar heraus, daß die Haltung der Kontemplation der Welt, die den Solipsismus des *Tractatus*-Denkens kennzeichnet, einer aktiven Hinwendung zur Welt weicht: Wittgenstein lege «seinen Lesern nahe, sich in die Praxis zu begeben, sich also auf das Leben und die Welt in gewisser Weise einzulassen; er tut dies jedoch nicht, ohne gleichzeitig immer wieder darauf hinzuweisen, daß man das, worauf man sich da eingelassen hat, genau ansehen sollte» (S. 219).

2 Wittgenstein hat seinen Schülern dringend davon abgeraten, die Laufbahn eines Philosophieprofessors anzustreben (vgl. N. Malcolm 1987, S. 43). Nur sehr zögerlich ist er in die akademische Welt Cambridges zurückgekehrt und hat sie bei allen sich bietenden Gelegenheiten verlassen.

3 R. Monk 1992, S. 327 f., WWK S. 129 f.

4 H. Arendt 1981.

5 H. Arendt, ebd., S. 24. «Im Sinne der Griechen konnten weder Arbeiten noch Herstellen überhaupt einen bíos bilden, das heißt eine Lebensweise, die eines freien Mannes würdig ist und in der sich Freiheit manifestiert; da sie dazu dienten, das Notwendigste herbeizuschaffen und das Nützlichste zu produzieren, waren sie unfrei, nämlich gezwungen von den Nöten und Wünschen der Menschen.» (Ebd., S. 23) Der christliche Glaube «besiegelt

die Degradierung der Vita activa, aber die Festsetzung eines absoluten Primats der Ruhe gegenüber aller Art von Tätigsein ist nicht christlich, sondern geht zurück auf die Entdeckung, daß Kontemplation im Sinne eines theorein eine von den Tätigkeiten des Denkens und Argumentierens unabhängige Fähigkeit ist [...]» (ebd., S. 26).

6 Die hier zum Zweck des Argumentierens gebildete Klasse der «kontemplativen Philosophen» steht im Gegensatz zu den Philosophien der Praxis, als deren Vertreter man Aristoteles, Marx, den amerikanischen Pragmatismus, die Philosophische Anthropologie, Foucault oder Bourdieu nennen könnte.

7 P. Bourdieu 1998, S. 203 f.

8 Stanley Cavell weist (in S. Cavell 2005, S. 195) auf einen ähnlichen Gedanken bei J. L. Austin hin: «There is a momentary outburst in Austin's ‹Other Minds› at which Austin laments ‹the original sin ... by which the philosopher casts himself out from the garden of the world we live in›.» (S. 90)

9 Im *Tractatus*-Denken hängt Wittgenstein weitgehend dem «scholastischen» Denken an; dies bemerkt er mit unverkennbarer Befriedigung in einem Eintrag in sein Tagebuch: «Es war das, was ich mein starkes scholastisches Gefühl nennen möchte, was die Ursache meiner besten Entdeckungen war.» (TB, 9. 11. 14)

10 M. de Montaigne 1965.

11 Vgl. die wissenschaftstheoretische Darstellung des «Bruchs» in: P. Bourdieu/J.-C. Chamboredon/J.-C. Passeron 1991, S. 107–159.

12 Wittgenstein hat immer scharf unterschieden zwischen der akademischen Welt hinter den Universitätsmauern und der vollkommenen Abgeschiedenheit der Orte in Norwegen, Wales und Irland oder der Hochreith, die ihm die Möglichkeit zur intensiven Arbeit gaben. Die Hochreith war die Sommerresidenz der Familie Wittgenstein; Ludwig war dort während seiner Zeit in Cambridge regelmäßig zu Besuch, bis dies aus politischen Gründen unmöglich wurde.

13 Wittgenstein kleidet seinen Angriff auf die akademische Philosophie in die Metaphern einer therapeutischen Intervention. Der Freudsche Ton in Wittgensteins Anspielungen an eine Therapie der Sprache ist kein Zufall: «Ich glaube unsere Methode ähnelt hier der Psychoanalyse die auch Unbewußtes bewußt und dadurch unschädlich machen will und ich glaube daß diese Ähnlichkeit keine rein äußerliche ist.» (WA III, S. 95). Hinweis zur Zitierweise: Bei Zitaten aus der Wiener Ausgabe übernehme ich sowohl die – oft ungrammatische – Schreibweise Wittgensteins als auch ggf. die editorischen Zeichen des Herausgebers.

14 Von A. Birk wird die Hinwendung Wittgensteins zur vita activa deutlich erkannt: «Allerdings ist diese nach wie vor kontemplativ geprägte Zielsetzung nicht mehr mit dem vollständigen Verzicht auf das aktive, tätige Leben verbunden. [...] Entfremdung [...] definiert er nun als Entfernung von der

alltäglichen Sprach- und Lebenspraxis. Deshalb leitet er seinen Leser nie aus dieser Praxis heraus, sondern führt ihn immer nur in sie zurück oder in ihr herum […].» (A. Birk 2006, S. 218 f.; siehe dazu auch G. Gabriel 1993, S. 190).

15 Vgl. E. Tugendhat 2007.

16 Vgl. Ch. Taylor 1996.

17 Vgl. G. Gebauer / Ch. Wulf 1998.

18 WA III, S. 147. Wittgenstein setzt das Zitat mit den Worten fort: «Ein Vergleich, der sich uns sofort aufdrängt, ist der mit der Verdauung.» Man könnte meinen, durch diese Bemerkung Nietzsche hindurchzuhören: dessen spielerisch-ironischen Verweis auf den zuvor unerkannten leiblichen Anteil am Denken.

19 «Engelmann sagte mir, wenn er [zu Hause] in seiner Lade voll von seinen Manuscripten krame so kämen sie ihm so wunderschön vor daß er denke sie wären es wert den anderen Menschen gegeben zu werden […] Wenn er sich aber eine Auswahl davon herausgegeben denkt so verliere die Sache jeden Reiz und Wert und werde unmöglich.»

20 Diese Bemerkung findet sich, ebenso wie die folgenden, an der zuvor erwähnten Zitatstelle.

21 Den Lebensalltag beobachteter Menschen unter einem anderen Aspekt sehen, ist ein Gedanke, den Wittgenstein auch gegenüber ethnographischen Beschreibungen zum Ausdruck bringt. In seinen Bemerkungen zu Frazers «Golden Bough» schreibt er: «Denn keine Erscheinung ist an sich besonders geheimnisvoll, aber jede kann es uns werden, und das ist eben das Charakteristische am erwachsenen Geist des Menschen, daß ihm eine Erscheinung bedeutend wird.» Daher sind wir in der Lage, magische und rituelle Handlungsweisen zu verstehen (anders als Frazer meint, der diese Fähigkeit leugnet); und er fährt im Zitat fort: «Man könnte fast sagen, der Mensch sei ein zeremonielles Tier.» (Bemerkungen über Frazer, S. 43)

22 WA III, S. 154, Bemerkung vom 16. 1. 1931.

23 Bertrand Russell gibt Wittgenstein (1912) den «weisen Rat», nicht erst zu schreiben, wenn er alle philosophischen Probleme gelöst habe; dieser Tag werde nie kommen. «Darauf reagierte er mit einem wilden Ausbruch – wie ein Künstler wolle er etwas Vollkommenes schaffen oder gar nichts.» (R. Monk 1992, S. 74) – Sein Freund David Pinsent berichtet über ein Gespräch, in dem Wittgenstein – er war gerade 24 Jahre alt – sagte, «wenn er sich schon wie Beethoven aufführe, müsse er auch Großes leisten» (R. Monk, S. 107).

24 Der von Spinoza übernommene Ausdruck «sub specie aeterni» hat eine religiöse Färbung, die auch Wittgensteins Auffassung der Alltagswelt kennzeichnet. Im «Vortrag über Ethik» spricht er vom «Erlebnis des Staunens über die Existenz der Welt» (VE, S. 18).

25 Mit dem philosophischen Blick von oben entzieht sich außerdem die gesellschaftliche Person Wittgenstein jeglicher Situierung im gesellschaftlichen Raum. Er wird, wie Platon von Sokrates sagt, «atopos» (P. Hadot 2001, 162 f.). Während Heidegger mit aller Macht danach strebt, im sozialen und politischen Feld eine prominente Position zu gewinnen – das Rektorat seiner Universität, die Führerschaft in der deutschen Philosophie –, entzieht sich Wittgenstein jeglicher Positionierung und Klassifizierung. Dies geht damit einher, daß er vollkommen apolitisch bleibt und nicht einmal ausdrücklich gegen den Antisemitismus Stellung bezieht, ja ihn zu ignorieren scheint.

26 Vgl. Bemerkungen über Frazer, S. 42: «Welche Enge des seelischen Lebens bei Frazer! Daher: Welche Unmöglichkeit, ein anderes Leben zu begreifen, als das englische zu seiner Zeit! – Frazer kann sich keinen Priester vorstellen, der nicht im Grunde ein englischer Parson unserer Zeit ist, mit seiner ganzen Dummheit und Flauheit.»

27 Bemerkungen über Frazer, S. 46; siehe auch WA III, S. 277, Bemerkung vom 23. 6. 1931.

28 Bemerkungen über Frazer, S. 38; siehe auch WA III, S. 262. In den folgenden Überlegungen entwirft Wittgenstein tatsächlich den Anfang «seines Buches», der *Philosophischen Untersuchungen* – er beginnt auch hier schon mit einem langen Augustinus-Zitat. Siehe auch die Bemerkung, die Wittgenstein einige Seiten weiter unten notiert: «Augustinus über das Lernen der Sprache» (WA IV, S. 9).

29 Bemerkungen über Frazer, S. 40; siehe auch WA III, S. 263.

30 P. Bourdieu hat diese Methode explizit dargestellt im Schlußkapitel von P. Bourdieu et al. 1993, «Comprendre», S. 903–925; für eine detaillierte Diskussion vgl. G. Gebauer 1994.

31 Es ist offensichtlich, daß Wittgenstein angesichts seiner Arbeitsweise von Selbstzweifeln geplagt war. So schreibt er am 16. 1. 1931: «Es gibt Probleme an die ich nicht herankomme, die nicht in meiner Linie oder in meiner Welt liegen. Probleme der Abendländischen Gedankenwelt an die Beethoven (und vielleicht teilweise Goethe) herangekommen ist und mit denen er gerungen hat die aber kein Philosoph je angegangen hat (vielleicht ist Nietzsche an ihnen vorbeigekommen).» (WA III, S. 154)

32 WWK, S. 68; VE, S. 18 f.

33 Vgl. seine Bemerkung zu Waismann: «In der Ethik macht man immer den Versuch, etwas zu sagen, was das Wesen der Sache nicht betrifft und nie betreffen kann.» (WWK, S. 69)

34 M. O'C. Drury 1984, S. 164.

1 Vgl. T 5.631: «Das denkende, vorstellende, Subjekt gibt es nicht. Wenn ich ein Buch schriebe ‹Die Welt, wie ich sie vorfand›, so wäre darin auch über meinen Leib zu berichten und zu sagen, welche Glieder meinem Willen unterstehen und welche nicht, etc., dies ist nämlich eine Methode, das Subjekt zu isolieren, oder vielmehr zu zeigen, daß es in einem wichtigen Sinne kein Subjekt gibt: Von ihm allein nämlich könnte in diesem Buche nicht die Rede sein.»

2 WA III, S. 262, Bemerkung vom 19.6. 1931; sie steht im Zusammenhang mit Wittgensteins Auseinandersetzung mit Frazers «Golden Bough».

3 N. Goodman 1973, vgl. Kapitel I, Abschnitt 5 «Fiktionen», S. 32–38.

4 N. Malcolm 1986, S. 73 (in diesem und allen folgenden auf deutsch wiedergegebenen Zitaten Malcolms: meine Übersetzung, G. G.).

5 Vgl. N. Malcolm 1986, S. 65, in bezug auf TB, September 1916: «What Wittgenstein could have been wanting to say in the Notebooks is that a thought is a structure in a certain medium, and a word-proposition is a structure in a different medium; and that these two structures can have the same sense, i. e. they can be the same proposition.» «A straightforward interpretation of his remarks is that all thoughts are composed of mental elements. No thoughts consist of words, i. e. physical signs.» (ebd.) «[…] we see that in the Tractatus thoughts (Gedanken) are more basic than word-propositions (Sätze). A thought does not have to be expressed in a physical sentence. A thought is always a configuration of mental elements. This configuration depicts a possible state of affairs, which is the sense of the thought. If a thought is expressed in a physical sentence, what happens is that the sense of the thought is thought into the sentence. ‹And applied, thought, propositional sign, is a thought.› (3.5) The physical sentence is given the same sense that the thought already has. Thus, there are two structures with the same sense. One structure is composed of mental elements, the other of physical signs (words). Since these two structures have the same sense, they are one and the same proposition.» (S. 66)

6 N. Malcolm 1986, S. 66 (im Original: «[…] what happens is that the sense of the thought is thought into the sentence.»). Vgl. «[…] the Tractatus was heavily influenced by the notion that spoken and written sentences are clothings of thoughts.» (S. 78) Wittgenstein selbst: «Die Sprache verkleidet den Gedanken. Und zwar so, daß man nach der äußeren Form des Kleides nicht auf die Form des bekleideten Gedankens schließen kann; weil die äußere Form des Kleides nach ganz anderen Zwecken gebildet ist als danach, die Form des Körpers erkennen zu lassen. – Die stillschweigenden Abmachungen zum Verständnis der Umgangssprache sind enorm kompli-

ziert.» (T 4.002) «Es ist menschenunmöglich, die Sprachlogik aus ihr unmittelbar zu entnehmen.» (ebd.)

7 «One could think of it as the ‹hidden› philosophy of mind and of language of the Tractatus.» (N. Malcolm 1986, S. 73)

8 N. Malcolm 1986, S. 99. Malcolm fährt in diesem Zitat wie folgt fort: «Dieses Bild einer Projektionsmethode als ‹eine Brücke› zwischen einem Satzzeichen und der Wirklichkeit ist nicht meines, sondern Wittgensteins.» Die Metapher der Brücke erscheint, wie Malcolm vermutet, erst 1936 in Wittgensteins Aufzeichnungen. Vgl. auch Wittgensteins Diskussion der Methode der Projektion in der *Philosophischen Grammatik,* S. 213 f.

9 Die normale Richtung von Wittgensteins Bildtheorie ist die vom Abbild auf die Wirklichkeit; sie entspricht dem Interesse des Philosophen an Klarheit der analytischen Erkenntnis mit Hilfe einer Idealsprache.

10 WA II, S. 279.

11 Eine Relation kann gebildet werden «von räumlichen Gegenständen (etwa Tischen, Stühlen, Büchern)» (T 3.1431). Diese Relation ist so etwas wie eine Materialisation des Satzsinns: «Die gegenseitige räumliche Lage dieser Dinge drückt dann den Sinn des Satzes aus.» (ebd.) Die Beziehung der räumlichen Gegenstände zueinander ist der Möglichkeit nach schon vor jeder sprachlichen Tätigkeit festgesetzt. Sie gehört zur Struktur des Denkens. Es gibt also schon die Tatsache, «daß ‹a› in einer gewissen Beziehung zu ‹b› steht» (T 3.1432). So verhält es sich bei dem Modell eines Autounfalls, das in einem Pariser Gerichtsprozeß die Stellung von Autos, Häusern, Menschen darstellen sollte (vgl. N. Malcolm 1986, S. 115). Die Sprache kann dann die Beziehung zwischen «a» und «b» als «aRb» darstellen.

12 Dieses weite Verständnis des Bildbegriffs macht sich Wittgenstein in seiner späteren Philosophie zu eigen. Er faßt dann beispielsweise einen Gesichtsausdruck, eine Miene, die perspektivische Ansicht eines Gegenstands als Bild auf. Freilich hat der Bildbegriff später nicht mehr die gleiche Bedeutung wie im *Tractatus;* das Bild wird nicht mehr als Abbildung von internen Strukturen der Wirklichkeit verstanden.

13 E. Stenius 1969, S. 38.

14 Vgl. dazu Wittgensteins Bemerkung aus dem Vorwort des *Tractatus,* «die Wahrheit der hier mitgeteilten Gedanken [ist] unantastbar und definitiv» (T, S. 10).

15 T, S. 11, Anmerkung.

16 Vgl. VE, S. 18. In diesem Zitat wird zwar die Schönheit der Welt nicht ausdrücklich erwähnt, aber sie ist in den Gedanken zweifellos enthalten.

17 Vgl. M. Kroß 1993.

18 An den *Confessiones* hat sich Wittgenstein lebenslang orientiert. Kann es nicht sein, daß er nicht nur in den *Philosophischen Untersuchungen,* sondern auch schon beim Verfassen des *Tractatus* den Text der *Confessiones* vor Augen hatte?

19 Augustinus 1987; dieses sowie die im folgenden angeführten Zitate sind dem Ersten Buch, 1–5, entnommen.

20 Vgl. «Die Welt des Glücklichen ist eine andere als die des Unglücklichen.» (T 6.43)

21 Zu diesem Gedanken wurde ich angeregt durch die Arbeit von Sven Rücker (2006).

22 Vgl. Wittgenstein: VOR, S. 46: «In der Wissenschaft kann man sein Tun etwa mit dem Bau eines Hauses vergleichen. Zunächst muß man ein festes Fundament errichten, und sobald dies steht, darf man es nicht mehr antasten oder verrücken. In der Philosophie errichten wir kein Fundament, sondern räumen ein Zimmer auf, und dabei müssen wir alles ein Dutzendmal anfassen. – Die einzige Möglichkeit, Philosophie zu treiben, ist die, daß man alles zweimal tut.»

23 Nietzsche stellt in einem Aphorismus diese Situation auf poetische, aber im Unterschied zu Wittgenstein auch dramatische Weise dar: «Im Horizont des Unendlichen. – Wir haben das Land verlassen und sind zu Schiff gegangen! Wir haben die Brücke hinter uns, – mehr noch, wir haben das Land hinter uns abgebrochen! Nun, Schifflein! sieh' dich vor! Neben dir liegt der Ocean, es ist wahr, er brüllt nicht immer, und mitunter liegt er da, wie Seide und Gold und Träumerei der Güte. Aber es kommen Stunden, wo du erkennen wirst, dass er unendlich ist und dass es nichts Furchtbareres giebt, als Unendlichkeit. Oh des armen Vogels, der sich frei gefühlt hat und nun an die Wände dieses Käfigs stösst! Wehe, wenn das Land-Heimweh dich befällt, als ob dort mehr Freiheit gewesen wäre, – und es giebt kein ‹Land› mehr!» (F. Nietzsche 1988 b, Aphorismus 124)

24 Von einer solchen Möglichkeit, poetischen Ausdruck zu gewinnen, spricht Deleuze, allerdings ohne Bezug zu Wittgenstein, in seinem Aufsatz «Stotterte er …» (in: G. Deleuze 2000).

25 Das Interesse Wittgensteins an einem objektivierten Ausdruck des Ichs ist von Paul Engelmann deutlich erkannt worden. Beide Freunde teilten die Bewunderung für Uhlands Gedicht «Graf Eberhards Weißdorn». Nachdem ihn Engelmann auf das Gedicht aufmerksam gemacht hatte, schrieb ihm Wittgenstein: «Das Uhlandsche Gedicht ist wirklich großartig. Und es ist so: Wenn man sich nicht bemüht, das Unaussprechliche auszusprechen, so geht nichts verloren. Sondern das Unaussprechliche ist, – unaussprechlich – in dem Ausgesprochenen enthalten!» (Wittgenstein – Engelmann, S. 100) Engelmann berichtet ebenfalls von Wittgensteins Begeisterung über Mörikes Erzählung «Mozart auf der Reise nach Prag» und schließt folgende Beobachtung an: «Und wieder gilt seine Begeisterung hier dem (im hohen Sinne des Wortes) Banalen. Die Bedeutung dieser Banalität, die mit der innersten Problematik des moralisch-ästhetischen Zeitgeschehens, der Grenze zwischen dem seelisch Echten und Falschen aufs engste verbunden ist, wurde von Kraus entdeckt und behandelt. (Es ist das Problem von Loos in

der Architektur.) Und es ist immer das Einfachste, das, wenn es gelingt, allein ins Schwarze trifft.» (ebd., S. 103)

26 Zum Solipsismus bei Wittgenstein siehe A. Birk 2006. Vgl. Birks Resümee: «So unterschiedlich das Thema in den einzelnen Werkphasen behandelt werden mag, stets ist es eng verbunden mit der existentiell motivierten, weltanschaulichen Frage nach dem richtigen Verhältnis von Ich und Welt, die Wittgenstein im Laufe seines Lebens auf verschiedene Weise beantwortet.» (S. 221)

27 Schopenhauers Annahme, daß sich der Wille in der Welt objektiviere, wurde von Wittgenstein gründlich umgearbeitet. Auf folgende Passage aus *Die Welt als Wille und Vorstellung* (Bd. II, S. 335) nimmt die zitierte Tagebuchnotiz Wittgensteins (vom 15. 10. 1916) indirekt Bezug: «Wie der Intellekt physiologisch sich ergibt, ist die Funktion eines Organs des Leibes; so ist er metaphysisch anzusehn als ein Werk des Willens, dessen Objektivation oder Sichtbarkeit der ganze Leib ist. Also der Wille zu erkennen, objektiv angeschaut, ist das Gehirn; wie der Wille zu gehn, objektiv angeschaut, der Fuß ist; der Wille zu greifen die Hand; der Wille zu verdauen der Magen; zu zeugen die Genitalien usf. Diese ganze Objektivation ist freilich zuletzt nur für das Gehirn da als seine Anschauung: in dieser stellt sich der Wille als organischer Leib dar. Aber sofern das Gehirn erkennt, wird es selbst nicht erkannt; sondern ist das Erkennende, das Subjekt aller Erkenntnis. Sofern es aber in der objektiven Anschauung, d. h. im Bewußtsein anderer Dinge, also sekundär erkannt wird, wird es als Organ des Leibes zur Objektivation des Willens. Denn der ganze Prozeß ist die Selbsterkenntnis des Willens […]».

28 Die Verfeinerung läßt sich im späteren Denken Wittgensteins entdecken; sie wird in Kapitel 7 dieser Arbeit dargestellt.

29 TB 4. 11. 1916: «Man kann nicht wollen, ohne zu tun.»

30 Vgl. Wittgensteins Tagebucheintragung vom 15. 10. 1916.

31 Die Möglichkeit, die Beziehung des Subjekts zur Welt unter das Konzept des Gebrauchs zu stellen, wird von Wittgenstein im *Tractatus* noch nicht erwogen, aber er hat dessen Wichtigkeit bereits erkannt, vgl. TB 11. 9. 1916: «Die Art und Weise, wie die Sprache bezeichnet, spiegelt sich in ihrem Gebrauch wider.»

32 Für eine genaue Bestimmung des zeitlichen Abstandes kommt es darauf an, wann man den Abschluß des *Tractatus* ansetzt: mit dem Abschluß seines Manuskripts 1919 oder dem Zeitpunkt von dessen Veröffentlichung 1921. Der erste Zeitpunkt scheint mir genauer zu sein.

33 Siehe zu seiner Vorbereitung und Ausübung des Lehrerberufs das höchst aufschlußreiche Buch von Konrad Wünsche 1985. Diese Arbeit kann als ein Schlüssel für die Einschätzung der Entwicklung und persönlichen Situation Wittgensteins in der Zeit unmittelbar nach dem Ersten Weltkrieg gelten.

34 Siehe B. Leitner 1973 und 2000; G. Gebauer/A. Grünenwald/R. Oh-
me/L. Rentschler/Th. Sperling/O. Uhl 1982; P. Wijdeveld 2000.

35 Iris Murdoch, die selbst tief von Wittgenstein beeinflußt war, referiert – vermutlich an ihrer eigenen Stelle – Stuart Hampshire ganz im Sinne dieser
Beschreibung: «Hampshire suggests that we could abandon the image (dear
to British empiricists) of a man as a detached observer, and should rather
picture him as an object moving among other objects in a continual flow of
intention into action. Touch and movement, not vision, should supply our
metaphors: ‹Touching, handling and the manipulation of things are misre-
presented if we follow the analogy of vision.› Actions are, roughly, instances
of mowing things about in the public world. Nothing counts as an act
unless it is ‹bringing about of a recognizable change in the world.› […] What
is ‹real› is potentially open to different observers. The inner or mental world
is inevitably parasitic upon the outer world, it has ‹a parasite and shadowy
nature›.» (I. Murdoch 1999, S. 302)

36 PB, § 73; vgl. auch WA I, S. 195.

37 Ebd.

38 PB § 74; vgl. auch WA I, S. 196.

39 Der Begriff der Umgangsqualität stammt von Arnold Gehlen (vgl. A. Gehlen 1972, Teil II «Wahrnehmung, Bewegung, Sprache», insbesondere die beiden Abschnitte «Elementare Kreisprozesse im Umgang», S. 131–148).

40 Siehe den Aufsatz von Thomas Sperling in G. Gebauer u. a. 1982.

41 Als Wittgenstein die Halle des von ihm gebauten Hauses nach der Fertigstellung zum ersten Mal sah, empfand er die Decke als zu tief. Er verlangte
umgehend eine Korrektur der Deckenhöhe um drei Zentimeter – ohne
Rücksicht auf die Kosten und ungeachtet der Tatsache, daß diese winzige
Anhebung bei dem großen Volumen des Raumes kaum zu bemerken war.

42 Diesen Ausdruck übernehme ich von John Searle (aus J. Searle 1997). In Kapitel 5 werde ich ihn bei der Einarbeitung in das Wittgensteinsche Denken
genauer erläutern.

43 Vgl. G. Gebauer/Ch. Wulf 1998, Kap. 2 «Bewegung».

44 Im folgenden gebe ich die Entwicklung von Wittgensteins Denken der
Chronologie der WA folgend wieder. Soweit Wittgenstein einige der ange-
gebenen Zitate in seine Schriften integriert hat, hat er die Formulierungen
zum Teil leicht verändert. Der Vorteil der WA ist, daß sie die Genese der
späteren Philosophie vor Augen führt.

45 In PU § 12 übernimmt Wittgenstein diese Formulierung fast wortgleich.
Das in eckige Klammern gesetzte Komma wurde von mir eingefügt, G. G.

46 Vgl. die Diskussion in WA II, S. 298.

47 WA II, S. 315. In diesem Zitat habe ich Wittgensteins unvollständige Recht-
schreibung leicht korrigiert, damit der gemeinte Sinn leichter verständlich
wird, G. G.

48 Vgl. die Überlegungen in S. Candlish 1995.

49 PG § 93; vgl. auch WA II, S. 31.
50 PB § 10; vgl. auch WA II, S. 162.
51 M. Merleau-Ponty (1964) entwickelt in seinen außerordentlich differenzierten nachgelassenen Werken, insbesondere in *Le visible et l'invisible,* eine Konzeption, die in vielen Überlegungen den PU nahekommen. Doch in dem hier diskutierten Punkt scheint mir seine Philosophie die Funktion der Sprache für die Wahrnehmung nicht hinreichend zu berücksichtigen.
52 Vgl. A. Gehlen 1978, insbesondere den Abschnitt «Bewegungssymbolik», S. 188–193.
53 Vgl. die Arbeiten von A. Berthoz 1997 und 2003.
54 Bemerkung vom 3. 1. 1930, WA II, S. 162.
55 WA III, S. 231. In seinen in WA III publizierten Gedanken findet sich eine Reihe von Überlegungen dazu, wie die Verneinung durch Handeln gelehrt werden könnte; vgl. z. B.: «Man sagt dem Kind: ‹nein, kein Stück Zucker mehr!› und nimmt es ihm weg. So lernt das Kind die Bedeutung des Wortes ‹kein›.» (WA III, S. 208) Etwas später bezeichnet er den Akt des Türzuhaltens als «Illustration» zu der Aussage «Du darfst nicht hereinkommen». Er ist «auch der Akt den ich abgesehen von jedem Symbolismus aus meiner Natur tun will […]» (WA III, S. 226).

3.
DIE HINWENDUNG ZUR ANTHROPOLOGIE

1 BPP I § 42.
2 N. Malcolm 1987, S. 94. Sraffa selbst konnte sich an diese Szene später nicht erinnern. Als sein Schüler, der Nobelpreisträger für Wirtschaftswissenschaft Amartya Sen, ihn später darauf ansprach, sagte er lapidar, «my fingertips did not need to do much talking», so viele Diskussionen hatte er mit Wittgenstein geführt (A. Sen 2003 b, S. 30 f.).
3 Merrill und Jaako Hintikka zeigen in ihren *Untersuchungen zu Wittgenstein* (1996), daß dieser schon seit 1929 mit der im *Tractatus* vertretenen Sprachtheorie gebrochen habe: Von einer «phänomenologischen» Sprachauffassung habe er sich zu einer «physikalistischen» Konzeption der Sprache bewegt. Als Grund für diese Richtungsänderung geben sie sein «Verifikationsparadigma» an, das er in den Gesprächen mit dem Wiener Kreis gebildet hat. Was M. und J. Hintikka als Merkmale dieser Sprachauffassung angeben, entspricht dem, was ich weiter unten als Prinzip des Operationalisierens bezeichnen werde. Mit dem Wechsel dieses Paradigmas stellt sich ein neues Problem, dessen sich Wittgenstein bewußt war, das aber von beiden Autoren nicht erwähnt wird: Es ändert sich die Instanz, die die Gleichheit der Welt und ihrer Elemente gewährleistet. In der phänomenologisch geprägten Konzeption des *Tractatus* war es das Ich am Rande der

Welt, das mit konstantem Blick und einem außerweltlichen Maßstab in die Welt hineinsieht. In der zweiten Philosophie wird die Welt aus ihrem Inneren erfaßt; sie braucht also innerweltliche Methoden und Maßstäbe der Gleichheit. Wittgenstein findet sie in den Regeln der «Verhaltensgrammatik», im Gebrauch und in den Sprachspielen.

4 In dem 1945 verfaßten Vorwort zu den *Philosophischen Untersuchungen* schreibt er, daß er dem «Ansporn» von Piero Sraffa «die folgenreichsten Ideen dieser Schrift» «verdanke». Nachwirkungen der Gespräche mit Sraffa finden sich über das ganze weitere Werk Wittgensteins verstreut. Wie es dem Duktus seines Philosophierens entspricht, hat er niemals systematisch über den Zusammenhang von Gesten und Sprache reflektiert, aber es gibt viele Bemerkungen, die eine solche Verbindung ausdrücklich herstellen. Eine Vorstellung von der Intensität des intellektuellen Austausches zwischen Wittgenstein und Sraffa vermittelt die Zahl der Begegnungen, die zwischen ihnen stattfanden. Nach den Recherchen von Alexandra Marjanovic sind in den – nicht der Öffentlichkeit zugänglichen – privaten Aufzeichnungen beider Wissenschaftler zwischen Februar 1929 und November 1950 mindestens 238 Gespräche vermerkt (A. Marjanovic 2005, 2006).

5 Vgl. H. Veigl: Sraffa «war der Mittelsmann, durch den Gramscis in der Haft entstandenen Schriften nach seinem Tod mit Hilfe eines weiteren einflussreichen Freundes im Bankwesen sicher aufbewahrt wurden.» (H. Veigl 2004, S. 195)

6 A. Sen 2003 b, S. 53 (meine Übersetzung, G. G.).

7 Vgl. A. Sen 2003 b, S. 54.

8 A. Sen 2003 b, S. 32.

9 Vgl. die Diskussion über Mnemotechniken der oralen Poesie bei W. Ong 1987, M. Jousse 1974, A. Lord 1960; siehe auch G. Gebauer/Ch. Wulf 1992, S. 69–80.

10 Zu den Gesten in Neapel vgl. Aby Warburgs Gedanken einer künstlerischen Ikonographie der Gesten, dargestellt in E. Gombrich 1992, S. 63–92 (Warburgs Dissertation über Botticelli); G. Didi-Huberman 2002, S. 201–223; U. Raulff 2003, S. 17–47. Bei Didi-Huberman findet sich eine Wiedergabe des Buches der neapolitanischen Gesten von A. de Jorio: *La mimica degli Antichi investigata nel gestire Napoletano,* Neapel 1832, S. 215. Diese durch vorzügliche Abbildungen versehene Darstellung hatte Warburg wesentlich zu seinem Gedanken der «Pathosformel» angeregt. Das Buch ist in der Bibliothek des Warburg Institute, London, einsehbar.

11 «Man kann sagen: das freundliche Auge, der freundliche Mund, das Wedeln des Hundes sind unter andern primäre und von einander unabhängige Symbole der Freundlichkeit, ich meine damit: Sie sind Teile der Phänomene die man Freundlichkeit nennt.» (PG, S. 178, vgl. VOR, S. 178)

12 Wittgenstein spricht insbesondere bei Empfindungen von «Gebärden», vermutlich in Anlehnung an W. Wundt.

13 Vgl. zu dieser Deutung des sich wandelnden Verhältnisses zwischen den Begriffen des Regelsystems und des Sprachspiels die Arbeit von C. Sedmak 1996: «Trotz der Dominanz des Kalkülbegriffs im Jahr 1931 weicht Wittgenstein das Kalkülverständnis von Sprache zugleich auf.» (S. 120) Bereits mit seiner Hinwendung zur Umgangssprache im Jahr 1929 habe er «das Sprachspielprinzip [...] schrittweise vorbereitet» (S. 74). «Ab 1939 rückt Wittgenstein immer weiter vom Kalkülbegriff dadurch ab, daß er die Spiele kulturgeschichtlich einführt.» (S. 122)

14 Vgl. WA IV, S. 183: «Soll das soviel heißen, als daß eine Erklärung, eine Tabelle zuerst so gebraucht werden kann, daß man sie ‹nachschlägt›; daß man sie dann gleichsam im Kopf nachschlägt d. h. sie sich vor das innere Auge ruft (oder dergleichen); und daß man endlich ohne diese Tabelle arbeitet, also so, als wäre diese Tabelle nie dagewesen. In diesem letzten Fall spielt man also ein anderes Spiel.» Die Passage, aus dem dieses Zitat stammt, ist im Ms. eingeklammert.

15 Vgl. G. Gebauer 1997.

16 Daß bestimmte Interpretationen der mentalistischen Sprache unkontrollierbar sind, zeigt Wittgenstein in seiner Kritik der «Privatsprache». Das Argument richtet sich gegen die Annahme einer direkten Introspektion eigener innerpsychischer Ereignisse. Den Vorwurf der Unkontrollierbarkeit begründet Wittgenstein damit, daß man diesen gegenüber keine epistemische Perspektive einnehmen kann.

17 Vgl. M. Mauss 1975.

18 H. Wallon 1970, S. 125 (meine Übersetzung, G. G.).

19 Vgl. PG, S. 188: «Ich brauche ja gar keinen Fall zu erdichten und nur den tatsächlichen zu betrachten, daß ich einen Menschen, der nur Deutsch gelernt hat, nur mit der deutschen Sprache lenken kann. (Denn das Lernen der deutschen Sprache betrachte ich nun als ein Einstellen (conditioning) des Mechanismus auf eine gewisse Art der Beeinflussung.)»

20 In den Vorlesungen beschreibt Wittgenstein die «Abrichtung» als einen zweiseitigen und «zweistufigen» Prozeß: «Die Abrichtung läßt sich als zweistufig beschreiben: 1) Der Abrichtende führt bestimmte Handlungen aus, 2) es kommt zu bestimmten Reaktionen auf seiten des Abzurichtenden, wobei die Möglichkeit der Verbesserung besteht. Das Lehren einer Sprache beruht stets auf einer Abrichtung, die voraussetzt, daß der Abzurichtende reagiert.» (VOR, S. 278) In dieser Perspektive setzt Wittgensteins Konzept des Abrichtens den Menschen gerade nicht mit Tieren gleich.

21 «Primitive Reaktionen» sind natürliche Verhaltensweisen, die bei jedem Menschen auftreten und nur minimal kulturell geformt sind (siehe Kapitel 7).

22 Vgl. G. Gebauer/Ch. Wulf 1998, Kap. 2.

23 Vgl. C. Geertz 1992: Man versteht den Begriff der «Kultur besser nicht als einen Komplex von Verhaltensmustern – Sitten, Bräuchen, Traditionen,

Bündeln von Gewohnheiten – […], wie es bislang der Fall war, sondern als eine Menge von Kontrollmechanismen – Plänen, Rezepten, Regeln, Anweisungen […] – zur Regelung von Verhalten.» (S. 70)

24 Vgl. M. Williams 1999, insbesondere Kap. 6 «Rules, community, and the individual». Was bei Williams allerdings kaum beleuchtet wird, ist die Notwendigkeit, den natürlich gegebenen Körper zu formen.

25 Bemerkung vom Februar 1931, WA III, S. 230. Im Kontext dieser Bemerkung findet sich eine Fülle von Reflexionen über die Geste.

26 Vgl. G. Gebauer 1999.

27 *Bemerkungen über Frazer*, S. 45 (das Komma wurde von mir hinzugefügt, G. G.).

28 Vgl. M. Mauss 1975.

29 Vgl. A. N. Leontjew 1977, G. Gebauer/Ch. Wulf 1998.

30 Im Österreichischen wird «Gebrauch» auch synonym mit «Brauch(tum)» verwendet. Vgl. BGM, V § 22: «Als ich die Regeln aufstellte, da sagte ich etwas: Ich folgte einem gewissen Brauch.»

31 Bemerkung vom 23. 6. 1931, WA III, S. 278.

32 Vgl. Wittgensteins in Klammern gesetzte Bemerkung in PG, S. 47: «Wenn man mich fragt ‹wieviel Uhr ist es?›, so geht in mir keine Arbeit des Deutens vor; sondern ich reagiere einfach auf das, was ich sehe und höre.»

33 Eine solche von Henri Bergsons *Materie und Gedächtnis* inspirierte Vorstellung findet man auch bei Wittgenstein selbst: «Wir befinden uns mit unserer Sprache (als physischer Erscheinung) sozusagen [nicht] im Bereich des projizierten Bildes auf der Leinwand, sondern im Bereich des Films, der durch die Laterne geht […]» (WA V, S. 136, bei Wittgenstein in Klammern gesetzt)

34 Wenn der Handelnde mit der Faust auf den Tisch hauen würde, anstatt mit seinen Worten eine Abstimmung anzukündigen, würde dieser Schlag keine neue Situation eröffnen, sondern die alte beenden.

35 Dies ist das Prinzip beispielsweise von Nonsense-Poesie, die auf eine besondere Weise eigene Bedeutungen hervorzubringen vermag, allerdings ganz andersartige Bedeutungen als die normale Sprache.

4.
INTENTION UND PERSPEKTIVEN
DES SPRACHSPIELS

1 *Denkbewegungen*, S. 40.

2 WA II, S. 77, Bemerkung von 1930; aufgenommen in die VB (hier unter der Jahreszahl 1929).

3 Vgl. C. Sedmak 1996: «Das Sprachspielkonzept erweist sich bereits 1931 als weitgehend ausgereift, die Zielsetzung von Wittgensteins philosophischer

Arbeit ist klar.» (S. 123) Sedmak hat sicher recht, wenn er darauf hinweist, daß Wittgenstein die Verwendung des Ausdrucks «Sprachspiel» bereits 1931 beschreibt, aber von einem «Ausreifen» und «klarer Zielsetzung» kann in diesem Jahr nicht die Rede sein. Das Sprachspielkonzept erhält erst durch seine Verwendung im Kontext mit anderen Begriffen seine Konturen; dazu gehören: «Familienähnlichkeit», «Paradigma», «Kriterien» und das Konzept des Regelfolgens.

4 Bemerkung vom Herbst 1931, WA IV, S. 201.

5 Vgl. PG, S. 55 f.: «Ich möchte sagen: Nur dynamisch ist etwas ein Zeichen, nicht statisch. Es scheint hier leicht, als ob das Zeichen die ganze Grammatik zusammenfaßte; daß sie in ihm enthalten wäre wie die Perlenschnur in einer Schachtel und wir sie nur herausziehen müßten. (Aber ein solches Bild ist es eben, das uns irreführt.) Als wäre das Verständnis ein momentanes Erfassen von etwas, wovon später nur die Konsequenzen gezogen werden, und zwar so, daß diese Konsequenzen bereits in einem ideellen Sinn existieren, ehe sie gezogen werden.»

6 J.-P. Cometti 2004 bezeichnet Wittgensteins Denken zutreffend als eine «philosophie ouverte, une philosophie du dehors», eine offene Philosophie, eine Philosophie des Außen (S. 236).

7 Vgl. die Bemerkung aus WA IV, S. 95: «Ein Mensch schläft, ißt, trinkt, /und gibt Zeichen etc./. Zeichen geben = sich einer Sprache bedienen.»

8 Mit den Spielhandlungen verhalten wir uns intentional zum Spiel. Ebenso verhält es sich mit den Sprachhandlungen, die sich intentional auf die Welt richten. Wie sehr der Gebrauch auf das Erledigen von Absichten in der Welt ausgerichtet ist, zeigen Gesten deutlicher als die geschriebene Sprache (vgl. Kapitel 2). Es gibt freilich auch Gebrauchsweisen, die nicht auf Ziele ausgerichtet sind; die Sprache kann auch ziellos schweifend funktionieren, wie beim Singen, Dichten, Sprechen im Schlaf, bei einer psychoanalytischen Sitzung. In allen diesen Fällen wird die in der Sprache angelegte Intentionalität anders, von den üblichen Zweck-Mittel-Relationen entbunden, eingesetzt. Man darf nur nicht von dieser sehr speziellen Art des Sprechens und der Bedeutungsbildung auf das Funktionieren der arbeitenden Sprache rückschließen.

9 In seinen Tagebüchern aus dem Jahr 1930 findet sich eine Eintragung, mit der sich Wittgenstein selbst charakterisiert; sie paßt recht genau zu seiner Auffassung von der zeitlichen Entfaltung der Sprachspiele: «Ich leide oft unter dem Gedanken wie sehr der Erfolg oder der Wert dessen, was ich tue von meiner Disposition abhängt. Mehr als bei einem Concertsänger. Nichts ist gleichsam in mir aufgespeichert; beinahe Alles muß im Moment produziert werden. Das ist – glaube ich – eine sehr ungewöhnliche Art der Tätigkeit oder des Lebens.» (Denkbewegungen, 2.6.1930, S. 23)

10 Bemerkung vom Herbst 1931, WA IV, S. 194.

11 Vgl. das Bild der alten Stadt in den PU § 18.

12 Die folgenden Überlegungen folgen der Beschreibung von Sabine Mainberger, die sie in ihrem Buch *Die Kunst des Aufzählens* anführt (S. Mainberger 2003).

13 Bemerkung vom Herbst 1931, WA IV, S. 195 f. (siehe auch PU § 83). Vgl. auch die Bemerkung aus derselben Zeit: «Ist es nicht vielmehr so daß sich zwar zu jeder Handlung [Spielhandlung] ein Regelverzeichnis aufstellen ließe, dem sie entspricht, daß wir aber dann in gewissen Fällen den Gebrauch der Sprache als ein fortwährendes Wechseln des Spiels (des Regelverzeichnisses) beschreiben müßten/müssen/(als ob Einer eine Partie Dame anfinge und mitten im Spiel anfinge Schlagdame zu spielen). Und daß wir also sagen müssen wir betrachteten die Sprache unter der Form des Spiels, des Handelns nach einem Regelverzeichnis [...].» (WA IV, S. 197)

14 Bemerkung vom Sommer 1932, WA V, S. 180.

15 Bemerkung vom Sommer 1932, WA V, S. 185.

16 Vgl. PG, S. 215–221. Allerdings hütet sich Wittgenstein davor, die Flußmetapher in einem allzu weiten Sinn zu verstehen und damit der bildlichen Redeweise aufzusitzen. In einer sorgfältigen Analyse seines Gebrauchs dieses Bildes kommt D. Stern zu folgendem Schluß: «The core of Wittgenstein's criticism can already be found in the Theaetetus: if all were in flux, one would be unable to say anything coherent at all. You couldn't even talk about the thing that is in flux, because as soon as you talk about it, it is no longer that thing but something else [...] In other words, the extreme flux thesis makes communication impossible.» (Stern 1995, S. 169)

17 Bemerkung vom Herbst 1930, WA III, S. 73.

18 Vgl. G. Bateson 1971, 1981.

19 Vgl. G. Gebauer/Ch. Wulf 1992.

20 Anders als viele Spiele haben Sprachspiele kein mimetisches Verhältnis zur Alltagswelt, sondern gestalten diese.

21 Vgl. PU § 564: «Das Spiel, möchte man sagen, hat nicht nur Regeln, sondern auch einen Witz.»

22 Wittgenstein gibt auch Beispiele von Ausdrücken, die sich vermeintlich auf mentale Zustände oder Prozesse beziehen, wie warten, meinen, denken, suchen. In diesen Fällen muß man zwischen dem praktischen Tun und dem Verstehen dieser Tätigkeit als Spiel unterscheiden. Wenn man im Spielgeschehen versunken ist, interpretiert man sich nicht selbst. Aber wenn man sein Tun unterbricht und sich fragt, was man eigentlich macht, wenn man sich also vergewissert, welche Absicht man gerade verfolgt, ordnet man sein Verhalten in einen Spielrahmen ein und nimmt es als mehr oder weniger geregelt wahr. Eine solche Selbstbeschreibung ist jener analog, in der ein Spieler seine Technik übt, indem er den Tennisball immer wieder gegen eine Mauer schlägt und diese Tätigkeit, nachdem er sie beendet hat, als Spielen bezeichnet. In diesen Fällen verwirklicht man, ohne die eigene Absicht explizit zu formulieren, bestimmte Strukturen, die diese Tätigkeit in den

Augen eines Beobachters (wie auch des Spielers selbst) zu einem bestimmten Spiel machen.

23 Siehe auch die großangelegte Studie aus demselben Forschungskontext von Esther Herrmann, Josep Call, Maria Hernàndez-Lloreda, Brian Hare und Michael Tomasello 2007 (E. Herrmann et al. 2007), die mit einem außerordentlichen Aufwand und höchster methodologischer Sorgfalt die Ergebnisse von Tomasello bestätigt und fortführt. Durch die Ergebnisse der Studie wird die Hypothese der kulturell geprägten Intelligenz gestützt, der zufolge Menschen, im Unterschied zu Affen, über spezielle sozial-kognitive Fähigkeiten verfügen, die ihnen die Teilnahme am sozialen Handeln ihrer Kulturgruppe ermöglichen.

24 Mit dieser Überlegung folge ich der sprachanthropologischen Analyse von Émile Benveniste, die dieser in drei wichtigen Aufsätzen entwickelt hat: «Die Struktur der Personenbeziehungen im Verb», «Die Natur der Pronomen» und «Die Subjektivität der Sprache» (alle in É. Benveniste 1974).

25 Im Rahmen eines Sprachspiels wird eine eigene Wirklichkeit erzeugt, die für alle Beteiligten besteht. Dieser Aspekt wird auch von Tomasello gesehen. Er untersucht die in gemeinsamen Handlungen sich bildenden «Szenen gemeinsamer Aufmerksamkeit» (M. Tomasello 2002, S. 121). Mit diesem Ausdruck bezeichnet er einen Aspekt des Verstehens in Interaktionen mit anderen. «Die Wichtigkeit dieses Verstehens von Szenen gemeinsamer Aufmerksamkeit kann nicht genug betont werden. Um als ein ‹Format› für den Spracherwerb zu dienen, muß die Szene gemeinsamer Aufmerksamkeit vom Kind als etwas verstanden werden, das Mitspielerrollen hat, die in einem gewissen Sinn austauschbar sind.» (ebd.)

26 A. Berthoz 2003.

27 A. Berthoz 1997, S. 233 (meine Übersetzung, G. G.).

28 Berthoz zeigt dies am Beispiel von Affen: Wenn der Finger sich der Haut nähert, haben, wie Experimente zeigen, Affen den Eindruck eines Kontakts (vgl. A. Berthoz 1997, S. 95).

29 Vgl. A. Gehlen 1972, S. 184.

30 Gehlen spricht davon, daß «die Bewegungen unserer Glieder, die beim Blinden nur von Tasterwartungen umgeben sind, […] beim Sehenden zugleich von den Bildern ihres Erfolgs begleitet» sind (A. Gehlen 1978, S. 185). In diesem Zusammenhang verweist er auf G. H. Mead (*Mind, Self, and Society*), «der unter ‹Imagery› in erster Linie das ‹Ausfüllen› (filling out) der Wahrnehmungsdinge mit den ‹contents from past experience› versteht. Wenn der Begriff der ‹reproduciven Synthesis der Einbildungskraft› aus der ersten Auflage der *Kritik der reinen Vernunft* einen Tatsacheninhalt hatte, so muß es dieser gewesen sein.» (A. Gehlen 1978, ebd.)

31 H. Poincaré 1970, S. 67 (meine Übersetzung, G. G.).

32 Auf der anderen Seite können Ähnlichkeiten veralten, nicht mehr wahrgenommen oder sogar vergessen werden.

33 Walter Benjamin bezeichnet die Fähigkeit zu einer solchen Wahrnehmung als das «mimetische Vermögen», vgl. W. Benjamin 1980. In seiner Sprachtheorie ist die menschliche Möglichkeit, Ähnlichkeiten wahrzunehmen, die anthropologische Basis des Vermögens, den Dingen der Welt Namen zu geben, sie wiederzuerkennen und Korrespondenzen zwischen Namen und Welt herzustellen.

5.
DAS ZUSAMMENSPIEL VON REGELN UND HABITUS

1 Weiter unten in diesem Kapitel werde ich darstellen, warum eine solche Deutung berechtigt ist.
2 S. A. Kripke 1982. Zur kritischen Diskussion des Arguments Kripkes siehe J. Volbers 2009.
3 Die folgende Darstellung folgt dem Vortrag von Jacques Bouveresse «Gesundheit und Krankheit in Philosophie und Leben», gehalten an der Freien Universität Berlin am 6. 10. 2006 (Übersetzung von Hella Beister).
4 W. Stegmüller 1986, S. 65.
5 Vgl. J. Bouveresse 1976, S. 411.
6 «Das Privatsprachenproblem ist eines jener paradigmatischen Probleme, in denen sich gleichsam eine Welt von philosophischen Kontroversen kondensiert hat.» (A. Wellmer 2004, S. 90)
7 In einer Tagebucheintragung (vom 9. 5. 1930) gibt Wittgenstein zu, selbst eine solche Auffassung gehabt zu haben: «Man glaubt oft – und ich selber verfalle oft in diesen Fehler – daß alles aufgeschrieben werden kann was man denkt. In Wirklichkeit kann man nur das aufschreiben – d.h. ohne etwas blödes & unpassendes zu tun – was in der Schreibform in uns entsteht. Alles andere wirkt komisch & gleichsam wie Dreck. D. h. etwas was weggewischt gehörte.» (*Denkbewegungen*, S. 27)
8 Vgl. A. Wellmer 2004, S. 97 f., der sich hier auf Anthony Kenny bezieht (vgl. A. Kenny 1974, S. 208–236).
9 Vgl. *Zettel*, § 314 «Die Schwierigkeit ist hier: Halt zu machen.»
10 Man muß sich in diesem Zusammenhang vergegenwärtigen, daß Wittgensteins Hintergrund nicht jener der angelsächsisch geprägten analytischen Philosophie der 50er und 60er Jahre ist, sondern die sozialistisch orientierten Gesprächszirkel Anfang der 30er Jahre im «roten» Cambridge; vgl. H. Veigl 2004, der eine Reihe von Wittgensteins Gesprächspartnern diesen Kreisen zuordnet; neben Piero Sraffa nennt er Maurice Dobb, Roy und Fania Pascal, George Thompson und Nicholas Bachtin.
11 Vgl. A. Ginzburg 2000, insbesondere S. 110 f.
12 Den Entwurf hat Marx selbst nie veröffentlicht; er wurde erst 1903 von Kautsky publiziert. Im folgenden wird er zitiert nach K. Marx 1974.

13 Marx hingegen hatte an der allgemeinen Struktur, ohne jeden Bezug auf historische und gesellschaftliche Spezifikationen, keinerlei Interesse, sondern richtete sich auf die «gesellschaftlich bestimmte Produktion der Individuen» (S. 615). Allerdings ist es möglich, aus verschiedenartigen Weisen der Distribution und der Produktion «gemeinsame Bestimmungen herauszuholen, und ebenso möglich, alle historischen Unterschiede zu konfundieren oder auszulöschen in allgemein menschlichen Gesetzen» (S. 619 f.). Aber für ihn kommt diese allgemeine Betrachtungsweise nicht in Frage.

14 In einer Arbeit von 1965 warnt Ferrucio Rossi-Landi mit Recht davor, «im Gebrauch nur das zu sehen, was mit einem schon produzierten Produkt gemacht wird». Er sieht hier «die Gefahr, den Gebrauch mit dem Tausch oder dem Konsum zu verwechseln, wie es bei den Analytikern der Oxford-Schule oft der Fall ist» (F. Rossi-Landi 1972, S. 31).

15 Wittgenstein notiert am 12. 2. 1931, an einem Tag übrigens, an dem er sich mit Sraffa getroffen hat: «Nur die Anwendung der Sprache kann zeigen wie sie angewandt ist.» (WA III, S. 199)

16 Wie oben gezeigt, nimmt Wittgenstein schon ab 1929 einen intentionalen Gebrauch und damit einen zukunftsgerichteten Aspekt der Sprache an, vgl. die Beispiele des Erwartens und Versprechens, die man in der jeweiligen Gegenwart verstehen kann, indem man das Verhalten des Sprechers als eine bestimmte Struktur erkennt, die auf ein zukünftiges Handeln gerichtet ist.

17 Bemerkung vom 11. 2. 1931, WA III, S. 196.

18 Bemerkung vom 15. 2. 1931, WA III. S. 205. Die vorangehende Bemerkung, auf welche die zitierte offensichtlich Bezug nimmt, lautet: «Es zückt jemand ein Messer und ich sage: ‹ich verstehe das als eine Drohung›.»

19 In dem Zitat aus *Über Gewißheit* geht es um einen noch größeren Zusammenhang als den von Lebensformen und Praxis. Den zitierten Worten geht folgender Satz vorher: «Aber mein Weltbild habe ich nicht, weil ich mich von seiner Richtigkeit überzeugt habe; auch nicht, weil ich von seiner Richtigkeit überzeugt bin.» (ÜG § 94) Auf diesen Zusammenhang wird in Kapitel 8 dieser Arbeit eingegangen.

20 J. Searle 1997; vgl. insbesondere den Abschnitt «Hintergrundverursachung», S. 147–157.

21 Die von Searle vorgenommene Kausalerklärung des Handelns ist mit Wittgensteins Beschreibungsprogramm nicht kompatibel. Für meine Argumentation stellt die kausale Deutung Searles nur einen Zwischenschritt dar, den ich im folgenden mit der Habituskonzeption Bourdieus, das keine Kausalitätsannahme macht, wieder zurücknehme.

22 J. Searle 1997, S. 141: «Meine Diskussion des Hintergrunds ist mit anderen Diskussionen in der zeitgenössischen Philosophie verwandt. Ich glaube, daß ein großer Teil des Spätwerks von Wittgenstein sich um das dreht, was ich Hintergrund nenne. Und wenn ich ihn richtig verstehe, dann hat es

Pierre Bourdieus wichtiges Werk über den ‹habitus› mit derselben Art von Phänomenen zu tun, die ich Hintergrund nenne.» Searles Formulierungen nähern sich im folgenden Bourdieus Beschreibung des praktischen Sinns an: «[...] tatsächlich wissen wir in vielen Situationen einfach, was zu tun ist, wir wissen einfach, wie wir mit der Situation umzugehen haben. Wir wenden die Regeln weder bewußt noch unbewußt an [...] Vielmehr entwickeln wir Fertigkeiten, die auf die besondere institutionelle Struktur reagieren.» (J. Searle 1997, S. 153).

23 Vgl. B. Krais/G. Gebauer 2002.

24 Vgl. Ch. Taylor 1996, S. 57.

25 Bei seiner Diskussion der Normativität der Sprache zitiert A. Wellmer das *Blaue Buch* (BlB 20): «Wenn wir [...] irgendetwas, das das Leben des Zeichens ausmacht, benennen sollten, so würden wir sagen, daß es sein Gebrauch ist.» Und fährt dann fort: In «diesem Gebrauch des Wortes ‹Gebrauch› [muß] die Normativität des Bedeutens als die Normativität einer sozialen Praxis mitgedacht werden» (A. Wellmer 2004, S. 57).

26 Ch. Taylor 1996, S. 54.

27 Siehe zur Rechtfertigung des Regelfolgens auch WA III, S. 100 und S. 169. Zu den Merkmalen, die als Kriterien für die Erfüllung einer Regel gelten, gehören auch die Äußerungen, die A über sich und sein Handeln macht. Wenn diese nicht im Einklang mit seinem Handeln stehen, entscheiden die beteiligten Personen, wie sie den Fall zu behandeln haben. Es gibt zwar keine allgemeine Regel, die sie dabei führen könnte, aber eine solche potentielle Offenheit bedeutet nicht, daß wir uns beim Gebrauch von Kriterien in einem permanenten Zustand der Unsicherheit befänden. In der überwältigenden Zahl der Fälle kennen wir die Gepflogenheiten und sind fähig zu einem selbstverständlichen praktischen Verstehen.

28 Diese Problematik wird ausführlich diskutiert in G. Gebauer 2006, Kap. 6 «Die Regeln und die List».

29 Ich denke dabei an alle Regeln, die in einem Fußballspiel heute beachtet werden. Mir geht es dabei um die soziale Praxis des Spiels, wie es tatsächlich gespielt wird: Eine soziale Praxis wird von allen Regeln konstituiert, die an deren Erzeugung beteiligt sind.

30 Vgl. zu den Regeln im Fußball N. Elias/E. Dunning 2003.

31 Wenn ich mir beim Betreten eines japanischen Hauses die Schuhe ausziehe, handle ich so, weil ich das in Japan geltende Gebot der Reinheit erfüllen will. Mein Handeln ist auf die Beachtung einer Norm gerichtet, deren Sollens-Anforderung ich auf diese Weise anerkenne. Ich werde also meine Schuhe beim Betreten eines Hauses ausziehen unabhängig davon, ob ich beobachtet werde, und unabhängig von meiner Einstellung zu meinen Gastgebern.

32 Vgl. G. Gebauer 1981, Kap. 3.

6.
MATERIALISMUS UND GLAUBEN

1 Zu dieser Werkperiode gehören wesentlich die *Bemerkungen über die Philosophie der Psychologie,* die *Letzten Schriften über die Philosophie der Psychologie, I und II,* die den Grundstock von Teil II der *Philosophischen Untersuchungen* bilden, sowie Über Gewißheit. Zu der in dieser Periode entwickelten Philosophie Wittgensteins vgl. D. Moyal-Sharrock 2004; J. Bouveresse/S. Laugier/J.-J. Rosat 2002.

2 Vgl. K. Puhl 1999, Teil III.

3 G. E. Moore: «Proof of an external world», und: «A defence of common sense», in: G. E. Moore 1963. Diese Auffassung vertrat Moore in einem Vortrag; so wisse er mit Sicherheit, daß der Satz wahr sei: «Hier ist eine Hand, und hier ist eine zweite.» Das Aussprechen dieses Satzes begleitete er mit der Geste des Vorzeigens erst einer Hand, dann der anderen. Obwohl Wittgenstein grundsätzlich anderer Meinung war als Moore, hielt er diese Überlegungen für dessen beste philosophische Arbeit.

4 Aus der sinnlichen Erfahrung kann die Gewißheit unserer Hände nicht stammen, weil sie zu den Bedingungen der Möglichkeit aller Erfahrung, alles Wissens und Sprechens gehört. Vgl. ÜG § 250: «Daß ich zwei Hände habe, ist unter normalen Umständen so sicher wie irgend etwas, was ich als Evidenz dafür anführen könnte. – Ich bin darum außerstande, den Anblick meiner Hand als Evidenz dafür aufzufassen.» Vgl. auch ÜG § 369: «Wenn ich zweifeln wollte, daß dies meine Hand ist, wie könnte ich da umhin zu zweifeln, daß das Wort ‹Hand› irgendeine Bedeutung hat?»

5 S. Laugier 2002, S. 239.

6 Wittgensteins Kritik zufolge macht sich Moore von Wissen eine falsche Vorstellung. Vgl. ÜG § 90: «Ein Bild des Wissens wäre dann das Wahrnehmen eines äußeren Vorgangs durch Sehstrahlen, die ihn, wie er ist, ins Auge und Bewußtsein projizieren. Nur ist sofort die Frage, ob man denn dieser Projektion auch sicher sein könne. Und dieses Bild zeigt zwar die Vorstellung, die wir uns vom Wissen machen, aber nicht eigentlich, was ihr zugrunde liegt.» Wittgenstein hat mit der Kritik an der Privatsprache die Annahme zurückgewiesen, daß es innere Prozesse im Menschen gibt, bei denen sich dieser zusehen kann: Empfindungen, Wahrnehmungen, Denkprozesse, Sprachvorgänge, die man direkt beobachten und analysieren kann. Man kann sich dabei nicht mit einer Art innerem Sehen zuschauen. Diese innere Beobachtung, eine Art höherstufiges Sehen, soll eine höhere Erkenntnissicherheit gewährleisten. Aber wie könnte es denn fraglich sein, daß das äußere Sehen falsch und das innere korrekt ist? Wenn man diese Annahme machen würde, könnte man sich auch fragen, ob man überhaupt sieht und ob man weiß, daß man sieht. Ebensowenig sinnvoll ist die Annahme, daß ich mein Wissen weiß. Ich habe keinen höheren Standpunkt, von dem aus

ich beurteilen könnte, ob der von mir gewählte Ausdruck mit dem Sachverhalt übereinstimmt.

7 R. Rhees 2003, S. 90. Vgl. auch ÜG § 663: «Ich habe ein Recht zu sagen ‹Ich kann mich hier nicht irren›, auch wenn ich im Irrtum bin.»

8 Vgl. zur Rolle der Namensgebung im Kontext der ontogenetischen Entwicklung der Person und der Sprache G. Gebauer in: G. Gebauer et al. 1989.

9 Die Sicherheit unseres Körpergebrauchs ist «gleichsam […] etwas Animalisches» (ÜG § 359).

10 Das sog. «Phantomglied» stellt kein schlüssiges Gegenbeispiel dar, da es die Abwesenheit eines fehlenden Körperteils markiert. «Phantomschmerzen» täuschen ja nicht vor, daß man noch z.B. eine rechte Hand hat, sondern sie sind reale Schmerzen, die dort lokalisiert werden, wo jetzt keine Hand mehr ist.

11 Wittgenstein macht nicht die Voraussetzung, daß man tatsächlich einen intakten, vollständigen Körper hat – gemeint ist vielmehr, daß wir einen Umgangskörper haben. Auch jemand, der im Krieg eine Hand verloren hat, orientiert sich an der Praxis, die von den üblichen Körpervorstellungen aus gebildet worden ist. Wittgensteins Bruder Paul, ein bekannter Konzertpianist, der im Ersten Weltkrieg seine rechte Hand verloren hatte, beauftragte die Komponisten Maurice Ravel, Sergej Prokofjev und Paul Hindemith, Klavierwerke für ihn zu schreiben, die ausschließlich mit der linken Hand zu spielen waren. Mit der Angabe «für die linke Hand» wird ausdrücklich auf die Orientierung am Normalkörper aufmerksam gemacht.

12 Siehe insbesondere A. Leroi-Gourhan 1988 und F. R. Wilson 2000.

13 PU § 11 und § 12.

14 In ÜG § 152 spricht Wittgenstein von einer «Rotationsachse eines sich drehenden Körpers. Diese Achse steht nicht fest in dem Sinne, daß sie festgehalten wird, aber die Bewegung um sie herum bestimmt sie als unbewegt.»

15 F. Nietzsche 1988 a, S. 880. Vgl. A. Soulez 2004, S. 63, die einen direkten Einfluß von Nietzsches Gedanken auf Wittgenstein annimmt, was wohl eher unwahrscheinlich ist, weil der Aufsatz zu Wittgensteins Lebzeiten kaum bekannt war. Eine inhaltliche Nähe der Gedanken, wie sie Soulez zeigt, ist jedoch nicht von der Hand zu weisen.

16 F. Nietzsche 1988 a, S. 883.

17 Aus diesem Grund ist es für Wittgenstein von größter Wichtigkeit, daß man sich einerseits auf die Ausübung des Brauchs, andererseits aber auch auf seine Kenntnis bei kundigen Ausübenden verlassen kann. Wenn beispielsweise niemand mehr da ist, der weiß, wie ein aussterbender Brauch vollzogen wird, droht dieser seine Sicherheit zu verlieren. Nehmen wir an, man findet in einem abgelegenen Winkel des Landes eine Gruppe von Menschen, die ihr ganzes Leben lang diesen Brauch vollzogen haben, dann wäre der Verweis auf deren Kenntnis ein Argument für die Korrektheit ihrer Ausübung.

18 M. Merleau-Ponty 1964, S. 172–204.

19 Bourdieu verwendet an dieser Stelle denselben Ausdruck (coincidence) wie Merleau-Ponty.

20 B. Pascal 1912, Fr. 348.

21 B. Pascal 1997, S. 81.

22 P. Bourdieu 2000, S. 167; im französischen Original: «Le monde me comprend, m'inclue comme une chose par mille choses, mais, chose pour qui il y a des choses, un monde, je comprends ce monde; et cela, faut-il ajouter, parce qu'il m'englobe et me comprend.» (Bourdieu 1997, S. 157)

23 Das Enthalten-Sein in der Welt wird von Bourdieu materialistisch gedacht. Es hat Ähnlichkeit mit der Weise, wie Foucault in *Überwachen und Strafen* die Wirkung von Raum- und Zeitstrukturen der Disziplinen auf das Subjekt beschreibt. Was Bourdieus Konzeption von Foucault unterscheidet, ist die Tatsache, daß das Subjekt in der zweiten Bewegung eine *compréhension pratique* ausbildet. Es sei daran erinnert, daß Bourdieu die Absicht hatte, einen Beitrag zu einer materialistischen Erkenntnistheorie zu leisten, vgl. P. Bourdieu 2002, S. 26.

24 P. Bourdieu 1997, S. 157.

25 Diesen Vorgang beschreibt Nietzsche in der *Genealogie der Moral* (F. Nietzsche 1988 c, S. 299). Erst im Denken, in der scholastischen Sicht, wird Dualität hervorgebracht, indem der Körper einmal von außen betrachtet wird, als Gegenstand, und dann durch Introspektion, mit einem «inneren Blick» ausgeleuchtet wird (was Jacques Bouveresse 1976 «le mythe de l'intériorité» nennt). Nur der gedachte Körper zerfällt in zwei Seiten, die man nun nicht mehr zusammendenken kann.

26 Auch in dieser allgemeinen anthropologischen Kennzeichnung ist der Mensch ein soziales Wesen, insofern er auf die Welt und die anderen gerichtet ist und in einer je spezifischen Gemeinschaft lebt.

27 Die räumliche Dimension des Gebrauchskonzepts ist wenig bemerkt worden. Gerade zu dieser hat Bourdieu wichtige Beiträge geleistet, die der Wittgensteinschen Konzeption hinzugefügt werden können, so daß diese wenig beleuchtete, aber eminent wichtige Seite seines Sprachspielkonzepts mehr Klarheit erhält. Sprachgebräuche finden immer an bestimmten Stellen des sozialen Raums statt. Sie entfalten sich im Raum, nehmen Platz ein, verbrauchen Zeit. Den Gebrauch kann man aus verschiedenen Perspektiven wahrnehmen und beurteilen. Bourdieu hat darauf aufmerksam gemacht, daß der soziale Raum Grenzen hat und intern hierarchisch und horizontal gegliedert ist. Man muß in ihn eintreten; dafür benötigt man ein «droit d'entrée», ein Zugangsrecht. Die Erteilung der Erlaubnis auf Zulassung ist an Auflagen gebunden: Man muß in den Raum passen, sich anpassen, sich einfügen. Wenn man diese Bedingung noch nicht erfüllt, wenn man ein Neuer ist, durchläuft man einen Prozeß der «Initiation». Dieser Ausdruck ist besser geeignet als «Lernen». Es handelt sich um einen

anderen Prozeß als in der Schule; eher ist es eine Situation, in der man eingeführt wird – in bestimmte Sitten und Gebräuche: was man zu tun und zu lassen hat, wie man sich in bestimmten Momenten verhält, was man dann zu sagen hat, welche Haltung einzunehmen, wer besonders zu beachten ist etc. Es ist eine komplexe Einführung in einen kulturellen Raum, wie wenn man in Gebräuche einer fremden Kultur eingeweiht wird, z. B. in die japanische Teezeremonie. Man braucht dafür eine oder mehrere Personen, die einen einführen, die einem zeigen, wie man etwas macht, an die man sich hält und denen man folgt – dies ist der mimetische Aspekt. Man lernt aber nie nur eine Sache, sondern viele auf einmal: Man lernt unterscheiden, strukturieren; man begreift, was Richtungen und Hierarchien sind und wie man sich ihnen entsprechend zu bewegen hat. Man wird in einen ganzen kulturellen Raum eingeführt, der mit Bedeutung angefüllt ist.

28 Ein Gebrauch entsteht insbesondere durch Einübung mit dem Körper. Der Körper eignet sich ideal zum Habitualisieren, zum Einschließen in die Gesellschaft, zu den Aktionen des Gebens und Nehmens: weil er zum Anderen, zum Gegenüber geöffnet ist.

29 Er hat einen, in den meisten Fällen unerkannten, performativen Charakter, der ihn von zufälligem oder versehentlichem Verhalten unterscheidet (das nicht in diesen Raum gehört).

30 «‹Primitiv› ist ein relationaler Ausdruck», wie S. Säätelä feststellt. «Insofern ist die Reaktion auf die Schmerzen eines anderen tatsächlich vorsprachlich, aber die Tatsache, daß wir sie als eine Reaktion auf Schmerz identifizieren, setzt das Sprachspiel des Schmerzverhaltens voraus.» (S. Säätelä 2002, S. 66)

31 Siehe *Bemerkungen über Frazer*, S. 45.

32 Die Übereinstimmung ist nicht kognitiv; ihr erstes Prinzip ist nicht das Lernen. J.-P. Cometti 2002: «[…] the understanding and application of the rule cannot appeal to a calculation or an interpretation: they must have an immediate status.» (S. 79) «Far from being incompatible with the fact that meaning resides in use, the immediacy of understanding and of meaning are its very condition.» (S. 81)

33 Vgl. PU § 19: «Und eine Sprache vorstellen heißt, sich eine Lebensform vorstellen.» Das bedeutet: Wenn Wittgenstein sich eine Sprache vorstellt, also im Sinne seiner fiktiven Ethnographie eine neue Sprache erfindet, beginnt er damit, daß er sich eine andere Lebensform vorstellt.

34 Für eine solche Deutung würde der mögliche Bezug zu Goethe sprechen. In den «Betrachtungen über Morphologie überhaupt» schreibt dieser: Bei der Erforschung der «Gesetze, wornach eine organische Natur zu leben bestimmt ist, […] legte man diesem Leben, um des Vortrags willen, eine Kraft unter, man konnte, ja man mußte sie annehmen, weil das Leben in seiner Einheit sich als Kraft äußert, die in keinem der Teile besonders enthalten ist.» (J. W. Goethe 1994, S. 126)

35 Vgl. G. Canguilhem 1998, S. 83.

36 Vgl. Claude Bernard: «La vie c'est la création», zitiert nach G. Canguilhem 1998, S. 99.

37 J. W. Goethe (1994) in den «Betrachtungen über Morphologie», S. 121.

7.
WITTGENSTEINS BILDER.
ASPEKTSEHEN UND ERLEBNIS

1 LS II, S. 46, vgl. auch Z § 173.

2 Wittgenstein verwendet in PU II meistens den Begriff «Empfindungen» wie einen Oberbegriff, ohne zwischen Gefühlen, Emotionen und Empfindungen zu unterscheiden. In den BPP finden sich einige Versuche der begrifflichen Unterscheidung, aber sie werden nicht zu einem differenzierten Sprachgebrauch weitergeführt. Da feinere Begriffsunterscheidungen für meine Diskussion von Wittgensteins Überlegungen zur Sprache der Empfindungen keine wesentliche Rolle spielen, übernehme ich im folgenden seinen Sprachgebrauch aus PU II.

3 Vgl. S. Säätelä 2002: «Die Sprache setzt die Art und Weise, wie wir uns verhalten und reagieren, voraus und damit unsere körperliche Existenz als bestimmtes Lebewesen, selbst wenn diese in einem bestimmten Sinn ein menschliches Artefakt ist.» (S. 54)

4 Wittgenstein fordert seinen Leser auf: «Lerne also aus diesem besonderen Kapitel des menschlichen Benehmens – aus dieser Sprachverwendung – eine neue Seite!» (Z § 542)

5 Bei seinem Entschluß, Volksschullehrer zu werden, verband Wittgenstein mit dem Prädikat «primitiv» eine positive Wertung. Während dieser Zeit hatte er, nicht zuletzt unter dem Eindruck seiner Tolstoilektüre eine geradezu romantische Vorstellung von «primitiven» Menschen. Engelmann schreibt darüber: «Wittgensteins fundamentaler Irrtum: Volksschullehrer zu werden, Bauernkinder zu lehren, um etwas wirkliches zu leisten, d. h., es nicht als Professor der Philosophie (wozu ihm damals die Möglichkeit geboten war) sagen zu müssen. Sein Irrtum war: je primitiver der Mensch, desto eher wird er, unmittelbar gegeb. Seelisches verstehen können. Das Gegenteil ist der Fall [...].» (Wittgenstein – Engelmann, S. 150)

6 Vgl. PU § 244: «‹So sagst du also, daß das Wort ‹Schmerz› eigentlich das Schreien bedeute?› – Im Gegenteil; der Wortausdruck des Schmerzes ersetzt das Schreien und beschreibt es nicht.»

7 Vgl. PU § 343: «Die Worte, mit denen ich meine Erinnerung ausdrücke, sind meine Erinnerungsreaktion.»

8 Vgl. «[...] die Worte ‹mir graut davor› [...] oder der Satz ‹Es graut mir davor› [müssen] als eine ‹gesprochene Grauengebärde› (LS I § 40) behandelt werden».

9 «Wenn der Körperausdruck des Grames und der Freude bei einem Menschen, etwa mit dem Ticken eines Metronoms, wechselte, so ergäbe das nicht das Gram- oder Freudenmuster.» (LS I, § 406; vgl. PU II, S. 489)

10 Vgl. Ch. Chauviré 2004, die auf die tiefe Verbindung unserer Grammatik mit der Natur und deren Regularitäten hinweist: «[...] wenn unsere – willkürlichen – Regeln uns auch nicht von der Natur auferlegt worden sind, so sind sie doch zum Teil unter dem Druck der Tatsachen gewählt und setzen insbesondere die Konstanz natürlicher Regularitäten voraus.» (S. 9, meine Übersetzung, G. G.)

11 Vgl. W. Vossenkuhl 1995: Wittgenstein nimmt nicht an, «daß es das ‹Ich› oder das ‹Selbst› so gibt wie die Dinge der wahrnehmbaren Welt. Nach seiner Überzeugung haben wir zum eigenen Ich kein beobachtendes, kein empirisches Verhältnis. Ich weiß von mir selbst nicht so, wie ich von anderen weiß, weil ich mir nicht gegenüber stehe.» (S. 176)

12 In der europäischen Kultur war nicht zu jeder Zeit die Möglichkeit gegeben, daß sich das Subjekt mit seinen Wünschen frei zur Geltung bringen kann. Von der homerischen Zeit beispielsweise wird angenommen (J.-P. Vernant 1998), daß sie noch kein ausgeformtes Konzept des Subjekts besessen hat. Erst in späteren Epochen wurde die Stellung des Subjekts so weit ausgestaltet, daß es in seinem Namen etwas begehren konnte, was der Tradition zuwiderlief. Vernant gibt als Beispiel das gemeinsame Grab von Ehegatten an. Während in früherer Zeit jeder der beiden Ehegatten im Grab ihrer Herkunftsfamilie bestattet wurde, begann sich etwa ab dem 7. Jahrhundert v. Chr. eine Beerdigung der Eheleute Seite an Seite, zum Zeichen ihrer Zuneigung, durchzusetzen. Was sich im Selbstverhältnis verändert hatte, die starke Bedeutung der Gefühle für den Lebenspartner, erhielt einen institutionellen Ausdruck in Form eines neuen Ritus, der die gemeinsame Bestattung ausdrücklich legalisierte.

13 Freilich gibt es Situationen, in denen Farbmuster benötigt werden, z. B. bei der Prüfung von Farbkombinationen und bei der Farbgestaltung von Räumen.

14 Dies ist ein Zustand, der dem Plessnerschen Konzept des Leib-Seins entspricht, vgl. «Lachen und Weinen. Eine Untersuchung der Grenzen des menschlichen Verhaltens» (H. Plessner 1982). Was Plessners Anthropologie freilich wenig berücksichtigt, ist die sozial und sprachlich geregelte Produktivität der Sprache. Vgl. auch E. Scarry 1992, insbesondere das Kapitel über die «Struktur der Folter», S. 43–90.

15 H. J. Schneider 1998.

16 Allerdings können wir uns gegen die Bildangebote der Sprache über Empfindungen zur Wehr setzen. Wir können uns gegen die Klagen eines anderen verschließen und die Aktivierung unseres praktischen Sinns verweigern: Wir lassen sein Jammern nicht «an uns herankommen». Sollte jemand über

Kopfschmerzen klagen, überlegen wir vielleicht, ob wir ihm nicht schnell ein Schmerzmittel besorgen sollten; oder wir suchen nach Strategien, wie wir der Wirkung seiner Rede entkommen können.

17 Die aus Bergsteigerberichten bekannte Halluzination einer auf dem Kopf stehenden Welt wird, wohl in Anspielung auf Büchners Lenz, von Daniel Kehlmann in seiner (erfundenen) Beschreibung der Besteigung des Chimborazo durch Alexander von Humboldt und Aimée Bonpland aufgenommen: «Bonpland sah mißtrauisch in die Schlucht. Der Himmel hing tief unter ihnen und war aufgerauht. Man konnte sich einigermaßen daran gewöhnen, auf dem Kopf zu stehen.» (D. Kehlmann 2005, S. 177)

18 Vgl. R. Rhees 1982, S. 69 f. Gegen das oberflächliche Verständnis Frazers setzt er «die Tiefe» des Verstehens von Ritualen und Bildern und begründet sie mit einem Zitat aus Wittgensteins Nachlaß: «It now engages with my life» (S. 102). Der Grund unseres Verstehens «is that I know this same spirit in myself» (S. 107).

19 Vgl. G. Gebauer/Ch. Wulf 1992, Teil IV «Von der Nachahmung zur Konstitution des schöpferischen Subjekts»; siehe auch die dort angegebene Literatur.

20 In Wittgensteins Leben gab es immer wieder Perioden, in denen er sich mal für das eine, dann wieder für das andere gehalten hat. Für ihn war das Ringen um eine Übereinstimmung in den Urteilen mit den anderen und damit in der Lebensform ein großes Problem. Die Anerkennung des alltäglichen Lebens mußte er sich erst erringen. Zugleich hatte dieses Leben für ihn eine ästhetische Qualität, insofern er ihm einen künstlerischen Charakter beimaß.

21 «Normalität» fasse ich im Sinne Foucaults als gesellschaftlich geregeltes Verhalten auf, dessen Normierung vermittels eines Netzes mehr oder weniger subtiler Regulierungen durch das Subjekt selbst erreicht wird (vgl. M. Foucault 1977).

22 Vgl. zum ethischen Aspekt J. Volbers 2009.

23 Vgl. Fania Pascal in R. Rhees 1992 über Wittgensteins «Lebensbeichte». Aufschlußreich ist auch die Orientierung seines Bauens an Adolf Loos' Devise «Ornament als Verbrechen» und die Behandlung der Materialien in seinem Haus.

24 Siehe P. Hadot 1959, 2009, und J. Volbers 2009.

25 Es handelt sich dabei um eine Auswahl von Überlegungen, die Wittgenstein nach 1945 angestellt hat. Zur Entstehungsgeschichte dieses Teils der PU vgl. G. H. von Wright 1986, insb. S. 140–143. Von Wright vertritt hier die Ansicht, «daß Wittgensteins Schriften ab 1946 in gewisser Weise Abweichungen darstellen und in neue Richtungen zielen» (S. 142).

26 Vgl. J. Bouveresse 2002, der die Annahme zurückweist, Wittgenstein sei an Fragen mentaler Erfahrungen vollkommen uninteressiert gewesen. Allein ein oberflächlicher Blick auf die BPP zeige, daß er sich intensiv gerade mit

diesen Fragen auseinandergesetzt habe. «Wittgenstein nimmt gewiß nicht an, daß, wenn wir sprechen, sich nichts im Geist ereignet, was Beachtung verdiente. Was er sagt, ist etwas ganz anderes.» (S. 166 f.) Dies zeige sich schon daran, daß er sagt, ein Wort habe nicht nur eine Bedeutung, sondern «auch eine Seele» (zitiert nach MS 131, S. 30, meine Übersetzung, G. G.).

27 Diese Grundannahme hatte Wittgenstein schon in der *Tractatus*-Philosophie zur Ablehnung der von Russell konzipierten Metasprache bewogen.

28 Es ist nicht ausgemacht, daß nicht auch das scheinbar so harmlose Bild der Hasen-Ente eine tiefere Dimension hat. Das offensichtliche Vergnügen, das Wittgenstein an der Zeichnung hat, mag den Leser an seiner Vorliebe für die tiefgründigen Geschichten aus *Alice in Wonderland* erinnern. Das Bild einer Ente spielt in den Erinnerungen an seine Kindheit eine wichtige Rolle; Drury berichtet dies von einer Unterhaltung mit Wittgenstein aus dem Jahr 1929: «He then went on to tell me that as a child he had suffered greatly from morbid fears. In the lavatory of his home some plaster had fallen from the wall and he always saw this pattern as a duck, but it terrified him: it had the appearance for him of those monsters that Bosch painted in his Temptation of St Anthony. Even when he was a student at Manchester he suffered at times from morbid fears.» (M. O'C. Drury, «Conversations with Wittgenstein», in: R. Rhees 1984, S. 100) Die furchterregende Ente hat ihr Gegenbild im freundlichen Hasen, der Alice durch das Wunderland begleitet.

29 Die zitierte Bemerkung wird von Wittgenstein in Klammern gesetzt. Im Kontext des *Tractatus* exemplifizieren die Bilder die Gemeinsamkeit des logischen Baus, insofern sie «alle in jener abbildenden internen Beziehung zu einander [stehen], die zwischen Sprache und Welt besteht» (T 4.014).

30 Um Mißverständnissen vorzubeugen, sei erwähnt, daß das *Sehen als* von Kriterien nicht notwendig einen Prozeßcharakter hat. Es ist möglich, bestimmte Verhaltensmuster unmittelbar als Kriterien für bestimmte Empfindungen zu erkennen. Worauf es ankommt, ist folgender Gedanke: Ein Merkmal, das wir als Kriterium ansehen, wird unter einem anderen Aspekt nicht als Kriterium angesehen werden. Der Beobachter besitzt die Fähigkeit, von einem Aspekt zu einem anderen ‹umzuschalten›.

31 Einige Zeilen tiefer kennzeichnet Wittgenstein die «Unterschiede des Geruchs» als «einen feinen ästhetischen Unterschied» (PU II, S. 531). Vergleiche hierzu P. Bourdieus Werk *Die feinen Unterschiede* (1979, dt. 1982), dessen französischer Originaltitel La distinction die Tätigkeit des Diskriminierens, das Bemerken kleinster signifikanter Differenzen hervorhebt.

32 Vgl. Wittgensteins Bemerkung im Kontext dieser Diskussion: «Die Worte ‹Es liegt mir auf der Zunge› sind so wenig der Ausdruck eines Erlebnisses wie die: ‹Jetzt weiß ich weiter!› – Wir gebrauchen sie in gewissen Situationen, und sie sind umgeben von einem Benehmen besonderer Art, auch von manchen charakteristischen Erlebnissen. Insbesondere folgt ihnen häufig

das Finden des Worts. (Frage dich: ‹Wie wäre es, wenn Menschen nie das Wort fänden, das ihnen auf der Zunge liegt?›)» (PU II, S. 562)

33 Vgl. Monk 1992, S. 546: «Geht es […] um eine philosophische Weltanschauung, so kann ein ‹Aspektwechsel› sogar das ganze Leben verändern.»

34 Vgl. LS II, S. 14: «Es ist der Blick, mit welchem mich dieses Wort anschaut.»

35 Ein Wissenschaftler, der zu einer Fliege wird, ist ein bekanntes Science-Fiction-Motiv – er wird anatomisch, physiologisch und geistig transformiert in ein abnormes Wesen: riesige Facettenaugen, dünne, lange Beinchen, Fühler, ein Brummen statt der Sprache. (Vgl. den Film von David Cronenberg: Die Fliege, 1986)

36 Ilse Somavilla 2004 macht auf eine weitere Stelle aufmerksam, wo Wittgenstein sich selbst ausdrücklich mit einem Insekt vergleicht: «In seinem religiösen Ringen – seinem ‹Leiden des Geistes› – vergleicht er sich in der Auseinandersetzung mit dem Neuen Testament mit einem Insekt, das das Licht umschwirrt (MS 183, 168) – unentwegt davon angezogen, nicht fähig, sich davon zu lösen.» (S. 381) Vgl. auch die Bemerkung von Richard Wall, daß es Wittgenstein «zeitlebens vor Ungeziefer ekelte» (R. Wall 1999, S. 97).

37 Vgl. PU II, S. 560: «Das vertraute Gesicht eines Wortes, die Empfindung, es habe seine Bedeutung in sich aufgenommen, sei ein Ebenbild seiner Bedeutung […].»

38 Vgl. den Vortrag über Ethik, in dem Wittgenstein das Wachsen eines Löwenkopfes bei einem Menschen als Beispiel eines Wunders vorbringt. Es erfordert keine große Spekulation, sich vorzustellen, daß Wittgensteins Ausführungen über Ethik von den Zuhörern weitgehend als unverständlich aufgefaßt wurden.

39 Vgl. L. Laiseca 2001.

40 Wittgenstein fährt wie folgt fort: «Der bedeutende Mensch hat es immer irgendwie mit dem Licht zu tun (das macht ihn bedeutend) lebt er inmitten der Kultur so hat er es mit dem gefärbten Licht zu tun kommt er an die Grenze der Kultur so hat er sich mit ihr auseinanderzusetzen und nun ist es die Auseinandersetzung ihre Art + Intensität die uns an ihm interessiert die uns an seinem Werke ergreift.» (*Licht und Schatten*, S. 45)

41 Die hinzugefügten Zeichen und Unterstreichungen in den folgenden Zitaten aus *Denkbewegungen* folgen dem Text.

42 Vgl. Wittgensteins Bemerkung im gleichen Kontext: «Meine Aufrichtigkeit bleibt immer an einem bestimmten Punkt stecken.» (ebd., S. 54)

43 In sein Tagebuch schreibt er darüber: «Ja, nur für wenige Momente gehe hinaus in's Freie & dann vielleicht auch nur mit dem Gefühl immer wieder in's Warme schlüpfen zu können.» (ebd., S. 54)

44 Vgl. die Bemerkung in *Denkbewegungen*, S. 70: «Heute ließ Gott mir einfallen – denn anders kann ich's nicht sagen – daß ich den Leuten hier im Ort

ein Geständnis meiner Missetaten machen sollte. Und ich sagte, ich könne nicht! Ich will nicht obwohl ich soll. […] So ist mir gezeigt worden daß ich ein Wicht bin. Nicht lange ehe mir das einfiel sagte ich mir ich wäre bereit mich kreuzigen zu lassen.» (Im Original verschlüsselt.)

45 Vgl. Wittgensteins Bemerkung in *Denkbewegungen,* S. 34: «Erkenne Dich selbst & Du wirst sehen, daß Du in jeder Weise immer wieder ein armer Sünder bist. Aber ich will kein armer Sünder sein & suche auf alle Weise zu entschlüpfen (benütze alles als Tür um diesem Urteil zu entschlüpfen).»

46 O. K. Bouwsma 1986, S. 69–71 (meine Übersetzung, soweit der Text im folgenden auf deutsch zitiert wird, G. G.).

47 «None can write objectively about himself and this is because there will always be some motif for doing so. And the motives will change as you write. And this becomes complicated, for the more one is intent on being ‹objective› the more one will notice the varying motives that enter in.» (Wittgenstein nach O. K. Bouwsma 1986) Es erscheint durchaus möglich, daß Wittgenstein sich mit dem Blick aus dem Untergrund schon früher auseinandergesetzt hat. In einer verschlüsselten Bemerkung aus dem Jahr 1930 schreibt er: «Ich muß aus meinem Tagebuch, wenn es in Ordnung sein soll quasi eben ins Freie – in das Leben – treten und weder wie aus einem Kellerloch ans Licht steigen, noch wie von einem höheren Ort wieder auf die Erde herunterspringen müssen.» (WA II, S. 45)

48 Wittgensteins Beschreibung von Lebensstil-Elementen, die bis zur emotionalen Attitüde reichen, entspricht recht genau der Analyse P. Bourdieus von gruppenspezifischem Habitus.

49 Vgl. zum Aspekt der ethischen Übung bei Wittgenstein J. Volbers 2009.

50 O. K. Bouwsma 1986, S. 73.

SCHLUSS

1 Über Augustinus könnte man sagen, er stehe noch mit einem Bein im Paradies. Wittgenstein scheint diese Position und die mit ihr verbundene Sprachauffassung höchst anziehend zu finden, aber sie hat in seinem Leben keinen Platz.

2 M. O'C Drury 1984, S. 91.

3 Pico della Mirandola 1997, S. 9.

4 Vgl. zu deep play: C. Geertz 1983, S. 202–260.

5 I. Kant: *Reflexionen zur Logik,* Nr. 1820 a, Akademie-Ausgabe Bd. 16.

6 Vgl. Zu Wittgensteins konservativer Haltung die Studie von J. C. Nyíri 1982.

7 Vgl. G. H. von Wright 1982, S. 116: «Wittgenstein did not, like Spengler, develop a philosophy of history. But he lived the ‹Untergang des Abendlandes›, the decline of the West, one could say. He lived it, not only in the

disgust for contemporary Western civilization, but also in his deep awe and understanding of this civilization's great past.»

8 Vgl. F. Rossi-Landi 1972, der zu Recht bemerkt, daß Wittgenstein ein Konzept der Öffentlichkeit besitzt, ohne eines von Gesellschaft zu haben (S. 111).

9 P. Bourdieu 2002, S. 349.

10 Zu denken ist z. B. auch an das LTI-Projekt von Victor Klemperer zur Sprache des Dritten Reichs, zur «Lingua Tertii Imperii» (V. Klemperer 1947).

11 F. Pascal 1984, S. 47; ich zitiere im Text den englischen Originalwortlaut, da er mir deutlich prägnanter erscheint als die deutsche Übersetzung. Dt.: «Es widerstrebt mir, mich meinerseits der Freudschen Terminologie zu bedienen, aber ich kann den Sachverhalt nicht klarer und kürzer beschreiben als mit der Feststellung, daß es in ihm keinen wahrnehmbaren Bruch zwischen Ich und Über-Ich gab, ja eigentlich gar keinen Bruch. – Er war ein aggressiver und jähzorniger Mensch, aber auch dies war er in ganz seltsamer, naiver und nur für ihn charakteristischer Weise. Im Alter von achtundvierzig Jahren wußte er über sich selbst nicht, was in die Augen sprang, nämlich daß er keine Geduld hatte. Die rigorose Strenge, mit der er sich selbst behandelte, habe ich schon mehrfach erwähnt. Er sah sich jedoch nie mit den Augen anderer, und außer seinen eigenen Maßstäben kannte er keine.» (F. Pascal 1992, S. 80 f.)

12 F. Pascal 1984, S. 35; dt.: «Ich fragte: ‹Was hat denn Prof. Moore gesagt?› Da lächelte er: ‹Er hat gesagt: ‹Wittgenstein, Sie sind ein ungeduldiger Mensch […]› Ich: ‹Na, haben Sie das denn noch nicht gewußt, daß Sie wenig Geduld haben?› Darauf Wittgenstein voller Hochmut: ‹Nein, das habe ich nicht gewußt.›» (F. Pascal 1992, S. 65)

13 Es gibt eine Bemerkung von Wittgenstein über sich selbst, die vielleicht einen Hinweis darauf gibt, daß er so, wie er war, sein wollte: «Es ist gut, daß ich mich nicht beeinflussen lasse!» (VB 1929, S. 1)

14 Vgl. die Bemerkung von Ilse Somavilla: «Wittgensteins implizit gehaltener Appell, den Phänomenen der sichtbaren Welt mit Aufmerksamkeit und Achtung zu begegnen, das Besondere bzw. Wunderbare im Alltäglichen und ‹Banalen› zu entdecken, unterscheidet sich grundlegend von einem Erstaunen über Sensationelles, noch nie Dagewesenes.» (I. Somavilla 2004, S. 370)

15 F. Pascal 1984, S. 47; dt.: «Die Ehrfurcht, mit der viele, die ihn kannten, ihm begegneten, geht auf seine Freiheit zurück und hängt auch mit den Mitteln zusammen, deren er sich bediente, um seine Freiheit zu gewinnen und zu gewährleisten. Alle Dinge, in denen psychische Sorgen und Komplexe entstehen und gedeihen können, gab er einfach auf: Reichtum, Familie, Gemeinschaftszugehörigkeit und engere Heimatbindungen. Er verzichtete auf den Versuch, sich anders als in höchst oberflächlicher Weise den bestehenden Lebensumständen, Gepflogenheiten und Tendenzen zu fügen. Alles

Unwesentliche und Triviale ließ er nicht gelten [...].» (F. Pascal 1992, S. 81)

16 Philip R. Shields bezeichnet diese Haltung mit einem Begriff Max Webers als «innerweltliche Askese» (in: Ph. R. Shields 1993, S. 92).

17 Vgl. PU § 524: «Sieh es nicht als selbstverständlich an, sondern als ein merkwürdiges Faktum, daß uns Bilder und erdichtete Erzählungen Vergnügen bereiten; unsern Geist beschäftigen. – (‹Sieh es nicht als selbstverständlich an› – das heißt: Wundere dich darüber so, wie über anderes, was dich beunruhigt. Dann wird das Problematische verschwinden, indem du die eine Tatsache so wie die andere hinnimmst.)» Den Hinweis auf dieses Zitat verdanke ich Shields 1993, S. 92.

18 Vgl. VB 1930, S. 5: «Zum Staunen muß der Mensch – und vielleicht Völker – aufwachen. Die Wissenschaft ist ein Mittel um ihn wieder einzuschläfern.» (Den Hinweis auf dieses Zitat gibt Ph. R. Shields 1993, ebd.)

19 MS 134, S. 95.

LITERATURANGABEN

Wittgenstein, Ludwig:

- *Werkausgabe* in acht Bänden. Frankfurt am Main: Suhrkamp 1984–1989.
- *Wiener Ausgabe*, hg. von Michael Nedo. Wien/New York: Springer 1993 ff. [WA]
- *Wiener Ausgabe ‹The Big Typescript›*, hg. von Michael Nedo. Wien: Springer 2000. [BT]
- *Wittgenstein's Nachlass. Bergen Electronic Edition*. Oxford/New York: Oxford UP 2000; darin: *Manuskripte* [MS]
- *Bemerkungen über die Farben*, in: Werkausgabe Bd. 8.
- *Bemerkungen über Frazers ‹The Golden Bough›*, in: Rolf Wiggershaus: Sprachanalyse und Soziologie. Frankfurt am Main: Suhrkamp 1975, S. 37–57. [*Bemerkungen über Frazer*]
- *Bemerkungen über die Grundlagen der Mathematik*, in: Werkausgabe Bd. 6. [BGM]
- *Bemerkungen über die Philosophie der Psychologie*, in: Werkausgabe Bd. 7. [BPP]
- *Das Blaue Buch*, in: Werkausgabe Bd. 5. [BlB]
- *Denkbewegungen. Tagebücher 1930–1932, 1936–1937 (MS 183)*. 2 Teile, hg. von Ilse Somavilla. Innsbruck: Haymon 1997. [*Denkbewegungen*]
- *Letzte Schriften über die Philosophie der Psychologie, Bd. 1*, in: Werkausgabe Bd. 7. [LS I]
- *Letzte Schriften über die Philosophie der Psychologie, Bd. 2: Das Innere und das Äußere, 1949–1951*, hg. von Georg Hendrik von Wright und Heikki Nyman. Frankfurt am Main: Suhrkamp 1993; dt./engl.: *Last Writings on the Philosophy of Psychology. The Inner and the Outer, vol. 2*. Oxford: Blackwell 1992. [LS II]
- *Licht und Schatten. Ein nächtliches (Traum-)Erlebnis und ein Brief-Fragment*, hg. von Ilse Somavilla. Innsbruck/Wien: Haymon 2004. [*Licht und Schatten*]
- *Philosophische Bemerkungen*, in: Werkausgabe Bd. 2. [PB]
- *Philosophische Grammatik*, in: Werkausgabe Bd. 4. [PG]
- *Philosophische Untersuchungen*, in: Werkausgabe Bd. 1. [PU]
- *Tagebücher 1914–1916*, in: Werkausgabe Bd. 1. [TB]
- *Tractatus logico-philosophicus*, in: Werkausgabe Bd. 1. [T]
- *Über Gewißheit*, in: Werkausgabe Bd. 8. [ÜG]
- *Vermischte Bemerkungen*, in: Werkausgabe Bd. 8. [VB]

- *Vorlesungen 1930–1935*, hg. von Desmond Lee (Cambridge 1930–1932), Alice Ambrose und Margaret MacDonald (Cambridge 1932–1935). Frankfurt am Main: Suhrkamp 1984; engl.: *Wittgenstein's Lectures (Cambridge 1930–1932)*, hg. von Desmond Lee. Oxford: Blackwell 1980; *Wittgenstein's Lectures (Cambridge 1932–1935)*, hg. von Alice Ambrose und Margaret MacDonald. Oxford: Blackwell 1979. [VOR]
- *Vortrag über Ethik*, in: *Vortrag über Ethik und andere kleine Schriften*, hg. und übersetzt von Joachim Schulte. Frankfurt am Main: Suhrkamp 1989, S. 9–19. [VE]
- *Wittgenstein – Engelmann. Briefe, Begegnungen, Erinnerungen*, hg. von Ilse Somavilla. Innsbruck/Wien: Haymon 2006. [*Wittgenstein – Engelmann*]
- *Wittgenstein und der Wiener Kreis*. Gespräche, aufgezeichnet von Friedrich Waismann, in: *Werkausgabe* Bd. 3. [WWK]
- *Wittgenstein und die Musik. Ludwig Wittgenstein – Rudolf Koder: Briefwechsel*, hg. von Martin Alber in Zusammenarbeit mit Brian McGuinness und Monika Seekircher. Innsbruck: Haymon 2000. [*Wittgenstein und die Musik*]
- *Zettel*, in: *Werkausgabe* Bd. 8. [Z]

Allgemeine Literatur:

Arendt, Hannah (1981): *Vita activa oder Vom tätigen Leben*. München/Zürich: Piper.

Arroyo, Gustavo (2006): *Wittgensteins analogisches Denken*. Hamburg: Kovač.

Augustinus, Aurelius (1987): *Confessiones. Bekenntnisse*. Lateinisch und deutsch; eingeleitet, übersetzt und erläutert von Joseph Bernhart. Frankfurt am Main: Insel.

Bartley III, William Warren (1983): *Wittgenstein, ein Leben*. München: Matthes & Seitz (engl. 1973).

Bateson, Gregory (1971): «The message: ‹This is play›», in: R. F. Herron und May Sutton-Smith (Hg.): *Child's Play*. New York: Wiley, S. 261–269.

Bateson, Gregory (1981): Eine Theorie des Spiels und der Phantasie, in: Ders.: *Ökologie des Geistes. Anthropologische, psychologische, biologische und epistemologische Perspektiven*. Frankfurt am Main: Suhrkamp, S. 241–261.

Benjamin, Walter (1980): «Lehre vom Ähnlichen» und «Über das mimetische Vermögen», in: Ders.: *Gesammelte Schriften II*. Frankfurt am Main: Suhrkamp.

Benveniste, Émile (1974): *Probleme der allgemeinen Sprachwissenschaft*. München: List 1974 (frz. 1972).

Bergson, Henri (1939): *Matière et mémoire. Essais sur la relation du corps à l'esprit*. Paris: PUF (zuerst 1896).

Berthoz, Alain (1997): *Le sens du mouvement*. Paris: Odile Jacob.

Berthoz, Alain (2003): *La décision*. Paris: Odile Jacob.

Birk, Andrea (2006): *Vom Verschwinden des Subjekts. Eine historisch-systematische Untersuchung zur Solipsismusproblematik bei Wittgenstein.* Paderborn: mentis.

Bourdieu, Pierre (1979): *Entwurf einer Theorie der Praxis auf der ethnologischen Grundlage der kabylischen Gesellschaft.* Frankfurt am Main: Suhrkamp (frz. 1972).

Bourdieu, Pierre (1982): *Die feinen Unterschiede.* Frankfurt am Main: Suhrkamp (frz. 1979).

Bourdieu, Pierre/Jean-Claude Chamboredon/Jean-Claude Passeron (1991): *Soziologie als Beruf. Wissenschaftstheoretische Voraussetzungen soziologischer Erkenntnis,* hg. von Beate Krais. Berlin/New York: de Gruyter (frz. 1968).

Bourdieu, Pierre et al. (1993): *La misère du monde.* Paris: Seuil.

Bourdieu, Pierre (1998): «Die scholastische Sicht», in: Ders.: *Praktische Vernunft. Zur Theorie des Handelns.* Frankfurt am Main: Suhrkamp, S. 201–218 (frz. 1994).

Bourdieu, Pierre (2000): *Meditationen. Zur Kritik der scholastischen Vernunft.* Frankfurt am Main: Suhrkamp (frz. 1997).

Bourdieu, Pierre (2002 a): *Ein soziologischer Selbstversuch.* Frankfurt am Main: Suhrkamp.

Bourdieu, Pierre (2002 b): «Wittgenstein, le sociologisme et la science sociale», in: J. Bouveresse/S. Laugier/J.-J. Rosat 2002, S. 343–353.

Bouveresse, Jacques (1976): *Le mythe de l'intériorité. Expérience, signification et langage privé chez Wittgenstein.* Paris: Minuit.

Bouveresse, Jacques (1977): «L'animal cérémoniel: Wittgenstein et l'anthropologie», in: *Actes de la recherche en sciences sociales* 16, S. 43–54.

Bouveresse, Jacques/Sandra Laugier/Jean-Jacques Rosat (Hg.) (2002): *Wittgenstein, Dernières Pensées.* Marseille: Agone.

Bouveresse, Jacques (2002): «Wittgenstein, le vécu de signification», in: J. Bouveresse/S. Laugier/J.-J. Rosat 2002, S. 141–167.

Bouwsma, Oets Kolk (1986): *Wittgenstein. Conversations 1949–1951,* hg. und eingeleitet von J. L. Craft und R. E. Hustwit. Indianapolis: Hackett.

Büchner, Georg (⁹1962): *Lenz,* in: Ders., *Werke und Briefe. Drama, Prosa, Briefe, Dokumente,* hg. von Fritz Bergemann. Frankfurt am Main: Insel.

Candlish, Stewart (1995): «Kinästhetische Empfindungen und epistemische Phantasie», in: Eike von Savigny/Oliver R. Scholz (Hg.): *Wittgenstein über die Seele.* Frankfurt am Main: Suhrkamp.

Canguilhem, Georges (1977): *Das Normale und das Pathologische. Anthropologie,* hg. von Wolf Lepenies und Henning Ritter. Frankfurt am Main/Berlin/Wien: Ullstein (frz. ²1972).

Canguilhem, Georges (²1998): «Aspects du vitalisme», in: Ders.: *La connaissance de la vie.* Paris: Vrin, S. 83–100 (zuerst 1965).

Cavell, Stanley (2005): *Philosophy – The Day after Tomorrow*. Cambridge, Mass: Harvard UP.

Chauviré, Christiane (2004): *Le moment anthropologique de Wittgenstein*. Paris: Kimé.

Cometti, Jean-Pierre (2002): «Merleau-Ponty, Wittgenstein and the Question of Expression», in: *Revue Internationale de Philosophie* 56, 1, S. 73–89.

Cometti, Jean-Pierre (2004): *Ludwig Wittgenstein et la philosophie de la psychologie. Essai sur la signification de l'intériorité*. Paris: PUF.

Crary, Alice/Rupert Read (Hg.) (2000): *The New Wittgenstein*. London/New York: Routledge.

Deleuze, Gilles (2000): «stotterte er …», in: Ders.: *Kritik und Klinik*. Frankfurt am Main: Suhrkamp, S. 145–154 (frz. 1993).

Didi-Huberman, Georges (2002): *L'image survivante. Histoire de l'art et temps des fantômes selon Aby Warburg*. Paris: Minuit.

Drury, M. O'C. (1984): «Some notes on conversations with Wittgenstein», «Conversations with Wittgenstein», in: Rush Rhees (Hg.): *Recollections of Wittgenstein*. Oxford/New York: Oxford University Press, S. 76–171; dt.: «Bemerkungen zu einigen Gesprächen mit Wittgenstein», in: R. Rhees 1992, S. 117–141.

Durkheim, Émile (1961): *Die Regeln der soziologischen Methode*, hg. von René König. Neuwied: Luchterhand.

Elias, Norbert/Eric Dunning (2003): *Sport und Spannung im Prozeß der Zivilisation*. Frankfurt am Main: Suhrkamp.

Foucault, Michel (1977): *Überwachen und Strafen. Die Geburt des Gefängnisses*. Frankfurt am Main: Suhrkamp.

Gebauer, Gunter (1971): *Wortgebrauch, Sprachbedeutung. Beiträge zu einer Theorie der Bedeutung im Anschluß an die spätere Philosophie Ludwig Wittgensteins*. München: Fink.

Gebauer, Gunter (1981): *Der Einzelne und sein gesellschaftliches Wissen. Untersuchungen zum Symbolischen Wissen*. Berlin/New York: de Gruyter.

Gebauer, Gunter et al. (1982): *Wien – Kundmanngasse 19. Bauplanerische, morphologische und philosophische Aspekte des Wittgensteinhauses*. München: Fink.

Gebauer, Gunter et al. (1989): *Historische Anthropologie. Zum Problem der Humanwissenschaften heute oder Versuche einer Neubegründung*. Reinbek: Rowohlt.

Gebauer, Gunter/Christoph Wulf (1992): *Mimesis. Kultur – Kunst – Gesellschaft*. Reinbek: Rowohlt.

Gebauer, Gunter (1994): «Bourdieus Hermeneutik», in: *Lendemains* 19, 75/76, S. 27–40.

Gebauer, Gunter (1997): «Hand», in: Christoph Wulf (Hg.): *Vom Menschen. Handbuch Historische Anthropologie*. Weinheim: Belz, S. 479–488.

Gebauer, Gunter/Christoph Wulf (1998): *Spiel – Ritual – Geste. Das Mimetische in der sozialen Welt*. Reinbek: Rowohlt.

Gebauer, Gunter (1999): «Die Sprachmäßigkeit des Körpers», in: Herbert E. Wiegand (Hg.): *Sprache und Sprachen in den Wissenschaften. Geschichte und Gegenwart*. Berlin/New York: de Gruyter, S. 3–26.

Gebauer, Gunter (2006): *Poetik des Fußballs*. Frankfurt am Main: Campus.

Gebauer, Gunter/Fabian Goppelsröder/Jörg Volbers (Hg.) (2009): *Wittgenstein – Philosophie als Arbeit an einem selbst*. München: Fink (im Erscheinen).

Geertz, Clifford (1983): «‹Deep play›: Bemerkungen zum balinesischen Hahnenkampf», in: Ders.: *Dichte Beschreibung. Beiträge zum Verstehen kultureller Systeme*. Frankfurt am Main: Suhrkamp, S. 202–260.

Geertz, Clifford (1992): «Kulturbegriff und Menschenbild», in: *Das Schwein des Häuptlings. Sechs Aufsätze zur Historischen Anthropologie*, hg. von Rebekka Habermas und Nils Minkmar. Berlin: Wagenbach, S. 56–82 (zuerst 1973).

Gehlen, Arnold ([12]1972): *Der Mensch*. Wiesbaden: Athenaion.

Ginzburg, Andrea (2000): «Sraffa e l'analisi sociale: alcune note metodologiche», in: Massimo Pivetti (Hg.): *Piero Sraffa. Contributi per una biografia intelletuale*. Rom: Carocci, S. 109–141.

Goethe, Johann Wolfgang von ([11]1994): «Betrachtungen über Morphologie überhaupt», in: *Goethes Werke. Hamburger Ausgabe*, hg. von Erich Trunz, *Bd. 13: Naturwissenschaftliche Schriften I*. Textkritisch durchgesehen und kommentiert von Dorothea Kuhn und Rieke Wankmüller. München: C. H. Beck, S. 120–127.

Gombrich, Ernst H. (1992): *Aby Warburg. Eine intellektuelle Bibliographie*. Hamburg: Europäische Verlagsanstalt.

Goodman, Nelson (1973): *Sprachen der Kunst. Ein Ansatz zu einer Symboltheorie*. Frankfurt am Main: Suhrkamp (engl. 1968).

Goppelsröder, Fabian (2007): *Zwischen Sagen und Zeigen. Wittgensteins Weg von der literarischen zur dichtenden Philosophie*. Bielefeld: transcript.

Hadot, Pierre (1959): «Réflections sur les limites du langage apropos du Tractatus logico-philosophicus de Wittgenstein», in: *Revue de métaphysique et de morale 63*, S. 469–484 (wiederabgedruckt in Hadot 2005).

Hadot, Pierre (2001): *La Philosophie comme manière de vivre. Entretiens avec Jeannie Carlier et Arnold I. Davidson*. Paris: Albin Michel.

Hadot, Pierre (2005): *Wittgenstein et les limites du langage*. Paris: Vrin.

Hadot, Pierre (2009): «Sprachspiele und Philosophie», in: G. Gebauer/F. Goppelsröder/J. Volbers 2009 (frz. 1962; auch in Hadot 2005).

Herrmann, Esther et al. (2007): «Humans have evolved specialized skills of social cognition: The cultural intelligence hypothesis», in: *Science 7*, S. 1360–1366.

Hertz, Robert ([2]1970): «La prééminence de la main droite: Étude sur la polarité religieuses», in: Ders.: *Sociologie religieuse et folklore*, 2, Paris: PUF (zuerst 1909).

Hintikka, Merrill/Jaako Hintikka (1996): *Untersuchungen zu Wittgenstein*. Frankfurt am Main: Suhrkamp 1996.

Jousse, Marcel (1974): *Anthropologie du geste*. Paris: Gallimard.

Kant, Immanuel (1969): *Reflexionen zur Logik*, Nr. 1820a. *Akademie-Ausgabe* Bd. 16. Berlin: de Gruyter.

Kehlmann, Daniel (2005): *Die Vermessung der Welt*. Reinbek: Rowohlt.

Kehlmann, Daniel (2007): *Diese sehr ernsten Scherze. Poetikvorlesung*. Göttingen: Wallstein.

Kenny, Anthony (1974): *Wittgenstein*. Frankfurt am Main: Suhrkamp.

Klagge, James C./Alfred Nordmann (Hg.) (1993): *Philosophical Occasions 1912–1951*. Indianapolis/Cambridge, Mass.: Hackett.

Klemperer, Victor (1947): LTI. *Notizbuch eines Philologen*. Berlin: Aufbau.

Krais, Beate/Gunter Gebauer (2002): *Habitus*. Bielefeld: transcript.

Krais, Beate (2003): «Körper und Geschlecht», in: Thomas Alkemeyer et al. (Hg.): *Aufs Spiel gesetzte Körper. Aufführungen des Sozialen in Sport und populärer Kultur*. Konstanz: UVK, S. 157–168.

Kripke, Saul A. (1982): *Wittgenstein on Rules and Private Language. An Elementary Exposition*. Oxford: Blackwell.

Kroß, Matthias (1993): *Wahrheit als Selbstzweck. Wittgenstein über Philosophie, Religion, Ethik und Gewißheit*. Berlin: Akademie.

Laiseca, Laura (2001): «Die Wendung zur Natur und zum Leibe in den Symbolen des Zarathustra», in: Renate Reschke (Hg.), *Zeitenwende – Wertewende. Internationaler Kongreß zum 100. Todestag Friedrich Nietzsches*. Nietzsche-Forschung Sonderband 1. Berlin: Akademie, S. 229–232.

Laugier, Sandra (2002): «Le sujet de la certitude», in: J. Bouveresse/S. Laugier/J.-J. Rosat 2002, S. 237–262.

Leitner, Bernhard (1973): *Wittgenstein's Architecture. A Documentation*. Halifax: Press of the Nova Scotia College of Art and Design.

Leitner, Bernhard (2000): *Das Wittgenstein Haus*. Ostfildern-Ruit: Hatje Cantz.

Leontjew, Alexei Nikolajewitsch ([2]1977): *Probleme der Entwicklung des Psychischen*. Kronberg/Ts.: Athenäum (russ. 1959).

Leroi-Gourhan, André (1988): *Hand und Wort. Die Evolution von Technik, Sprache und Kunst*. Frankfurt am Main: Suhrkamp (frz. 1964/1965).

Lord, Albert B. (1960): *The Singer of Tales*. Cambridge, Mass.: Harvard UP.

Mainberger, Sabine (2003): *Die Kunst des Aufzählens*. Berlin/New York: de Gruyter.

Malcolm, Norman (1986): *Wittgenstein: Nothing is Hidden*. Oxford: Blackwell.

Malcolm, Norman (1987): *Ludwig Wittgenstein. Ein Erinnerungsbuch*. München/Wien: Oldenbourg (engl. 1958).

Marjanovic, Alexandra (2005): «Introduzione alla vita e alle carte di Raffaello Piccoli: un racconto», in: *Cartevive. Periodico dell'Archivio Prezzolini*. Biblioteca cantonale Lugano 16, 1, S. 26–84.

Marjanovic, Alexandra (2006): *Sraffa's ‹Cambridge Pocket Diaries›. Reconstructing his Political Environment with Special Reference to Raffaello Piccoli* (unveröffentlichtes Manuskript).

Marx, Karl (1974): «Einleitung [zur Kritik der Politischen Ökonomie]», in: Ders./Friedrich Engels: *Werke*, Bd. 13. Berlin: Dietz, S. 615–642.

Mauss, Marcel (1975): «Die Techniken des Körpers», in: Ders.: *Soziologie und Anthropologie*, Bd. II. Frankfurt am Main/Berlin/Wien, S. 199–220.

McGuinness, Brian (Hg.) (1982): *Wittgenstein and His Times*. Oxford: Blackwell.

Mead, George Herbert (1968): *Geist, Identität und Gesellschaft aus der Sicht des Sozialbehaviorismus*. Frankfurt am Main: Suhrkamp (engl. 1934).

Merleau-Ponty (1964): *Le visible et l'invisible*. Paris: Gallimard (dt. 1986).

Monk, Ray (1992): *Ludwig Wittgenstein. Das Handwerk des Genies*. Stuttgart: Klett-Cotta (engl. 1990).

Montaigne, Michel de (1965): *Livre premier*, hg. von Pierre Michel, Vorwort von André Gide. Paris: Gallimard.

Moore, George Edward (1963): *Philosophical Papers*. London/New York: George Allen & Unwin/The MacMillan Company (zuerst 1959).

Moyal-Sharrock, Danièle (Hg.) (2004): *The* Third *Wittgenstein. The Post-Investigations Works*. Aldershod: Ashgate.

Murdoch, Iris (1999): *Existentialists and Mystics. Writings on Philosophy and Literature*, hg. von Peter Conradi. Harmondsworth: Penguin.

Nietzsche, Friedrich (1988): *Sämtliche Werke. Kritische Studienausgabe in 13 Bänden*, hg. von Giorgio Colli und Mazzino Montinari, Berlin/New York: de Gruyter.

Nietzsche, Friedrich (1988 a): *Ueber Wahrheit und Lüge im aussermoralischen Sinne*, in: Ders.: *Sämtliche Werke* Bd. 1.

Nietzsche, Friedrich (1988 b): *Die fröhliche Wissenschaft*, in: Ders.: *Sämtliche Werke* Bd. 4.

Nietzsche, Friedrich (1988 c): *Zur Genealogie der Moral*, in: Ders.: *Sämtliche Werke* Bd. 5.

Nietzsche, Friedrich (1988 d): *Jenseits von Gut und Böse*, in: Ders.: *Sämtliche Werke* Bd. 5.

Nyíri, János K. (1982): «Wittgenstein's Later work in relation to Conservatism», in: Brian McGuinness (Hg.), *Wittgenstein and His Times*. Oxford: Blackwell, S. 44–68.

Ong, Walter J. (1987): *Oralität und Literalität. Die Technologisierung des Wortes*. Opladen: Westdeutscher Verlag (engl. 1982).

Ott, Hugo (1988): *Martin Heidegger. Unterwegs zu seiner Biographie*. Frankfurt am Main: Campus.

Pascal, Blaise (1912): *Pensées et opuscules*, hg. von Léon Brunschvicg. Paris: Hachette (dt. 1997).

Pascal, Fania (1984): «Wittgenstein: A Personal Memoir», in: Rush Rhees (Hg.): *Recollections of Wittgenstein*. Oxford/New York: Oxford UP, S. 12–49 (dt. in R. Rhees 1992, S. 35–83).

Pico della Mirandola (1997): *De hominis dignitate. Rede über die Würde des Menschen*. Lateinisch/deutsch, hg. und übersetzt von Gerd von der Gönna. Stuttgart: Reclam.

Plessner, Helmuth (1982): «Lachen und Weinen. Eine Untersuchung der Grenzen des menschlichen Verhaltens», in: Ders., *Gesammelte Schriften 7*, hg. von Günter Dux/Odo Marquard/Elisabeth Ströker. Frankfurt am Main: Suhrkamp, S. 201–387 (zuerst 1941).

Poincaré, Henri (1970): «La notion de l'espace», in: Ders.: *La valeur de la science*. Paris: Flammarion, S. 55–76 (zuerst 1905).

Puhl, Klaus (1999): *Subjekt und Körper. Untersuchung zur Subjektkritik bei Wittgenstein und zur Theorie der Subjektivität*. Paderborn: mentis.

Raulff, Ulrich (2003): *Wilde Energien. Vier Versuche zu Aby Warburg*. Göttingen: Wallstein.

Rhees, Rush (Hg.) (1992): *Ludwig Wittgenstein: Porträts und Gespräche*. Frankfurt am Main: Suhrkamp (engl.: *Recollections of Wittgenstein*, 1984).

Rhees, Rush (1982): «Wittgenstein on Language and Ritual», in: B. McGuinness 1982, S. 69–107.

Rhees, Rush (2003): *Wittgenstein's On Certainty. There – Like Our Life*, hg. von Dewi Z. Phillips. Oxford: Blackwell.

Rücker, Sven (2006): *Immanenz-Bewegungen. Zur Konstruktion von Innen und Außen in der Moderne*. Unveröffentlichte Magisterarbeit (FU Berlin).

Säätelä, Simo (2002): «‹Perhaps the most important thing in connection with aesthetics›: Wittgenstein on ‹aesthetic reactions›, in: *Revue internationale de philosophie* 56, 1, S. 49–72.

Scarry, Elaine (1992): Der *Körper im Schmerz. Die Chiffren der Verletzlichkeit und die Erfindung der Kultur*. Frankfurt am Main: Fischer (engl. 1985).

Schneider, Hans Julius (1998): «Mentale Zustände als metaphorische Schöpfungen», in: Wulf Kellerwessel/Thomas Peuker (Hg.), *Wittgensteins Spätphilosophie. Analysen und Probleme*. Würzburg: Königshausen und Neumann, S. 209–226.

Schopenhauer, Arthur (1986): *Die Welt als Wille und Vorstellung*, Bd. 2. Textkritisch bearbeitet und hg. von Wolfgang Freiherr von Löhneysen. Frankfurt am Main: Suhrkamp.

Searle, John (1997): *Die Konstruktion der gesellschaftlichen Wirklichkeit*. Reinbek: Rowohlt (engl. 1995).

Sedmak, Clemens (1996): *Kalkül und Kultur. Studien zu Genesis und Geltung von Wittgensteins Sprachspielmodell.* Amsterdam/Atlanta: Rodopi.

Sen, Amartya (2003 a): «Sraffa, Wittgenstein, and Gramsci», in: *Journal of Economic Literature* 41, S. 1240–1255.

Sen, Amartya (2003 b): «Piero Sraffa: A Student's Perspective», in: *Convegno internazionale Piero Sraffa* (Roma, 11–12 febbraio 2003). Rom: Accademia nazionale dei lincei, S. 23–60.

Shields, Philip R. (1993): *Logic and sin in the writings of Ludwig Wittgenstein.* Chicago/London: University of Chicago Press.

Shusterman, Richard (2002): «Wittgenstein's somaesthetics. Body feeling in philosophy of mind, art, and ethics», in: *Revue internationale de philosophie* 56, 1, S. 91–108.

Somavilla, Ilse (2004): «Wittgensteins Metapher des Lichts», in: Ulrich Arnswald/Jens Kertscher/Mathias Kroß: *Wittgenstein und die Metapher.* Düsseldorf: Parerga, S. 361–385.

Soulez, Antonia (2004): *Wittgenstein et le tournant grammatical.* Paris: PUF 2004.

Spengler, Oswald ([17]2006): *Der Untergang des Abendlandes. Umrisse einer Morphologie der Weltgeschichte.* München: Deutscher Taschenbuch Verlag (zuerst München: C. H. Beck'sche Verlagsbuchhandlung, 1923).

Stegmüller, Wolfgang (1986): *Kripkes Deutung der Spätphilosophie Wittgensteins. Kommentarversuch über einen versuchten Kommentar.* Stuttgart: Kröner.

Stenius, Erik (1969): *Wittgensteins Traktat. Eine kritische Darlegung seiner Hauptgedanken.* Frankfurt am Main: Suhrkamp.

Stern, David G. (1995): *Wittgenstein on Mind and Language.* New York/Oxford: Oxford UP.

Strub, Christian (2005): *Vom freien Umgang mit Gepflogenheiten. Eine Perspektive auf die praktische Philosophie nach Wittgenstein.* Paderborn: mentis.

Taylor, Charles (1996): *Quellen des Selbst. Die Entstehung der neuzeitlichen Identität.* Frankfurt am Main: Suhrkamp (engl. 1989).

Taylor, Charles (1993): «To Follow a Rule...», in: Craig Calhoun/Edward LiPuma/Moishe Postone (Hg.): *Bourdieu: Critical Perspectives.* Cambridge: Polity Press, S. 45–60.

Thorbeck, Jürgen/Florian Böhme (2007): «Wittgenstein und die Aeronautik in Wien, Berlin und Manchester», in: Günter Abel/Matthias Kroß/Michal Nedo (Hg.): *Ludwig Wittgenstein. Ingenieur – Philosoph – Künstler.* Berlin: Parerga, S. 27–47.

Tomasello, Michael (2002): *Die kulturelle Entwicklung des menschlichen Denkens. Zur Evolution der Kognition.* Frankfurt am Main: Suhrkamp (zuerst 1999).

Trabant, Jürgen (2003): *Mithridates im Paradies.* München: C. H. Beck.

Tugendhat, Ernst (2007): «Anthropologie als ‹erste Philosophie›«, in: Ders.: *Anthropologie statt Metaphysik*. München: C. H. Beck, S. 34–54.

Veigl, Hans (2004): *Wittgenstein in Cambridge. Eine Spurensuche in Sachen Lebensform*. Wien: Holzhausen.

Vernant, Jean-Pierre (1998): «Individuum, Tod, Liebe. Das Selbst und der andere im alten Griechenland», in: Gunter Gebauer (Hg.), *Anthropologie*. Leipzig: Reclam, S. 7–21.

Volbers, Jörg (2009): *Selbsterkenntnis und Lebensform. Kritische Subjektivität nach Wittgenstein und Foucault*. Bielefeld: transcript (im Erscheinen).

Vossenkuhl, Wilhelm (1995): *Ludwig Wittgenstein*. München: C. H. Beck.

Wall, Richard (1999): *Wittgenstein in Irland*. Klagenfurt/Wien: Ritter.

Wallon, Henri (1968): *L'évolution psychologique de l'enfant*. Paris: Colin.

Wallon, Henri (1970): *De l'acte à la pensée. Essai de psychologie comparative*. Paris: Flammarion (zuerst 1942).

Warburg, Aby M. (1992): *Ausgewählte Schriften und Würdigungen*, hg. von Dieter Wuttke. Baden-Baden: Valentin Koerner.

Wellmer, Albrecht (2004): *Sprachphilosophie. Eine Vorlesung*. Frankfurt am Main: Suhrkamp.

Wellmer, Albrecht (2007): *Wie Worte Sinn machen. Aufsätze zur Sprachphilosophie*. Frankfurt am Main: Suhrkamp.

Wiggershaus, Rolf (2000): *Wittgenstein und Adorno. Zwei Spielarten modernen Philosophierens*. Göttingen: Wallstein.

Wijdeveld, Paul (2000): *Ludwig Wittgenstein, Architect*. Amsterdam: Pepin Press.

Williams, Meredith (1999): *Wittgenstein, Mind and Meaning. Toward a social conception of mind*. London/New York: Routledge.

Wilson, Frank R. (2000): *Die Hand – Geniestreich der Evolution. Ihr Einfluß auf Gehirn, Sprache und Kultur des Menschen*. Stuttgart: Klett-Cotta (engl. 1998).

von Wright, Georg Hendrik (1982): «Wittgenstein in relation to his time», in: B. McGuinness 1982, S. 108–120.

von Wright, Georg Hendrik (1986): *Wittgenstein*. Frankfurt am Main: Suhrkamp (engl. 1982).

Wünsche, Konrad (1985): *Der Volksschullehrer Ludwig Wittgenstein*. Frankfurt am Main: Suhrkamp.

PERSONENREGISTER

SACHREGISTER